审计学原理

主 编 王秋燕 刘 萍

哈尔滨工业大学出版社

内 容 提 要

本教材系统阐述了现代风险导向审计的基本理论和基本方法。内容共 11 章,包括概论,注册会计师管理制度,注册会计师法律责任,注册会计师执业准则,注册会计师职业道德基本原则和概念框架,审计目标,审计计划,审计证据,审计抽样,审计工作底稿,审计、审阅和其他鉴证业务对独立性的要求。

本教材可供高等院校会计和管理类专业教学使用,也可供会计和管理类职业技术教育教学使用,还可作为管理人员和会计人员培训教材和自学考试参考用书。

图书在版编目(CIP)数据

审计学原理/王秋燕,刘萍主编. —哈尔滨:哈尔滨工业大学出版社,2018.8
ISBN 978-7-5603-7503-8

Ⅰ.①审… Ⅱ.①王…②刘… Ⅲ.①审计学 Ⅳ.①F239.0

中国版本图书馆 CIP 数据核字(2018)第 160874 号

责任编辑　田新华
封面设计　刘长友
出版发行　哈尔滨工业大学出版社
社　　址　哈尔滨市南岗区复华四道街 10 号　邮编 150006
传　　真　0451-86414749
网　　址　http://hitpress.hit.edu.cn
印　　刷　哈尔滨翰翔印务有限公司
开　　本　787mm×1092mm　1/16　印张 13.5　字数 330 千字
版　　次　2018 年 8 月第 1 版　2018 年 8 月第 1 次印刷
书　　号　ISBN 978-7-5603-7503-8
定　　价　39.00 元

(如因印装质量问题影响阅读,我社负责调换)

前　　言

随着注册会计师行业和审计环境的发展变化，会计准则、审计准则与国际逐步趋同。为反映审计环境的转变，体现审计规范、审计技术与审计程序，本教材以财务报表审计为主线，阐述审计学基本原理。

本教材是作者多年从事会计教学的经验总结及研究成果，是为了满足我国迅速发展的经济会计和财务管理类本科教学的需要而编写的。本书广泛汲取了风险导向审计的理论、方法与经验，重点突出，结构清楚，语言流畅，通俗易懂，并注重理论联系实际与应用，可读性强。相信无论从结构安排还是内容取舍上，本教材都有利于读者通过学习更新知识、拓宽视野、提高理论和业务水平。基于培养应用型人才的教学目标，本教材遵循夯实理论基础、侧重原理应用的原则，在基本原理的论述中，讲究难点分散，循序渐进；在基本原理介绍时，注意概念陈述，力求条理清楚，简明严谨。

本教材主要特点包括：一是强化注册会计师执业准则体系和注册会计师职业道德规范；二是以风险导向审计原理为主线阐述审计学基本原理。本教材共十一章内容：包括概论，注册会计师管理制度，注册会计师法律责任，注册会计师执业准则，注册会计师职业道德基本原则和概念框架，审计目标，审计计划，审计证据，审计抽样、审计工作底稿，审计、审阅和其他鉴证业务对独立性的要求。

本教材在编写中，参考了武铁刚老师部分校内教材内容，在此一并表示感谢！

由于作者水平有限，书中难免存在不足和瑕疵，恳请读者指正。

作　者
2018 年 7 月

目　　录

第一章　概论 ·· 1
　第一节　中外审计的产生与发展 ·· 1
　第二节　审计分类 ··· 4
　第三节　审计组织、人员和审计准则 ··································· 6
　第四节　注册会计师审计的起源与发展 ······························· 12
　第五节　注册会计师审计的性质 ·· 16
　第六节　注册会计师审计与其他审计的关系 ·························· 20
　本章练习 ·· 22
第二章　注册会计师管理制度 ··· 26
　第一节　注册会计师考试与注册 ·· 26
　第二节　注册会计师业务范围 ··· 27
　第三节　会计师事务所 ·· 30
　第四节　注册会计师协会 ··· 32
　本章练习 ·· 34
第三章　注册会计师法律责任 ··· 37
　第一节　注册会计师的法律环境 ·· 37
　第二节　中国注册会计师的法律责任 ··································· 40
　第三节　注册会计师如何避免法律诉讼 ································ 44
　本章练习 ·· 46
第四章　注册会计师执业准则 ··· 51
　第一节　鉴证业务基本准则 ··· 51
　第二节　质量控制准则 ·· 56
　本章练习 ·· 59
第五章　注册会计师职业道德基本原则和概念框架 ···················· 64
　第一节　职业道德基本原则 ··· 64
　第二节　职业道德概念框架 ··· 67
　第三节　注册会计师对职业道德概念框架的具体运用 ··············· 68
　本章练习 ·· 73
第六章　审计目标 ·· 78
　第一节　财务报表审计目标与审计责任 ································ 78

第二节　管理层认定与具体审计目标 …………………………………… 82
　　第三节　审计过程与审计目标的实现 …………………………………… 85
　　本章练习 ………………………………………………………………… 87
第七章　审计计划 ………………………………………………………………… 92
　　第一节　初步业务活动 …………………………………………………… 92
　　第二节　总体审计策略和具体审计计划 ………………………………… 94
　　第三节　审计的重要性 …………………………………………………… 98
　　本章练习 ………………………………………………………………… 106
第八章　审计证据 ………………………………………………………………… 113
　　第一节　审计证据的性质 ………………………………………………… 113
　　第二节　获取审计证据的审计程序 ……………………………………… 117
　　第三节　函证 ……………………………………………………………… 119
　　第四节　分析程序 ………………………………………………………… 125
　　本章练习 ………………………………………………………………… 130
第九章　审计抽样 ………………………………………………………………… 135
　　第一节　审计抽样的基本概念 …………………………………………… 135
　　第二节　审计抽样的基本原理 …………………………………………… 140
　　第三节　审计抽样在控制测试中的应用 ………………………………… 149
　　第四节　审计抽样在细节测试中的运用 ………………………………… 161
　　本章练习 ………………………………………………………………… 167
第十章　审计工作底稿 …………………………………………………………… 175
　　第一节　审计工作底稿概述 ……………………………………………… 175
　　第二节　审计工作底稿的格式、要素和范围 …………………………… 176
　　第三节　审计工作底稿的归档 …………………………………………… 179
　　本章练习 ………………………………………………………………… 182
第十一章　审计、审阅和其他鉴证业务对独立性的要求 ……………………… 185
　　第一节　基本要求 ………………………………………………………… 185
　　第二节　经济利益 ………………………………………………………… 189
　　第三节　贷款和担保以及商业关系、家庭和个人关系 ………………… 193
　　第四节　与审计客户发生雇佣关系 ……………………………………… 196
　　第五节　高级职员与审计客户的长期关联 ……………………………… 199
　　第六节　收费 ……………………………………………………………… 201
　　本章练习 ………………………………………………………………… 203
参考文献 …………………………………………………………………………… 208

第一章 概 论

第一节 中外审计的产生与发展

一、我国审计的产生与发展

我国的审计起源很早,可以追溯到夏、商时期。《史记·夏本纪》载:"或言禹会诸侯江南,记功而崩,因葬焉,命曰会稽。会稽者,会计也。"会稽,"会聚以考核验证",即稽查、验证各诸侯王治水、政绩考功和缴纳的贡赋。据《周礼》记载,在我国西周时期,朝廷设有六官管理朝政。六官即天官、地官、春官、夏官、秋官和冬官。其中天官掌管财政支出、会计核算、审计监督等。天官下面分设有司会和小宰。司会是会计工作的最高负责人,其职责主要是主持政府的会计核算工作,同时还负责对上报的财产和业绩资料进行审查。小宰之下设宰夫一职,主要监督检查百官执掌的财政财务收支,即"考其出入以定刑赏"。司会是我国内部审计的最初萌芽,宰夫从事的工作具有国家审计的性质。因此,夏、商、西周时期,是我国审计的萌芽和初步形成阶段。

秦汉时期,实行上计制度,就是皇帝亲自参加听取和审核各级地方官吏的财政会计报告,以便决定赏罚。上计制度产生于春秋时期,随着秦统一中国,上计制度推广到全国,西汉时达到鼎盛。西汉《上计律》的颁行,为实施"上计"这一审计监督制度提供了法律基础。秦汉在中央设御史大夫,监察全国民政、财政及财务审计事项,在地方设御史、刺史、司隶校尉等负责监察事务,从而较系统地建立了由御史大夫自上而下的御史监督制度。因此,秦汉时期是我国审计的最终确立阶段。

从魏晋南北朝到隋唐宋时期,是中国古代审计的发展时期。隋唐至宋,中央集权不断加强,官僚系统进一步完善,审计制度进一步健全。作为独立的专职审计机构,比部产生于曹魏,隶属关系不断变更,至隋唐归刑部,掌管国家财政监督,行使审计职权。到了唐代,比部审计职权范围十分广泛,中央各行政机构及地方各级政权,均设有身兼行政效率勾检与财务审计双重职责的勾检官,形成了广泛的审计网络。比部通过定期的合规性勾考,对中央、地方、军政的财政收支进行全面审计。唐朝"安史之乱"后,藩镇割据,中央集权受到削弱,财政多元化局面的形成,使比部的勾检职责难以履行,户部、度支、盐铁三司承担了审计监督任务。宋代审计,一度并无发展。北宋元丰改制后,比部的审计职能曾经得到加强,但很快又归并到户部。宋太宗淳化三年(公元922年),审计机构由诸军诸司专勾司更名为"审计司(院)",是我国第一个以"审计"命名的专职审计机构。宋代审计司(院)的建立,是我国"审计"的正式命名,从此,"审计"一词成为财政监督的专用名词,对后世中外审计建制具有深远的影响。因此,隋唐至宋可称作我国审计日臻完善与发展阶段。

元明清三代,由于君主专制日益强化,我国古代审计逐渐走向衰落。元代取消比部,独立审计机构消亡。明清均按吏、户、礼、兵、刑、工设六科,负责中央及地方官府钱粮财富的监察工作。相比唐宋内外专职审计机构体系,这一时期政府财政监督与审计职能严重弱化。因此,元明清时期可以称为我国审计衰落的阶段。

清朝末年,到19世纪下半叶,随着民族资本主义工商业的产生和发展,我国出现了一些按照西方企业管理模式建立的银行、矿山、造船厂等较大型企业,并且在企业内部设立"稽核"职务和部门,实行内部审计制度。

辛亥革命结束了清王朝的封建统治。1912年在民国政府下设审计处,1914年,北洋政府将其改为"审计院",同年颁布了《审计法》,这也是中国正式颁布的第一部审计法规;在各省(市)设审计处,对一些重要的部门和单位设立审计办事处,分别对中央和地方各级行政机关以及企事业单位的财政和财务收支实行审计监督。但由于国民党政府政治腐败,致使审计制度流于形式,未能起到应有的监督作用。中华人民共和国成立前,在中国共产党领导下的革命根据地,也不断完善审计法规和健全审计组织。1933年,瑞金中央苏维埃政府公布了《中央苏维埃组织法》和《审计条例》。

二、国外审计的产生与发展

(一)国外审计的产生与发展

在国外,国家审计的产生和发展经历了一个漫长的过程。据考证,早在奴隶制度下的古罗马、古埃及和古希腊时代,就已经出现了带有审计性质的经济监督工作。古罗马在公元前443年曾设立财务官和审计官,协助元老院处理日常财政事务,审计官的设立开创了官厅审计的先河。在古埃及的奴隶主王宫设有监督官,负责对经管财物的官吏账目进行检查。在古希腊雅典城邦,对即将离任的官员所经管财物的账目需要独立的审计官员进行审查监督,在评价其经济责任后有关官员方可离职。

在欧洲的历代封建王朝中,也设有审计机构和审计人员对国家财政收支进行监督。但当时的国家审计,无论是组织机构还是审计方法,都处于很不完善的初级阶段。例如,法国在资产阶级革命前就设有审计厅。1256年,法国国王圣路易曾下令,要求其官吏将城市的收支项目送到巴黎,接受王室审计官的审查。法国资产阶级革命后,拿破仑一世创建了审计法院,后几经改组,至今仍是法国政府实施事后审计的最高法定机构。

到了资本主义时期,随着资本主义的发展和资产阶级国家政权组织形式的完善,政府审计有了长足发展。世界上许多国家于19世纪在宪法或特别法令中都规定了审计法的法律地位,确立国家审计机关的职权、地位和审计范围,向其授权独立地对财政、财务收支进行审计监督。英国议会于1785年组建了5人审计委员会,负责审查各部门的公共账目。1834年,为了对国库收支加强监督,改设审计院长。1866年,英国议会又通过了《国库和审计部法案》,规定政府的一切收支,应由代表议会、独立于政府之外的主审计长实施审查,主审计长由英王任命,但只有经过议会两院的一致同意,才能令其辞职。1921年,美国国会通过了《预算与会计法案》,成立了隶属于国会的独立的国家审计机构———美国审计总署(General Accountability Office 简称GAO),主要代表国会行使立法权和监督权,提供审计信息和建议。这一段时期内,世界各国的国家审计大都以开展财政财务收支审计为主,从审查财政财务资料入手,在提高财务信息的可信性方面发挥作用。

到了20世纪20年代,随着政府支出规模不断扩大,公众的民主意识增强,广大社会公众要求获得政府部门、单位对公共资源使用情况的信息,同时要求部门和单位加强公共资源使用和管理的责任感的呼声越来越高,各国审计机关开始从本国的客观实际出发,拓展国家审计的业务领域,从单纯开展财务审计扩大到开展效益审计方面来。从20世纪70年代至90年代,管理科学在审计中得到广泛应用,新公共管理运动的浪潮逐步兴起,效益审计已经成为政府责任监督体系的重要组成部分。国家审计从以财务审计为中心发展到以财务审计与效益审计并重的发展阶段。例如,在英国,议会1983年通过了《国家审计法》,该法明确规定:"主审计长可以对任何组织(政府部门或者其他相关组织)为履行其职能而使用所掌握资源的经济性、效益性和效果性进行检查。"此外,英国2000年的《政府资源和会计法》还规定,主审计长要对政府部门的年度会计报表进行审计。目前,美国总审计署所开展的审计业务中,效益审计约占85%,英国国家审计署和加拿大的审计长公署开展的效益审计业务也占40%左右。

随着经济全球化的发展,信息技术在社会政治经济生活的广泛应用,国家审计也发生了革命性的变化,世界各国国家审计机关普遍开始探索信息技术环境下的审计问题,如信息系统的安全问题等。一些审计机关普遍开展了对信息系统的审计,一些国家还通过立法,保障审计机关接触和审计被审计单位的信息系统,甚至与被审计单位联网,开展网上审计。

(二)国外注册会计师审计的产生与发展(将在第四节讲述)

(三)国外内部审计的产生与发展

在西方,约公元1000年起,英国首先出现了一种独特的内部审计形式———行会审计。其审计人员定期检查行会财务报表和行会账户记录,重点是对行会理事会及其成员管理行会业务的情况进行审查,并定期向行会大会报告审计结果,体现了民主审计性质。18世纪产业革命以后,随着西方国家经济的日益发展,企业生产规模的日益扩大,管理机构和层次增多。为了保证经营方针和管理制度的贯彻执行,保护财产安全完整,实现经营目标,内部审计随之获得发展的契机并逐步健全、完善。1844年,英国议会制定的《公司法》中,明确要求企业设立监事一职,进行内部审计,从而初步确立了近代内部审计制度。

20世纪中叶,内部审计的呼声不断加强,美国最早建立了"内部审计师协会",并取得了内部审计理论研究的系列成果,内部审计获得了长足发展。20世纪中后期,美国内部审计协会制定的《内部审计师职责条例》及其不断修订,以及内部审计实务标准的制定、修订,使内部审计的发展进入了高级阶段。

从国外内部审计的情况看,内部审计机构主要存在于各大型企业,其组织形式也根据各企业的不同情况而异。具体来说,主要有以下几种形式:一是直接受公司董事会的领导,向董事会报告工作,有着董事会授权的最高审计权限;二是董事会下面的监事会或者相关类似委员会(如审计委员会)的领导,通过监事会向董事会或股东代表大会汇报工作,也有着较高的权限;三是受公司总经理的领导,代表总经理执行对各生产经营单位及各职能管理部门的日常监督工作;四是受公司财务部门领导,主要对会计记录、核算及会计报表的真实性进行监督。

第二节 审计分类

一、审计的基本分类

(一)审计按主体分类

审计按主体不同,分为政府审计、内部审计和社会审计。

1. 政府审计

政府审计是政府审计机关实施的审计,又称国家审计。我国政府审计的主体是由国务院设置的审计署和由各省、自治区、直辖市、地、市、县各级政府设置的审计局(厅)。政府审计机关的审计对象是政府部门的财政收支、国有企事业单位的财务收支、政府投资和以政府投资为主的建设项目,以及国际组织和外国政府援助、贷款等项目。政府审计机关依照法律的规定,对被审计单位主动实施强制审计。

2. 内部审计

内部审计是企事业单位内部或部门内部所设立的专职审计机构或审计人员所进行的审计。内部审计的主体是指从事单位内部审计活动的机构及其人员。内部审计的对象是本单位财务收支、管理活动等。内部审计主要服务于单位的经营管理,是增强内部控制的重要环节。

3. 注册会计师审计

注册会计师审计主体是指从事独立审计活动的会计师事务所及其注册会计师等审计人员。注册会计师审计的主要特点是独立性、受托性和有偿性。

(二)审计按目的和内容分类

审计按目的和内容的不同,可分为财务报表审计、经营审计和合规性审计。

1. 财务报表审计

财务报表审计的目标是注册会计师通过执行审计工作,对财务报表是否按照规定的标准编制发表审计意见。规定的标准通常是企业会计准则和相关会计制度。财务报表通常包括资产负债表、利润表、现金流量表、所有者权益(或股东权益)变动表以及财务报表附注。

2. 经营审计

经营审计是注册会计师为了评价被审计单位经营活动的效率和效果,而对其经营程序和方法进行的评价。在经营审计结束后,注册会计师一般要向被审计单位管理层提出经营管理的建议。在经营审计中,审计对象不限于会计,还包括组织机构、计算机信息系统、生产方法、市场营销以及注册会计师能够胜任的其他领域。在某种意义上。经营审计更像是管理咨询。

3. 合规性审计

合规性审计的目的是确定被审计单位是否遵循了特定的程序、规则或条例。例如,确定会计人员是否遵守了财务主管规定的手续,检查工资是否符合工资法规定的最低限额,审查与银行签订的合同,以确信被审计单位是否遵守了法定的要求。合规性审计的结果通常报送给被审计单位管理层或外部特定使用者。

二、审计的其他分类

(一)按审计实施时间分类

按实施时间的不同,可将审计分为事前审计、事中审计和事后审计。

1. 事前审计

事前审计是指对被审计单位在财政财务收支或经济活动发生之前进行的审计,也称预防性审计。该类审计的内容包括预测、决策方案、目标、计划、预算等审计,如投资方案、固定资产更新改造方案、财务成本计划等的审计。其目的是加强预算、计划、预测和决策的准确性、合理性和可行性;其优点是预防错弊的发生,有利于发挥审计的预防性监督和控制作用。

2. 事中审计

事中审计是指对被审计单位在财政财务收支或经济活动发生的过程中进行的审计。该类审计的内容包括审查预算、决策方案、目标、计划及合同等执行情况。其目的是确保内部控制制度的贯彻执行,保证预算、决策方案、目标、计划及合同的顺利实施。其优点是及时发现和纠正错弊行为,保证经济活动的合法性、合理性和有效性。

3. 事后审计

事后审计是指对被审计单位在财政财务收支或经济活动结束后进行的审计。该类审计的内容较多,既包括财政财务收支审计,又包括财经法纪和经济效益审计。其目的是监督和评价被审计单位的经济活动的真实性、合法性和效益性。政府审计和注册会计师审计大多实施事后审计,内部审计也经常进行事后审计。

(二)按审计范围分类

按范围分,可将审计分为全部审计、局部审计。

1. 全部审计

全部审计是指对被审计单位一定时期内的全部会计资料或全部经济活动所进行的审计。全部审计的优点是结果比较准确,可靠;缺点是审计业务量大,繁重。全部审计适用于内部控制制度不健全、会计基础工作较为薄弱的单位或经济业务简单的小型企业。

2. 局部审计

局部审计是指对被审计单位一定时期内的部分会计资料或部分经济活动所进行的审计。局部审计一般是有目的有重点的审计。例如,企业进行的现金审计、银行存款审计、销售业务审计等。其优点是时间短、耗费少能及时发现问题和纠正问题;缺点是容易遗漏,有局限。

(三)按审计执行地点分类

按执行地点分,审计可分为就地审计、报送审计。

1. 就地审计

就地审计是指政府审计机关或会计师事务所即社会审计组织派遣审计人员到达被审计单位依法进行的审计。该类审计易于全面了解和掌握被审计单位的实际情况,是运用较为广泛的一种审计形式。

2. 报送审计

报送审计是指审计机关通知被审计单位将有关资料在规定的时间送到指定审计地点，由审计机关依法进行的审计。报送审计一般适用于业务量不多的行政事业单位经费收支审计。

第三节 审计组织、人员和审计准则

一、审计组织与审计人员

（一）审计组织

审计组织是指有权力或有资格行使审计职能，开展审计工作的组织。一般而言，根据审计组织的职能及服务对象的不同，审计组织可以划分为政府审计机关、内部审计机构和社会审计组织。我国和世界许多国家的审计组织系统都是由这三部分组成的，此外，还有国际审计组织。

1. 政府审计机关

（1）政府审计机关设置的方式。政府审计机关是代表国家政府行使审计职能的机构。由于各国政治制度和社会经济制度存在着诸多方面的差异，政府审计机关设置的方式也不尽相同。大体可归纳为以下三种类型：

①立法模式。该模式即政府审计机关隶属于立法机构———议会，政府审计机关受议会的领导，向议会负责并报告工作。目前世界上大多数国家如美国、加拿大的最高审计机关都属于该模式。

②行政模式。该模式即政府审计机关隶属于政府，由政府领导，向政府负责并报告工作。我国国家审计署即属于这种模式。

③独立模式。该模式即政府审计机关既不隶属于议会，也不隶属于政府，而是作为独立的国家机关依照法律规定行使审计监督权，向国家元首或同时向政府和议会负责并报告工作。例如，意大利、西班牙的审计法院。

上述三种模式各有利弊，要根据各国的国情来选定，立法模式和独立模式下的政府审计机关在实施审计执法的过程中，能够摆脱或较少受到国家行政管理机关的干预和影响，便于发挥审计机关的职能作用。但是必须明确，其真正能很好发挥职能作用的前提是，国家必须具有健全的立法机构和严格的立法程序。行政模式下的政府审计机关在实施审计的过程中，往往容易受到国家行政管理机构的干扰和影响，削弱政府审计的独立性和权威性。好处在于在政府领导人的直接领导下，能够及时地处理审计过程中出现的问题，及时地提出审计结论和处理决定。

（2）我国政府审计机关的设置。我国政府审计机关的设置属行政模式。根据《中华人民共和国宪法》的规定，国务院和县级以上的地方各级人民政府设立审计机关。国务院设立的审计机关，即审计署。审计署在国务院总理领导下，主管全国的审计工作，对总理负责并报告工作。审计署设审计长1名，副审计长若干名。审计长由国务院总理提名，全国人民代表大会决定，国家主席任命。副审计长由国务院任命。县级以上地方人民政府设审计厅或审计局,在本级政府行政首长和上一级审计机关的领导下负责本行政区划内的审计工作,对本级人民政府和上一级审计机关负责并报告工作。审计署可以根据工作需要,在省、市、部门派出审计特派员,设立特派员办事处,解决该地区、部门审计机关难以处理的审计项目。地方政府审计机关也可以在其辖区范围内设立派出机构。

(3)我国政府审计机关的职责。《中华人民共和国审计法》对政府审计机关的职责做出了明确的规定,主要内容是：

①审计监督本级各部门(含直属单位)和下级政府预算的执行情况和决算,以及预算外资金的管理和使用情况。

②审查监督国有金融机构和国有企业的资产、负债和损益。

③审查监督国家的事业组织的财务收支。

④审查监督国家建设项目预算的执行情况和决算。

⑤审查监督政府部门管理和社会团体受政府委托管理的社会保障基金、社会捐赠资金以及其他有关基金、资金的财务收支。

⑥审查监督国际组织和外国政府援助、贷款项目的财务收支。

⑦对各部门、国有的金融机构和企业、事业组织的内部审计进行指导与监督;对社会审计依照法规进行指导、监督和管理。

(4)我国政府审计机关的权限。《中华人民共和国审计法》对政府审计机关的权限也做出了明确的规定,主要内容是：

①有权要求被审计单位按照规定报送预算或者财务收支计划、预算执行情况、决算、财务报告,社会审计机构出具的审计报告,以及其他与财政、财务收支有关的资料被审计单位不得拒绝、拖延、谎报。

②有权检查被审计单位的会计凭证、会计账簿、会计报表以及其他与财政、财务收支有关的资料和资产,被审计单位不得拒绝。

③有权就审计事项的有关问题向有关单位和个人进行调查,并取得有关的证明材料。

④有权制止被审计单位正在进行的违反国家规定的财政、财务收支行为;制止无效的款项,经县级以上审计机关负责人批准,通知财政部门和有关主管部门暂停拨付该款项,已经拨付的要暂停使用。

⑤审计机关认为被审计单位所执行的上级主管部门有关财政、财务收支的规定与法律、行政法规相抵触的,应当建议有关主管部门纠正;有关主管部门不予纠正的,审计机关应当提请有权处理的机关依法处理。

⑥审计机关可以向政府有关部门通报或者向社会公布审计结果。

2. 内部审计机构

(1)内部审计机构设置的方式。内部审计机构设置的方式是指在部门或单位内部设置的相对独立的从事审计业务的专门组织,是现代审计组织体系中的一个重要组成部分。其设置方式主要有下列三种类型：

①由董事会领导。即内部审计机构隶属于董事会或董事会下设的审计委员会,在董事会或审计委员会的领导下开展工作,向董事会报告审计结果。

②由本部门、本单位最高行政管理人员(如总裁、总经理等)领导。即内部审计机构在本部门、本单位最高行政管理人员的领导下开展工作,并直接向最高行政管理人员报告审

计结果。

③由本部门、本单位最高财务负责人（如财务处长）领导。即内部审计机构是财务负责人领导下的一个部门，在财务负责人的领导下开展审计工作，并向其报告审计结果。

内部审计机构的设置方式直接影响着内部审计的独立性与权威性。上述三种方式中，第①、第②种方式的独立性较强，第③种方式的独立性较差，因而第③种方式的权威性也较差。因此，设置内部审计机构一般应采用第①或第②种方式。

(2) 我国内部审计机构的设置

我国内部审计机构分为单位内部审计机构和部门内部审计机构两种。单位内部审计在本单位内部开展审计工作；部门内部审计在本部门及其下属单位开展审计工作。按照规定，我国下列单位应当设立独立的内部审计机构：审计机关未设派出机构，财政、财务收支金额较大或者所属单位较多的政府部门；县级以上国有金融机构；国有大中型企业；国有资产占控股地位或者主导地位的大中型企业；国家大型建设项目的建设单位；财政、财务收支金额较大或者下属单位较多的事业单位以及其他需要设立内部审计机构的单位。以上单位可以根据需要设立总审计师，其他审计业务较少的单位可以设置专职审计人员。我国内部审计机构在本单位、本部门主要负责人的领导下独立行使内部审计监督权，对本单位、本部门领导负责并报告工作。内部审计机构接受国家审计机关的业务指导和监督。

(3) 我国内部审计机构的主要任务。我国内部审计机构的任务主要是对本单位及其下属单位的下列事项进行审计监督：

①财务计划或者单位预算的执行和决算。

②财政、财务收支及其有关的经济活动与经济效益。

③内部控制制度。

④经济责任。

⑤建设项目预（概）算、决算。

⑥国家财经法规和部门、单位规章制度的执行。

⑦其他审计事项。

此外，对本部门、本单位与境内外经济组织兴办合资、合作经营企业以及合作项目等合同制定与执行情况，投入资金、财产的经营状况及其效益，均依照有关规定进行内部审计监督。

(4) 我国内部审计机构的主要权限。我国内部审计机构的权限主要是：

①有权要求有关单位按时报送计划、预算、决算、报表和有关文件、资料等。

②审核凭证、账表、决算，检查资金和财产，检测财务软件，查阅有关文件和资料。

③参加有关会议。

④对审计涉及的有关事项进行调查并索取证明材料。

⑤对正在进行的严重违反财经法规、严重损失和浪费的行为，经部门或单位负责人同意，做出临时制止决定。

⑥对阻挠、妨碍审计工作以及拒绝提供有关资料的，经单位领导人批准，可以采取必要的临时措施，并提出追究有关人员责任的建议。

⑦提出改进管理、提高效益的建议和纠正、处理违反财经法规行为的意见。

⑧对严重违反财经法规、造成严重损失和浪费的人员提出处理的建议，并向上级内部

审计机构或审计机关反映。内部审计机构所在部门、单位可以在管理权限范围内,授予内部审计机构经济处理、处罚的权限。

3. 社会审计组织(将在第三章讲述)

(二)审计人员

1. 审计人员的构成

审计人员是指专门从事审计工作、完成审计任务的人员,包括政府审计人员、内部审计人员和社会审计人员三部分。政府审计人员是指在各级政府审计机关中从事审计工作的人员,他们属于国家公务人员。

内部审计人员是指在部门、单位内部专设的审计机构从事内部审计工作的人员。内部审计人员也要根据各部门、单位的情况,按照一定的条件要求来选配。

社会审计人员是指在社会审计组织中受托从事审计和会计咨询、会计服务业务的人员。我国社会审计人员主要是注册会计师。

2. 审计人员的基本条件

由于审计工作政策性强、专业要求高,并且具有一定的风险性,所以,对审计人员的素质要求也比较高。这种素质要求主要表现在政治素质、专业知识和业务能力三个方面。

(1)政治素质方面。审计人员必须努力学习政治理论,熟悉党和国家的方针政策,具有较高的政策理论水平;必须遵守职业道德规范,依法审计,忠于职守,坚持以国家和社会公众利益为重;必须客观公正,保守秘密,为社会各界提供符合规定要求的专业服务;必须廉洁自律,不谋私利。

(2)专业知识方面。审计人员必须熟悉会计、审计及其相关专业的理论与实务;熟悉经营管理方面的知识;熟悉有关的法律、法规和政策;熟悉审计查账的知识、技能与方法;熟练应用计算机记账、查账;具备一定的会计、审计及其他相关专业的工作经历。

(3)业务能力方面。审计人员应具备较强的运用专业知识进行实际工作的能力,诸如调查研究能力、组织能力、综合分析能力、判断能力、文字和语言表达能力等。

3. 审计人员的职业道德

我国政府审计、内部审计和社会审计都制定了相应的职业道德准则。审计人员应按照职业道德准则的要求开展工作(本书将后面的内容中重点讲述注册会计的职业道德准则)。

二、审计准则

(一)审计准则的作用

审计准则是由国家有关部门或审计职业团体制定颁布的,用以规范审计组织和审计人员资格条件、执业行为,衡量和评价审计工作质量的尺度或标准。古代的官厅审计由帝王委派官吏实施,审计人员的资格及其工作质量评价只凭帝王的旨意,因而就无所谓审计准则。早期的民间审计,由审计人员凭经验查账,行为缺乏规范,审计人员的品德素质和业务技能各有差别,经常引起社会上的指责甚至对审计人员的控告。1938 年,美国麦克森·罗宾斯药材公司虚构资产 1 907 万美元而未被审计人员揭露的事件震惊了审计界。面对现实,审计职业团体首先认识到制定行业管理规范的重要意义,提出了审计准则问题。

世界上最早的审计准则是由美国公共会计师协会 1947 年公布的《审计准则试行方

案——公认的重要性的范围》。其后,许多国家如加拿大、澳大利亚、英国、日本等的审计职业团体或政府有关部门也先后制定了本国的民间审计准则。不仅如此,越来越多的国家审计机关认识到准则的重要性,纷纷颁布了自己的审计准则,各国的内部审计协会也制定了审计准则。为了适应社会经济的飞速发展和世界环境的不断变化,各个国家仍在不断地修订着各类审计准则,并在世界范围内制定了国际审计准则。

审计准则的制定和实施,使审计人员在执行审计业务时有了规范和指南,也便于考核审计工作的质量,推动了审计的发展。审计准则的作用主要包括以下几个方面。

1. 实施审计准则,可以赢得社会公众的信任

民间审计在出具审计报告中,应当写明按照注册会计师执业准则计划和实施了审计工作,以合理保证财务报表是否不存在重大错报。这表明,审计工作已经达到了规定的质量标准,审计意见是可以信赖的,从而为审计工作取信于社会公众提供了保证。

2. 实施审计准则,可以提高审计工作质量

在市场经济条件下,许多经济信息需要审计人员予以审查验证,审计工作能否取信于社会,关键是其质量高低。审计准则中规定了审计工作的基本程序和方法以及审计报告撰写方式和要求等,这就要求审计人员在审计工作中时刻以审计准则为准绳,谨慎工作,以保证审计工作的质量。

3. 实施审计准则,可以维护审计组织和人员的合法权益

审计准则规定了审计人员的工作范围和规则,只要审计人员按照准则的要求执业,就可以最大限度地降低审计风险。当审计人员受到不公正的指责和控告时,可以充分利用审计准则,保护其正当权益。

4. 实施审计准则,可以促进国际审计经验的交流

审计准则是审计实践经验的总结和升华,已经成为审计理论的重要组成部分。它的实施和发展,促进了审计理论水平的提高。通过各国审计准则的协调,便于开展国际审计经验的交流,特别是国际审计准则的制定和协调工作,对世界审计经验和学术交流都起到了重要的推动作用。

(二)我国审计准则的框架体系

我国自恢复审计工作以来,相继颁布了一系列审计职业规则,初步形成了包括政府审计准则、内部审计准则和注册会计师执业准则的审计准则体系。

1. 政府审计准则

根据《中华人民共和国审计法》和《中华人民共和国审计法实施条例》,结合中国审计机关审计工作实践,我国于1996年12月6日正式发布了《中华人民共和国国家审计基本准则》,2000年1月,又对该准则作了修订。政府审计准则的发布、实施和进一步修订完善,对实现我国审计工作法制化、制度化、规范化,保证审计工作质量,提高审计工作效率,具有十分重要的意义。

我国的政府审计准则从框架结构和主要内容上看,分为国家审计基本准则、通用审计准则和专业审计准则、审计指南三个层次。

(1) 国家审计基本准则。基本准则是中国国家审计准则的总纲,是审计机关和审计人员依法办理审计事项时应当遵循的行为规范,是衡量审计质量的基本尺度,是制定其他审

计准则和审计指南的依据。其内容包括总则、一般准则、作业准则、报告准则、审计报告处理准则和附则,共47条。

(2)通用审计准则和专业审计准则。通用审计准则是依据国家审计基本准则制定的,审计机关和审计人员在依法办理审计事项,提交审计报告,评价审计事项,出具审计意见书,做出审计决定时,应当遵循的一般具体规范。例如,《审计机关审计方案准则》《审计机关审计证据准则》《审计机关审计工作底稿准则》《审计机关审计报告编制准则》《审计机关审计人员职业道德准则》等。专业审计准则是依据国家审计基本准则制定的,是审计机关和审计人员依法办理不同行业的审计事项时,在遵循通用审计准则的基础上,同时应当遵循的特殊具体规范。它包括对财政、金融、行政经费、事业经费、国家建设项目的预测及执行情况和决算、农业专项资金、社会保障基金、社会捐赠资金、国外贷款援建项目等方面的具体内容进行审计的业务规范。

(3)审计指南。审计指南是对审计机关和审计人员办理审计事项提出的审计操作规程和方法,为审计机关和审计人员从事专门审计工作提供了可操作的指导性意见。

这三个层次的关系如图1.1所示。

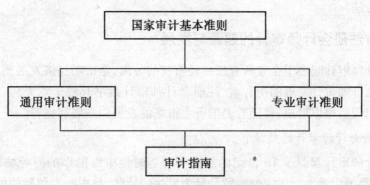

图1.1 政府审计准则的框架结构

2. 内部审计准则

内部审计准则是有关规范内部审计工作、提高内部审计工作的质量和效率,促进内部审计发展的准则。中国内部审计准则是中国内部审计工作规范体系的重要组成部分,由内部审计基本准则、内部审计具体准则、内部审计实务指南三个层次组成。

(1)内部审计基本准则。内部审计基本准则是内部审计准则的总纲,是内部审计机构和人员进行内部审计时应当遵循的基本规范,是制定内部审计具体准则、内部审计实务指南的基本依据。其内容包括总则、一般准则、作业准则、报告准则、内部管理准则和附则,共33条。

(2)内部审计具体准则。内部审计具体准则是依据内部审计基本准则制定的,是内部审计机构和人员在进行内部审计时应当遵循的具体规范。我国现已颁布了内部审计的《审计计划》《审计通知书》《审计证据》等20个具体审计准则。

(3)内部审计实务指南。内部审计实务指南是依据内部审计基本准则、内部审计具体准则审计具体准则制定的,为内部审计机构和人员进行内部审计提供的具有可操作性的指导意见。

内部审计实务指南这三个层次的关系如图1.2所示。

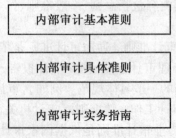

图 1.2　内部审计准则的框架结构

3. 注册会计师执业准则(在第四章讲述)。

第四节　注册会计师审计的起源与发展

如前所述,审计包括国家审计、内部审计和注册会计师审计三大类别。本教材从本节开始及以后各章将以注册会计师审计为主线,重点讲述注册会计师审计的基本理论,基本知识和基本方法。

一、西方注册会计师审计的起源与发展

注册会计师审计起源于企业所有权和经营权的分离,是市场经济发展到一定阶段的产物。从注册会计师审计发展的历程看,注册会计师审计最早起源于意大利合伙企业,在英国股份公司出现后得以形成,伴随着美国资本市场的发展而发展和完善。

(一)注册会计师审计的起源

注册会计师审计起源于16世纪的意大利。当时地中海沿岸的商业城市已经比较繁荣,而威尼斯是地中海沿岸国家航海贸易最为发达的地区,是东西方贸易的枢纽,商业经营规模不断扩大。由于单个的业主难以向企业投入巨额资金,为适应筹集所需大量资金的需要,合伙制企业应运而生。合伙经营方式不仅提出了会计主体的概念,促进了复式簿记在意大利的产生和发展,也产生了对注册会计师审计的最初需求。尽管当时合伙制企业的合伙人都是出资者,但是有的合伙人参与企业的经营管理,有的合伙人则不参与,所有权和经营权开始分离。那些参与企业经营管理的合伙人有责任向不参与企业经营管理的合伙人证明合伙契约得到了认真履行,利润的计算与分配是正确、合理的,以保障全体合伙人的权利,进而保证合伙企业有足够的资金来源,使企业得以持续经营下去。在这种情况下,客观上需要独立的第三者对合伙企业进行监督、检查,人们开始聘请会计专家来担任查账和公证的工作。这样,在16世纪意大利的商业城市中出现了一批具有良好的会计知识、专门从事查账和公证工作的专业人员,他们所进行的查账与公证,可以说是注册会计师审计的起源。随着此类专业人员的增多,他们于1581年在威尼斯创立了威尼斯会计协会。其后,米兰等城市的职业会计师也成立了类似的组织。

(二)注册会计师审计的形成

注册会计师审计虽然起源于意大利,但它对后来注册会计师审计事业的发展影响不大。英国在创立和传播注册会计师审计职业的过程中发挥了重要作用。

18世纪,英国的资本主义经济得到了迅速发展,生产的社会化程度大大提高,企业的所有权与经营权进一步分离。企业主希望有外部的会计师来检查他们所雇用的管理人员是否存在贪污、盗窃和其他舞弊行为,于是英国出现了第一批以查账为职业的独立会计师。他们受企业主委托,对企业会计账目进行逐笔检查,目的是查错防弊,检查结果也只向企业主报告。因为是否聘请独立会计师进行查账由企业主自行决定,所以此时的独立审计尚为任意审计。股份有限公司的兴起,使公司的所有权与经营权进一步分离,绝大多数股东已完全脱离经营管理,他们出于自身的利益,非常关心公司的经营成果,以便做出是否继续持有公司股票的决定。证券市场上潜在的投资人同样十分关心公司的经营情况,以便决定是否购买公司的股票。同时,由于金融资本对产业资本的逐步渗透,增加了债权人的风险,他们也非常重视公司的生产经营情况,以便做出是否继续贷款或者是否索偿债务的决定,而公司的财务状况和经营成果,只能通过公司提供的财务报表来反映。因此,在客观上产生了由独立会计师对公司财务报表进行审计,以保证财务报表真实可靠的需求。值得一提的是,注册会计师审计产生的"催产剂"是1721年英国的"南海公司事件(The South Sea Company Event)"。当时的"南海公司"以虚假的会计信息诱骗投资人上当,其股票价格一时扶摇直上。但好景不长,"南海公司"最终未能逃脱破产倒闭的厄运,使股东和债权人损失惨重。英国议会聘请会计师查尔斯·斯耐尔(Charles Snell)对"南海公司"进行审计。斯耐尔以"会计师"名义出具了"查账报告书",从而宣告了独立会计师——注册会计师的诞生。

为了监督公司管理层的经营管理活动,防止其徇私舞弊,保护投资者、债权人利益,避免"南海公司事件"重演,英国政府于1844年颁布了《公司法》,规定股份公司必须设监察人,负责审查公司的账目。1845年,又对《公司法》进行了修订,规定股份公司的账目必须经董事以外的人员审计。于是,独立会计师业务得到迅速发展,独立会计师人数越来越多。此后,英国政府对一批精通会计业务、熟悉查账知识的独立会计师进行了资格确认。1853年,苏格兰爱丁堡创立了第一个注册会计师的专业团体——爱丁堡会计师协会。该协会的成立,标志着注册会计师职业的诞生。1862年,英国《公司法》确定注册会计师为法定的破产清算人,奠定了注册会计师审计的法律地位。

从1844年到20世纪初,是注册会计师审计的形成时期。在这一时期内,由于英国的法律规定股份公司和银行必须聘请注册会计师审计,使得英国注册会计师审计得到了迅速发展,并对当时欧洲、美国及日本等产生了重要影响。这一时期英国注册会计师审计的主要特点是:注册会计师审计的法律地位得到了法律确认;审计的目的是查错防弊,保护企业资产的安全和完整;审计的方法是对会计账目进行详细审计;审计报告使用人主要为企业股东等。

(三)注册会计师审计的发展

从20世纪初开始,全球经济发展重心逐步由欧洲转向美国,因此,美国的注册会计师审计得到了迅速发展,它对注册会计师职业在全球的迅速发展发挥了重要作用。

在美国,南北战争结束后出现了一些民间会计组织,如纽约的会计学会。该学会1882年刚成立时称为会计师和簿记师协会(The Institute of Accountants and Bookkeepers),为会计人员提供继续教育等服务。当时英国巨额资本开始流入美国,促进了美国经济的发展。为了保护广大投资者和债权人的利益,英国的注册会计师远涉重洋到美国开展审计业务;

同时美国本土也很快形成了自己的注册会计师队伍。1887年,美国公共会计师协(The American Association of Public Accountants)成立,1916年该协会改组为美国注册会计师协会,后来成为世界上最大的注册会计师职业团体。1905年11月,《会计杂志》(Journal of Accountancy)作为注册会计师审计职业的正式杂志创刊发行。这一时期,美国许多州正式承认注册会计师审计是一门职业,执业人员通过考试获取注册会计师称号。许多最重要的铁路公司和工业公司都定期地聘请注册会计师检查他们的账簿。注册会计师审计逐步渗透到社会经济领域的不同层面。

美国早期的注册会计师审计受英国影响较深。英国开端的审计技术和方法,是一种详细审计(Detail Audit)。这种审计要求以经济业务为基础,通过审核所有经济业务、会计凭证、会计账簿和财务报表,以发现记账差错和舞弊行为。20世纪早期的美国,经济形势发生了很大变化。由于金融资本对产业资本渗透得更为广泛,企业同银行的利益关系更加紧密,银行逐渐把企业资产负债表作为了解企业信用的主要依据,于是在美国产生了帮助贷款人及其他债权人了解企业信用的资产负债表审计(Balance Sheet Audits),即美国式注册会计师审计。资产负债表审计产生的原因可以从银行、借款人和注册会计师之间的关系进行解释,银行要求借款人提供经注册会计师审计的资产负债表,以充分了解借款人的偿债能力;同时借款人则希望审计收费较低,于是资产负债表审计就发展起来了。

从1929年到1933年,资本主义世界经历了历史上最严重的经济危机,大批企业倒闭,投资者和债权人蒙受了巨大的经济损失。这在客观上促使企业利益相关者从只关心企业财务状况转变到更加关心企业的盈利水平,产生了对企业利润表进行审计的客观要求。美国1933年《证券法》规定,在证券交易所上市的企业的财务报表必须接受注册会计师审计,向社会公众公布注册会计师出具的审计报告。因此,审计报告使用人扩大到整个社会公众。美国注册会计师协会与证券交易所合作的特别委员会与纽约证券交易所上市委员会于1936年发表了《独立注册会计师对财务报表的检查》(Examination of Financial Statements by Independent Public Accountants),明确规定应当检查全部财务报表,并向股东报告,尤其强调利润表审计。从这一点看,美国注册会计师审计的重点已从保护债权人为目的的资产负债表审计,转向以保护投资者为目的的利润表审计。

第二次世界大战以后,经济发达国家通过各种渠道推动本国的企业向海外拓展,跨国公司得到空前发展。国际资本的流动带动了注册会计师审计的跨国界发展,形成了一批国际会计师事务所。随着会计师事务所规模的扩大,形成了"八大"国际会计师事务所,20世纪80年代末合并为"六大"国际会计事务所,之后又合并成为"五大"国际会计事务所。2001年,美国爆发了安然公司会计造假丑闻。安然公司在清盘时,不得不对其编造的财务报表进行修正,将近三年来的利润额削减20%,约5.86亿美元。安然公司作为美国的能源巨头,在追求高速增长的狂热中利用会计准则的不完善,进行表外融资的游戏,并通过关联交易操纵利润。出具审计报告的安达信会计师事务所,因涉嫌舞弊和销毁证据受到美国司法部门的调查,之后宣布关闭,世界各地的安达信成员所也纷纷与其他国际会计师事务所合并。因此,时至今日,尚有"四大"国际会计师事务所,即普华永道(PWC)、安永(EY)、毕马威(KPMG)和德勤(DTT)。

二、中国注册会计师审计的起源与发展

(一)中国注册会计师审计的演进

中国注册会计师审计的历史比西方国家要短得多。旧中国的注册会计师审计始于辛亥革命之后,当时一批爱国会计学者鉴于外国注册会计师包揽我国注册会计师业务的现实,为了维护民族利益与尊严,积极倡导创建中国的注册会计师职业。1918年9月,北洋政府农商部颁布了我国第一部注册会计师法规——《会计师暂行章程》,并于同年批准著名会计学家谢霖先生为中国的第一位注册会计师,谢霖先生创办的中国第一家会计师事务所——"正则会计师事务所"也获准成立。此后,又逐步批准了一批注册会计师,建立了一批会计师事务所,包括潘序伦先生创办的"潘序伦会计师事务所"(后改称"立信会计师事务所")等。1930年,国民政府颁布了《会计师条例》,确立了会计师的法律地位,之后,上海、天津、广州等地也相继成立了多家会计师事务所。1925年在上海成立了"全国会计师公会"。1933年,成立了"全国会计师协会"。至1947年,全国已拥有注册会计师2 619人,并建立了一批会计师事务所。但是,在半封建、半殖民地的旧中国,注册会计师职业未能得到很大的发展,注册会计师审计也未能充分发挥应有的作用。会计师事务所主要集中在上海、天津、广州等沿海城市,注册会计师业务主要是为企业设计会计制度、代理申报纳税、培训会计人才和提供其他会计咨询服务。

在中华人民共和国建立初期,注册会计师审计在经济恢复工作中发挥了积极作用。当时,由于不法资本家囤积居奇、投机倒把、偷税漏税造成了极为险恶的财政状况,负责财经工作的陈云同志大胆雇用注册会计师,依法对工商企业查账,这对平抑物价、保证国家税收、争取国家财政经济状况好转做出了突出贡献。但后来由于我国推行苏联高度集中的计划经济模式,注册会计师便悄然退出了经济舞台。

(二)中国注册会计师审计的发展

1978年,党的十一届三中全会以后,我国实行改革开放的方针,把工作重点转移到社会主义现代化建设上来,商品经济得到迅速发展,为注册会计师制度的恢复重建创造了客观条件。随着外商来华投资日益增多,1980年12月14日财政部颁布了《中华人民共和国中外合资经营企业所得税法实施细则》,规定外资企业财务报表要由注册会计师进行审计,这为恢复我国注册会计师制度提供了法律依据。1980年12月23日,财政部发布《关于成立会计顾问处的暂行规定》,标志着我国注册会计师职业开始复苏。1981年1月1日,"上海会计师事务所"宣告成立,成为新中国第一家由财政部批准独立承办注册会计师业务的会计师事务所。我国注册会计师制度恢复后,注册会计师的服务对象主要是三资企业。这一时期的涉外经济法规对注册会计师业务做了明确规定。1984年9月25日,财政部印发《关于成立会计咨询机构问题的通知》,明确了注册会计师应当办理的业务。1985年1月实施的《中华人民共和国会计法》规定:"经国务院财政部门批准组成会计师事务所,可以按照国家有关规定承办查账业务。"1986年7月3日,国务院颁布《中华人民共和国注册会计师条例》,同年10月1日起实施。随着会计师事务所数量的增加、业务范围的拓宽,如何对注册会计师和会计师事务所实施必要的管理,有效组织开展职业道德、专业技能教育,加强行业管理,保证注册会计师独立、客观、公正执业,成为行业恢复重建面临的重大问题。

1988年11月15日,财政部借鉴国际惯例成立了中国注册会计师协会,随后各地方相继组建省级注册会计师协会。1993年10月31日,第八届全国人大常委会第四次会议审议通过了《中华人民共和国注册会计师法》(以下简称《注册会计师法》),自1994年1月1日起实施。在国家法律、法规的规范下,我国注册会计师行业得到了快速发展。一是不断拓展服务领域。注册会计师行业从最初主要为"三资"企业提供查账、资本验证等服务,发展到为所有企业提供财务报表审计业务,执业范围得到进一步扩展和延伸。二是不断加强人才培养。自1991年设立注册会计师全国统一考试以来,截至2017年,中注协个人会员总数达到23万多人。同时,行业建立了继续教育制度,制定发布行业人才培养"三十条",明确提出了加强行业人才培养的指导思想和总体思路,大力推行行业人才培养战略。三是不断深化执业标准建设。根据国际审计准则的发展趋势和审计环境的巨大变化,大力推行审计准则国际趋同战略。2006年初实现与国际审计准则的趋同,建立起了一套既适应社会主义市场经济建设要求又与国际准则相接轨的审计准则体系。四是不断完善监管制度建设。2004年创立了事务所执业质量检查制度,从以往的以专案、专项检查为主要方式向五年一个周期的制度性、全面性检查转变,并开展了全国性的事务所执业质量检查工作。五是不断推动事务所健康发展。在中介行业中率先开展了事务所脱钩改制工作,推动有条件的事务所做大做强,推动中小事务所做精做专做优,事务所整体竞争力大大增强。六是不断密切国际合作。先后加入亚太会计师联合会(CAPA)和国际会计师联合会(IFAC),并多年担任其理事;向国际审计与鉴证准则理事会(IAASB)等有关国际组织选派代表,与30多个国家和地区的50多个会计师职业组织建立了交往和合作关系,国际影响力和国际地位日益提高。

第五节 注册会计师审计的性质

一、注册会计师审计的含义

审计经过不断的完善和发展,到今天已经形成一套比较完备的科学体系。人们对审计的概念也进行了深入研究,最具代表性的是美国会计学会(AAA)审计基本概念委员会发表于1973年的《基本审计概念说明》(A Statement Of Basic Auditing Concepts),考虑了审计的过程和目标,定义为:"审计是一个系统化过程,即通过客观地获取和评价有关经济活动与经济事项认定的证据,以证实这些认定与既定标准的符合程度,并将结果传达给有关使用者。"

上述定义涉及的重要内容体现在以下方面:一是有关经济活动与事项的认定。财务报表审计的对象包含一套财务报表中的管理层认定,这些认定是由作为财务报表编制者的管理层做出的。如财务报表上列示应收账款100 000元,管理层的认定表明这些应收账款是存在的,计价是准确的等。二是认定与既定标准的符合程度。审计工作的主要目的是对与被审计经济活动及经济事项有关的认定形成审计意见,审计意见应当具体说明认定与标准的符合程度。三是客观地获取和评价证据。审计人员在审计过程中需要获取和评价相关证据,以支持关于认定是否符合既定标准的判断。在这一过程中,审计人员需要具有客观性,不偏不倚。四是系统化的过程。系统化意味着审计人员在制定审计计划、实施审计程序、获取审计证据和形成审计结论时需要通盘考虑,以实现审计目标。五是将结果传达给有关使用者。审计的最终目的是出具审计报告,指明财务报表是否符合会计准则的要求。

注册会计师审计通过提高财务信息的可信度、降低财务报表使用者的信息风险而提供一种保证服务。美国财务会计概念公告第 1 号《企业财务报告的目标》(Objectives of Financial Reporting by Business Enterprises)精辟地阐述了注册会计师审计的作用:"如果决策者掌握了反映企业经营状况和成果的信息,并将其应用于评价各种备选方案的预期回报、成本和风险,那么,个人、企业、市场和政府在各项相互竞争的用途之间分配稀缺资源的有效性将得以提高。独立注册会计师一般会对财务报表以及其他可能的信息进行检查或审核,信息的提供者和使用者通常都认为注册会计师的意见可以提高信息的可靠性或可信度。"此外,经过审计的财务报表,可以对市场早先收到的信息进行确认或纠正。事实上,经过审计的财务报表可以通过降低不准确信息的流传时间或阻止其传播,以保证市场的效率。

二、注册会计师审计的种类

随着经济社会对注册会计师业务的需求,注册会计师提供的服务领域越来越广。例如,审计、审阅、其他鉴证业务和相关服务等业务,但审计业务仍然是注册会计师的核心业务。注册会计师提供的审计业务可以分为财务报表审计、经营审计和合规性审计。

(一)财务报表审计

财务报表审计的目标是注册会计师通过执行审计工作,对财务报表是否按照规定的标准编制发表审计意见。规定的标准通常是企业会计准则和相关会计制度。当然,对按照计税基础、收付实现制基础或监管机构的报告要求编制的财务报表,注册会计师进行审计也较普遍。财务报表通常包括资产负债表、利润表、现金流量表、所有者权益(或股东权益)变动表以及财务报表附注。一般来说,经注册会计师审计的财务报表通常由被审计单位管理层进行内部决策。尽管财务报表审计在大多数情况下有注册会计师完成,以独立第三者的身份对财务报表发表意见,但政府审计和内部审计有时也会对企业财务报表进行审计。

(二)经营审计

经营审计是注册会计师为了评价被审计单位经营活动的效率和效果,而对其经营程序和方法进行的审计。美国政府审计准则对经营审计做出如下规定:"经济和效率审计包括确定:经济主体取得、保护和使用其资源(如人员、财产和空间)时是否具备经济性和效率性;低效或不经济的成因;经济主体是否遵守法律法规中关于经济和效率的规定。但程序审计包括确定:立法机关或其他权威机构的预测结果或多或少影响收益的实现程度;组织、系统、业务活动或职能的效力;经济主体是否遵循法律法规中适用于该系统的规定。"注册会计师从事经营审计业务,在完成审计工作后,一般要向被审计单位管理层提出经营管理建议。在经营审计中,审计对象不限于会计,还包括组织机构、计算机信息系统、生产方法、市场营销以及注册会计师能够胜任的其他领域。在某种意义上,经营审计更像是管理咨询。

(三)合规性审计

合规性审计的目的是确定被审计单位是否遵循了特定的法律、法规、程序或规则,或者是否遵守将影响经营或报告的合同的要求。例如,确定会计人员是否遵守了财务主管规定的手续,检查工薪率是否符合工薪法规定的最低限额,或者审查与银行签订的合同,以确信被审计单位遵守了法定要求。合规性审计的结果通常报送给被审计单位管理层或外部特定使用者。

注册会计师在对财务报表进行审计时,也应当充分关注被审计单位违反法律法规、程序、规则或合同可能对财务报表产生的重大影响。如果特定的法律、法规、程序、规则或合同对财务报表有直接和重大的影响,通常构成注册会计师财务报表审计的一部分。

三、注册会计师审计方法的演进

一百多年来,虽然审计的根本目标没有发生重大变化,但审计环境却发生了很大的变化。注册会计师为了实现审计目标,一直随着审计环境的变化调整着审计方法。审计方法从账项基础审计发展到风险导向审计,都是注册会计师为了适应审计环境的变化而做出的调整。

(一)账项基础审计

在审计发展的早期(19世纪以前),由于企业组织结构简单,业务性质单一,注册会计师审计主要是为了满足财产所有者对会计核算进行独立检查的要求,促使受托责任人(通常为经理或下属)在授权经营过程中做出诚实、可靠的行为。注册会计师审计的重心在资产负债表,旨在发现和防止错误与舞弊,审计方法是详细审计。

详细审计又称账项基础审计,由于早期获取审计证据的方法比较简单,注册会计师将大部分精力投向会计凭证和会计账簿的详细检查。这种审计方式是围绕会计凭证、会计账簿和财务报表的编制过程来进行的。注册会计师通过对账表上的数字进行详细核实来判断是否存在舞弊行为和技术上的错误。注册会计师通常花费大量的时间进行检查、核对、加总和重新计算,所以,要求注册会计师具备良好的簿记和会计知识。随着审计范围的扩展和组织规模的扩大,注册会计师开始采用审计抽样技术,只是抽查数量仍然很大,而且在抽查样本的选择上仍然以判断抽样为主。当时由于注册会计师并没有认识到内部控制有效性在审计中的作用,样本的选择带有很大的盲目性。根据有关文献记载,当时注册会计师在整个审计过程中,约3/4的时间花费在合计和过账上。从方法论的角度上讲,这种审计方法就是账项基础审计方法。

(二)制度基础审计

19世纪即将结束时,会计和审计步入了快速发展时期。注册会计师的审计重点从检查受托责任人对资产的有效使用转向检查企业的资产负债表和利润表,判断企业的财务状况和经营成果是否真实和公允。由于企业规模日益扩大,经济活动和交易事项内容不断丰富、复杂,注册会计师的审计工作量迅速增大,而需要的审计技术日益复杂,使得详细审计难以实施,企业对审计费用难以承受。

经过长时间的探索,注册会计师越来越认识到单纯围绕账表进行详细审计,既耗费时间,又难以很好地完成审计工作。为了保证审计工作质量,必须另辟蹊径,寻找更为可靠的审计方法。在审计实践过程中,注册会计师逐渐发现内部控制的可靠性对于审计工作具有非常重要的意义。当内部控制设计合理且执行有效时,通常表明财务报表具有较高的可靠性；当内部控制设计不合理，或虽然设计合理但没有得到有效执行时，通常表明财务报表不具有可靠性。因此注册会计师开始将审计视角转向企业的内部控制，转向企业的管理制度，特别是会计信息赖以生成的内部控制，从而将内部控制与抽样审计结合起来。

以内部控制为基础的审计方法，改变了传统的对于经济业务和会计资料的审计方法，强调对内部控制的测试和评价。如果测试结果表明内部控制运行有效，那么内部控制就值得信赖，注册会计师对财务报表相关项目的审计只需抽取少量样本便可以得出审计结论；如果测试结果表明内部控制运行无效，那么内部控制就不值得信赖，注册会计师对财务报表相关项目的审计需要视情况扩大审计范围，检查足够数量的样本，才能得出审计结论。

值得一提的是，企业规模的扩大、统计抽样技术的应用以及内部控制在企业的普及，推进了制度基础审计的产生和发展。从20世纪50年代起，以控制测试为基础的抽样审计在西方国家得到广泛应用，这也是审计方法逐渐走向成熟的重要标志。内部控制测试和评价构成了审计方法的重要组成部分。从方法论的角度，该种方法被称作制度基础审计方法。

(三) 风险导向审计

自20世纪80年代以来，科学技术和政治经济发生急剧变化，对企业经营管理产生重大影响，导致企业竞争更加激烈，经营风险日益增加，倒闭事件不断发生，于是对注册会计师审计工作提出了更高的要求。注册会计师必须从更高层次，综合考虑企业的环境和面临的经营风险，把握企业面临的各方面情况，分析企业经济业务中可能出现的错误和舞弊行为，并以此为出发点，制定审计策略，依据审计风险模型，制定与企业状况相适应的审计计划，以确保审计工作的效率和效果。

最初开发的审计风险模型用下列方程式表示：审计风险(AR) = 固有风险(IR) × 控制风险(CR) × 检查风险(DR)。审计风险是指财务报表存在重大错报而注册会计师发表不恰当审计意见的可能性。固有风险是指假定不存在相关内部控制时，某一账户或某类交易单独或连同其他账户、交易产生重大错报的可能性。控制风险是指某一账户或某类交易单独或连同其他账户、交易产生重大错报，而未能被内部控制防止、发现或纠正的可能性。检查风险是指某一账户或某类交易单独或连同其他账户、交易产生重大错报，而未能被实质性程序发现的可能性。

由于审计风险受到企业固有风险因素的影响，如管理人员的品行和能力、行业所处环境、业务性质、容易产生错报的财务报表项目、容易遭受损失或被挪用的资产等导致的风险，又受到内部控制风险因素的影响，即账户余额或各类交易存在错报，内部控制未能防止、发现或纠正的风险。此外，还受到注册会计师实施审计程序未能发现账户余额或各类交易存在错报风险的影响，职业界很快开发出了审计风险模型。

审计风险模型的出现，从理论上解决了注册会计师以制度为基础采用抽样审计的随意性，又解决了审计资源的分配问题，要求注册会计师将审计资源分配到最容易导致财务报表出现重大错报的领域。从方法论的角度，注册会计师以审计风险模型为基础进行的审计，称为风险导向审计方法。

第六节 注册会计师审计与其他审计的关系

一、审计监督体系

从国内外审计的历史和现状来看,审计按不同主体划分为政府审计、内部审计和注册会计师审计,并相应地形成了三类审计组织机构,共同构成审计监督体系。

政府审计是由政府审计机关代表政府依法进行的审计。政府审计主要监督检查各级政府及其部门的财政收支及公共资金的收支、运用情况。目前世界各国政府建立的审计机构,因领导关系不同而大体分为三种类型:(1)由议会直接领导并对议会负责。(2)在政府内建立审计机构并对政府负责,政府则对议会负责。(3)由财政部门领导,在财政部门内部设审计机构兼管财政监督,实行财政、审计合一制度。上述三种类型,审计机构由议会领导独立性最强。我国目前的审计机关由政府领导,分中央与地方两个层次。我国宪法规定,审计机关独立行使审计监督权,不受其他行政机关、社会团体和个人的干涉。

内部审计是由各部门、各单位内部设置的专门机构或人员实施的审计。内部审计主要监督检查本部门、本单位的财务收支和经营管理活动。目前世界各国内部审计部门的设置因领导关系不同而大体分为三种类型:

(1)受本单位总会计师或主管财务的副总经理领导。

(2)受本单位总经理领导。

(3)受本单位董事会领导。从审计的独立性、权威性来讲,领导层次越高,越有保障。我国目前的内部审计部门一般由本部门、本单位的主要负责人领导,业务上接受当地政府审计机构或上一级主管部门审计机构的指导。相对外部审计,内部审计的独立性较弱。

注册会计师审计是由经政府有关部门审核批准的注册会计师组成的会计师事务所进行的审计。在西方国家,注册会计师的组织形式主要有独资、合伙两种,近年来已有有限责任公司和有限责任合伙等组织形式出现。在我国,会计师事务所是注册会计师的工作机构,注册会计师必须加入会计师事务所才能接受委托,办理业务。会计师事务所不附属于任何机构,自收自支、独立核算、自负盈亏、依法纳税,因此在业务上具有较强的独立性、客观性和公正性,并且为社会公众所认可。

二、注册会计师审计与政府审计的关系

现代意义上的政府审计是近代民主政治发展的产物。按照民主政治的原则,人民有权对国家事务和人民财产的管理进行监督。因此,各级政府机构和官员在受托管理属于全民所有的公共资金和资源的同时,还要受到严格的经济责任制度的约束。这种约束方式就表现为政府审计机关对受托管理者的经济责任进行监督。因此,政府审计担负的责任是对全民财产的审计责任。

注册会计师审计是商品经济发展到一定阶段的必然产物,也是商品经济条件下社会经济监督机制的主要表现形式。由于所有权与经营权的分离,以及债权人对自身权益的关心,必然产生对投资运用或债务收回前景的密切关注。这种关注即依赖于注册会计师的审计结果。因此,相对于审计客体而言,政府审计和注册会计师审计均是外部审计,都具有较

强的独立性。从我国来看,两者在许多方面存在区别:

(1)两者的审计目标不同。政府审计是对单位的财政收支或者财务收支的真实、合法和效益依法进行的审计;注册会计师审计是注册会计师对财务报表是否按照适用会计准则和相关会计制度编制进行的审计。

(2)两者的审计标准不同。政府审计是审计机关依据《中华人民共和国审计法》和国家审计准则等进行的审计;注册会计师审计是注册会计师依据《注册会计师法》和中国注册会计师审计准则进行的审计。

(3)两者的经费或收入来源不同。政府审计履行职责所必需的经费,应当列入财政预算,由本级人民政府予以保证;注册会计师的审计收入来源于审计客户,由注册会计师和审计客户协商确定。

(4)两者的取证权限不同。审计机关有权就审计事项的有关问题向有关单位和个人进行调查,并取得有关证明材料,有关单位和个人应当支持、协助审计机关工作,如实向审计机关反映情况,提供有关证明材料;注册会计师在获取证据时很大程度上有赖于被审计单位及相关单位的配合和协助,对被审计单位及相关单位没有行政强制力。

(5)两者对发现问题的处理方式不同。审计机关审定审计报告,对审计事项做出评价,出具审计意见书;对违反国家规定的财政收支、财务收支行为,需要依法给予处理、处罚的,在法定职权范围内做出审计决定或者向有关主管机关提出处理、处罚意见。注册会计师对审计过程中发现需要调整和披露的事项只能提请被审计单位调整和披露,没有行政强制力,如果被审计单位拒绝调整和披露,注册会计师视情况出具保留意见或否定意见的审计报告。如果审计范围受到被审计单位或客观环境的限制,注册会计师视情况出具保留意见或无法表示意见的审计报告。

三、注册会计师审计与内部审计的关系

内部审计是由各部门、各单位内部设置的专门机构或人员实施的审计。它是随着企业规模扩大、内部分级管理的出现而逐步形成的。早期的内部审计诞生于19世纪中叶的英国。第二次世界大战后,由于市场经济竞争更加激烈,促使企业更加重视内部经济管理,内部审计得到迅速发展。

内部审计与注册会计师审计一样都是现代审计体系的组成部分。从我国情况看,注册会计师审计与内部审计在许多方面存在很大区别:

(1)两者的审计目标不同。内部审计主要是对内部控制的有效性、财务信息的真实性和完整性以及经营活动的效率和效果开展的一种评价活动;注册会计师审计主要对被审计单位财务报表的合法性和公允性进行审计。

(2)两者独立性不同。内部审计为组织内部服务,接受总经理或董事会的领导,独立性较弱;注册会计师审计为需要可靠信息的第三方提供服务,不受被审计单位管理层的领导和制约,独立性较强。

(3)两者接受审计的自愿程度不同。内部审计是代表总经理或董事会实施的组织内部监督,是内部控制制度的重要组成部分,单位内部的组织必须接受内部审计人员的监督;注册会计师审计是以独立的第三方对被审计单位进行的审计,委托人可自由选择会计师事务所。

（4）两者遵循的审计标准不同。内部审计人员遵循的是内部审计准则；而注册会计师遵循的是注册会计师审计准则。

（5）两者审计的时间不同。内部审计通常对单位内部组织采用定期或不定期的审计，时间安排比较灵活；而注册会计师审计通常是定期审计，每年对被审计单位的财务报表审计一次。

注册会计师审计与内部审计尽管存在很大的差别，但是注册会计师审计作为一种外部审计，在工作中要利用内部审计的工作成果。任何一种外部审计在对一个单位进行审计时，都要对其内部审计的情况进行了解并考虑是否利用其工作成果。这是由于：

（1）内部审计是单位内部控制的一个重要组成部分。内部审计作为单位内部的经济监督机构，虽然不参与单位内部的经营管理活动，但主要对各项经营管理活动是否达到预定目标，是否遵循了单位的规章制度等进行监督，属于单位内部控制体系的一个组成部分。外部审计人员在对被审计单位进行审计时，要对内控制度进行测评，就必须了解其内部审计的设置和工作情况。

（2）内部审计和外部审计在工作上具有一致性。内部审计在审计内容、审计方法等方面都和外部审计有许多相似之处。例如，在进行财务审计时，两者在方法上都要评价内控制度，检查凭证、账册，核对账表一致性等。这就为外部审计利用内部审计工作的成果创造了条件。

（3）利用内部审计工作成果可以提高工作效率，节约审计费用。外部审计人员在对内部审计工作进行评价以后，利用其全部或部分工作成果，可以减少现场测试的工作量，提高工作效率，从而节约被审计单位的审计费用。

本章练习

一、单项选择题

1. 随着审计环境的不断变化，审计的方法也进行着相应的调整。在下列审计方法中，形成最晚，即最新的审计方法是(　　)。
   A. 账项基础审计　　　B. 风险导向审计　　　C. 制度基础审计　　　D. 财务报表审计

2. 以下有关各种审计方法的说法中，不正确的是(　　)。
   A. 账项基础审计的重心为各种会计账目，方法是详细审计
   B. 制度基础审计的主要目的是提高审计效率、降低审计的工作量
   C. 风险导向审计解决了抽样审计的随意性和审计资源的分配问题
   D. 账项审计中约四分之三的时间花费在合计和过账上

3. 下列有关审计的分类，正确的是(　　)。
   A. 按主体的不同，分为内部审计和外部审计
   B. 按目的和内容的不同，分为财务报表审计和内部审计
   C. 按与被审计单位的关系不同，分为政府审计、内部审计和注册会计师审计
   D. 按目的和内容的不同，分为财务报表审计、经营审计和合规性审计

4. 关于政府审计与注册会计师联系的下列论断中，正确的是(　　)。
   A. 二者都是商品经济发展到一定阶段的产物
   B. 二者都是外部审计，都具有较强的独立性

C. 二者的对象、方式和监督的性质基本一致
D. 二者在审计时所依据的审计准则基本一致

5. 根据美国会计学会(AAA)对审计的定义,下列理解中不恰当的是( )。
   A. 审计是一个系统过程
   B. 在财务报表审计中,既定标准可以具体为企业会计准则
   C. 审计应当确保被审计单位财务报表与标准相同
   D. 审计的价值需要通过把审计结果传递给利害关系人来实现

6. 在以下有关抽样审计的下列说法中,你不认可的是( )。
   A. 在审计范围从会计账目扩大到资产负债表的同时,审计抽样得以产生和初步发展
   B. 在审计范围扩大到测试相关内部控制的同时,审计抽样方法得到了推广
   C. 在制度基础审计方法得到推广的同时,审计抽样方法得以普遍运用
   D. 现阶段,抽样方法已成为注册会计师审计中一种必须使用的方法

7. 下列有关注册会计师审计方法的说法中,不正确的是( )。
   A. 账项基础审计属于详细审计,旨在防止和发现财务报表的错误与舞弊
   B. 制度基础审计将内部审计与抽样审计相结合,是为了提高审计的效率
   C. 注册会计师以制度为基础进行抽样具有一定的随意性,风险导向审计从理论上解决了这一问题
   D. 风险导向审计考虑了各种影响审计风险的因素,但尚未考虑注册会计师自身未发现错报所导致的审计风险

8. 下列有关审计监督体系的理解中,表述正确的是( )。
   A. 政府审计是独立性最强的一种审计
   B. 财务报表的合法性是财务报表使用者最为关心的
   C. 注册会计师审计意见旨在提高财务报表的可信赖程度
   D. 内部审计是注册会计师审计的基础

9. 注册会计师的审计意见,应合理保证财务报表使用人确定已审计会计报表的可靠程度。这意味着( )。
   A. 不应由注册会计师保证已审计财务报表的可靠程度
   B. 财务报表使用人应合理保证已审计财务报表的可靠程度
   C. 注册会计师应合理保证已审计财务报表的可靠程度
   D. 注册会计师的审计意见应合理保证已审计财务报表的可靠程度

10. 政府审计、内部审计、注册会计师审计共同构成了审计的监督体系。其中,政府审计与注册会计师审计在以下( )方面是基本相似的。
    A. 审计所依据的准则　　　　　　　B. 审计要实现的目标
    C. 对内部审计的利用　　　　　　　D. 审计中取证的权限

二、多项选择题

1. 从注册会计师审计的起源和发展历程我们可以得出以下结论( )。
   A. 注册会计师审计产生的直接原因是财产所有权与经营权的分离
   B. 随着商品经济的发展,注册会计师审计由初期的详细审计发展为资产负债表审计,进而发展为财务报表审计

C. 随着商品经济的发展,注册会计师审计由最初为不参与经营的合伙人负责到为企业主负责再到现在为股东负责

D. 注册会计师的独立、客观、公正不仅保证了其鉴证职能的发挥,而且也使其在社会上享有较高的权威性

2. 在以下有关中国注册会计师审计产生与发展相关的说法中,你认为正确的是( )。

   A. 中华人民共和国历史上第一家会计师事务所成立于1981年的上海

   B. 1947年,中国拥有注册会计师2 600余人

   C. 中国历史上第一家会计师事务所成立于1918年的上海

   D. 1974年,中国拥有会计师事务所350余家

3. 美国会计学会给出的审计概念,包含以下( )含义。

   A. 审计需要证实被审计单位管理层关于其经济活动和事项的认定

   B. 审计结果应当传达给有关的使用者

   C. 审计需要确认管理层认定与既定标准的符合程度并客观地评价与获取证据

   D. 审计是一个系统化过程

4. 某审计小组正在实施对 ABC 公司的审计工作。该审计小组确定的审计目标是:ABC 公司是否存在偷税、漏税行为,如存在,相关的金额是否达到30万元的界限。在你看来,该审计小组实施的审计最有可能属于下列( )两种审计。

   A. 政府审计　　　B. 注册会计师审计　　　C. 风险导向审计　　　D. 账项基础审计

5. 现代注册会计师审计属于风险导向审计。以下有关这种审计特点的描述中,不正确的是( )。

   A. 扩大了考虑审计风险所涉及的范围,有利于降低审计风险

   B. 增加了对计算机辅助审计技术的运用,有利于节省审计成本

   C. 减少了对会计资料的检查,有助于提高审计结论的可靠性

   D. 增加了对审计抽样的依赖,降低了抽样风险和审计风险

6. 在我国注册会计师制度的恢复中,以下表达恰当的有( )。

   A. 1980年12月14日《中华人民共和国中外合资经营企业所得税法实施细则》的颁布为我国注册会计师制度的恢复提供了法律依据

   B. 1980年12月23日财政部发布的《关于成立会计顾问处的暂行规定》标志着我国注册会计师职业开始复苏

   C. 1981年1月1日"上海会计师事务所"成立是中国第一家独立承办注册会计师业务的会计师事务所

   D. 1994年1月1日起实施的《注册会计师法》使我国注册会计师执业真正有法可依

7. 以下有关审计方法的表达中,正确的有( )。

   A. 风险导向审计的重心是以重大错报风险的识别、评估与应对

   B. 风险导向审计的重心是以审计风险的防止或发现并纠正

   C. 制度基础审计的重心是以内部控制为基础的抽样审计

   D. 账项基础审计的重心是以发现和防止资产负债表错弊

8. 以下对风险导向审计方法的理解中恰当的有( )。

   A. 风险导向审计方法更加关注固有风险的影响因素,而且通过评估诸如管理人员的品行

和能力、行业所处环境等非财务信息将审计的视野大大扩展到财务报表之外

B. 风险导向审计方法同样关注控制风险影响因素,而且当通过实施实质性程序无法收集到充分适当的认定层次的审计证据时必须依赖对内部控制的测试结果

C. 风险导向审计方法不再依赖控制测试,而是要通过抽样审计更加依赖实质性程序收集的审计证据

D. 风险导向审计方法通过对审计风险模型的修订,要求注册会计师将审计资源分配到最容易导致财务报表出现重大错报的领域

9. 下列有关注册会计师审计的说法中正确的有(　　)。

A. 注册会计师审计是注册会计师代表本所或个人接受委托对被审计单位的财务报表进行审计并发表审计意见

B. 注册会计师审计体现为双向独立

C. 注册会计师审计是一种有偿服务

D. 注册会计师在执行审计工作时必须利用内部审计的工作成果

10. 政府审计与注册会计师审计的下列表述中,不正确的有(　　)。

A. 二者都有权就有关审计事项向有关单位和个人进行调查并取得有关证明材料

B. 二者都是外部审计,都是双向独立

C. 二者的对象、方式基本一致

D. 二者在审计中对同一事项做出的结论相同

参考答案

一、单项选择题
1. B　2. A　3. D　4. B　5. C　6. D　7. D　8. C　9. A　10. C

二、多项选择题
1. ABD　2. ABC　3. ABCD　4. AD　5. BCD　6. ABD　7. ACD　8. ABD　9. BC
10. ABCD

第二章 注册会计师管理制度

注册会计师是依法取得注册会计师证书并接受委托从事审计和会计咨询、会计服务的执业人员,是保障和促进社会主义市场经济的重要力量。我国自改革开放以来,非常重视注册会计师法律制度建设。1993年10月31日第八届全国人大常委会第四次会议通过,1994年1月1日起施行的《中华人民共和国注册会计师法》(以下简称《注册会计师法》)是我国注册会计师法律制度的基本规范,构成了注册会计师行业管理的法律依据。

第一节 注册会计师考试与注册

一、注册会计师考试

国家实行注册会计师全国统一考试制度,通过注册会计师全国统一考试可以取得注册会计师资格。

(一)考试组织

《注册会计师法》规定,注册会计师全国统一考试办法由财政部制定,中国注册会计师协会负责具体实施工作。为做好注册会计师全国统一考试,财政部组织成立全国注册会计师考试委员会(以下简称全国考委会)。全国考委会负责全面领导和组织考试工作,制定与考试有关的方针、政策及规则,审定考试大纲,确定命题原则,处理考试组织工作的重大问题,指导地方考委会工作。全国考委会办公室在全国考委会领导下,负责考试具体组织和实施,并指导地方考委会办公室的工作。全国考委会办公室设在中国注册会计师协会。

各省、自治区、直辖市财政厅(局)成立地方注册会计师考试委员会(以下简称地方考委会),组织领导本地区注册会计师全国统一考试工作,地方考委会设立地方注册会计师考试委员会办公室(以下简称地方考办),组织实施本地区注册会计师全国统一考试工作。地方考办设在各省、自治区、直辖市注册会计师协会。

(二)考试条件

根据《注册会计师法》及《注册会计师全国统一考试办法》的规定,具有下列条件之一的中国公民,可报名参加考试:高等专科以上学历;会计或者相关专业(审计、统计、经济)中级以上专业技术职称。

根据《港澳台地区居民和外国籍公民参加中华人民共和国注册会计师统一考试办法》的规定,中国香港、澳门、台湾地区居民及按对等原则确认的外国籍公民具有下列条件之一者,可申请参加考试:

(1)全国考委会认可的境内外高等专科以上学校毕业的学历。

(2)已取得境外法律认可的注册会计师资格(或其他相应资格)。这里所指的对等原则,是指外国籍公民所在国允许中国公民参加该国注册会计师(或其他相应资格)考试,中国政府亦允许该国公民参加中国注册会计师统一考试。

通过注册会计师全国统一考试,考试科目全科成绩合格的,可以申请办理注册会计师考试全科合格证书,并可以申请加入注册会计师协会,成为注册会计师协会的非执业会员。

二、注册会计师注册

根据《注册会计师法》的规定,参加注册会计师全国统一考试成绩合格,并从事审计业务工作两年以上的,可以向省、自治区、直辖市注册会计师协会申请注册。省级注册会计师协会负责注册会计师的审批,受理的注册会计师协会应当批准符合法律规定条件的申请人的注册,并报财政部备案。

除有规定的不予注册的情形外,受理申请注册的省级注册会计师协会应当准予注册。不予注册的情形有:不具有完全民事行为能力的;因受刑事处罚的;因在财务、会计、审计、企业管理或者经济管理工作中犯有严重错误受行政处罚、撤职以上处分的;自行停止执行注册会计师业务满1年的。

第二节 注册会计师业务范围

根据《注册会计师法》的规定,注册会计师依法承办审计业务和会计咨询、会计服务业务。此外,注册会计师还根据委托人的委托,从事审阅业务、其他鉴证业务和相关服务业务。

一、审计业务

(一)审查企业财务报表,出具审计报告

按照中国注册会计师审计准则的规定,对财务报表发表意见是注册会计师的责任。为了有效制止和防范利用财务报表弄虚作假,提高财务报表质量,国家依法实行企业年度财务报表审计制度。随着审计准则体系的逐步完善,注册会计师执业行为日益规范,执业水平不断提高,注册会计师行业已成为享有较高公信力的行业,为维护会计秩序、保证会计信息质量做出了应有的贡献。

国家有关部门对上市公司监管所依据的信息主要来自上市公司的财务报表和注册会计师对其出具的审计报告,注册会计师在某种程度上已成为上市公司监管的第一道防线,在证券市场上扮演着越来越重要的角色。在某种意义上说:注册会计师通过对上市公司年度财务报表的审计,实施了对上市公司的监管,提高了会计信息的质量。不仅上市公司需要注册会计师审计,国有企业及其他企业也需要注册会计师审计。国务院于2000年公布并自2001年1月1日起施行的《企业财务会计报告条例》,要求国有企业、国有控股的或占主导地位的企业应当至少每年一次向本企业的员工代表大会公布财务会计报告,并重点说明注册会计师审计的情况。

《公司法》要求各类公司依法接受注册会计师的审计。一是第五十五条规定:"监事会、不设监事会的公司的监事发现公司经营情况异常,可以进行调查;必要时,可以聘请会计师事务所等协助其工作,费用由公司承担。"二是第六十三条规定:"一人有限责任公司应

当在每一会计年度终了时编制财务会计报告,并经会计师事务所审计。"三是第一百六十五条规定:"公司应当在每一会计年度终了时编制财务会计报表,并依法经会计师事务所审计。"随着社会主义市场经济体制的确立和发展,政府不再直接管理企业,逐渐将一些管理职能移交给社会中介机构。而且,随着财务报表使用者日渐增多,服务报表使用者需要通过分析财务会计报告据以做出经济决策,因此最为关心财务会计报告的合法性、公允性。注册会计师的职能之一就是通过对财务报表进行审计,为社会提供鉴证服务。

(二)验证企业资本,出具验资报告

我国实行注册资本实收制度。根据《公司法》、《公司登记管理条例》等法律、法规的规定,公司及其他企业在设立审批时,必须提交注册会计师出具的验资报告。验资是指注册会计师接受委托,对被审计单位注册资本实收情况或注册资本的变更情况进行审验,并出具验资报告。《公司法》第二十九条规定:"股东缴纳出资后,必须经依法设立的验资机构验资并出具证明。"第九十条规定:"发行股份的股款缴足后,必须经依法设立的验资机构验资并出具证明。"公司及其他企业申请变更注册资本时,也要提交验资报告。因此,验资业务成为注册会计师业务的重要组成部分。同审计报告一样,验资报告具有法定证明效力,注册会计师及其所在会计师事务所对其出具的验资报告承担相应的法律责任。

(三)办理企业合并、分立、清算事宜中的审计业务,出具有关报告

企业在合并、分立或终止清算时,应当分别编制合并、分立财务报表以及清算财务报表。为了帮助财务报表使用人增强对这些报表的信赖程度,企业需要委托注册会计师对其编报的财务报表进行审计。在对财务报表进行审计时,注册会计师同样应当检查形成财务报表的所有会计资料及其反映的经济业务,并关注企业合并、分立及清算过程中出现的特定事项。办理企业合并、分立和清算事宜中的审计业务后出具的相应的审计报告同样具有法定证明效力,承办注册会计师及其所在的会计师事务所应当承担相应的法律责任。

(四)办理法律、行政法规规定的其他审计业务,出具相应的审计报告

在实际工作中,注册会计师还可根据国家法律、行政法规的规定接受委托,对以下特殊目的业务进行审计:(1)按照特殊编制基础编制的财务报表;(2)财务报表的组成部分,包括财务报表特定项目、特定账户或特定账户的特定内容;(3)合同遵循情况;(4)简要财务报表。这些业务的办理需要注册会计师具备和运用相关的专门知识,注意处理问题的特殊性。对于执行特殊目的审计业务出具的审计报告,也具有法定证明效力,注册会计师及其所在的会计师事务所对此也应承担相应的法律责任。

二、审阅业务

注册会计师的业务范围经历了由法定审计业务向其他领域拓展的过程。从国内外有关注册会计师的法律看,法定审计业务是注册会计师的核心业务。例如在美国,有关注册会计师的立法始于1896年的纽约州,到了20世纪20年代中期,各个州都已制定了相应的注册会计师法。尽管各个州出台的注册会计师法有所不同,但有一个共同点,即授予注册会计师从事法定审计业务的特许权,除注册会计师外,其他组织和人士不得承办法定审计业务。我国《注册会计师法》,同样规定了注册会计师的法定审计业务范围。随着经济的发展和社会的需求,注册会计师及时调整专业服务的性质,拓展服务的范围和领域。

由于注册会计师具有良好的职业形象和较强的专业能力,这使得其日益成为政府部门和社会公众信赖的专业人士。在许多国家和地区,注册会计师除了承办传统审计业务,还承办其他鉴证业务,以增强信息使用者对所鉴证信息的信赖程度。同时,面对全球化、多元化和竞争激烈的会计市场,注册会计师实现审计业务收入的持续增长已非易事,必须不断地开拓新的市场和业务。从目前情况看,无论在国外,还是在我国,注册会计师承办的业务范围已经十分广泛。目前我国注册会计师承办业务类型较多,其中还有审阅业务。

审阅业务的目标,是注册会计师在实施审阅程序的基础上,说明是否注意到某些事项,使其相信财务报表没有按照适用的会计准则的规定编制,未能在所有重大方面公允反映被审阅单位的财务状况、经营成果和现金流量。相对审计而言,审阅程序简单,保证程度有限,审阅成本也较低。

三、其他鉴证业务

除了审计和审阅业务外,注册会计师还承办其他鉴证业务,如预测性财务信息审核、系统鉴证等,这些鉴证业务可以增强使用者的信任程度。

关注到注册会计师服务领域不断扩展这一趋势,国际会计师联合会(IFAC着手研究、制定并发布适应当前经济环境的执业准则。2002年,IFAC下属的国际审计实务委员会(IAPC,IAASB的前身)发布了《国际鉴证业务准则第100号——鉴证业务》(ISAE100),旨在为所有类型的鉴证业务提供一致的框架。2004年12月,ISAE100被废止,取而代之的是《国际鉴证业务准则第3000号——历史财务信息审计或审阅以外的鉴证业务》(ISAE3000),并于2005年1月1日生效。

为了应对不断变化的注册会计师执业环境,加快执业准则国际化趋同的步伐,满足注册会计师的执业需求,中国注册会计师协会在借鉴国际准则的体系和《国际鉴证业务准则第3000号——历史财务信息审计或审阅以外的鉴证业务》的基础上,起草了《中国注册会计师其他鉴证业务准则第31号——历史财务信息审计或审阅以外的鉴证业务》,并由财政部发布。

我国注册会计师承办的业务范围较为广泛,既有针对历史财务信息的审计和审阅业务,又有历史财务信息以外的其他鉴证业务。

四、相关服务

相关服务包括对财务信息执行商定程序、代编财务信息、税务服务、管理咨询以及会计服务等。

(一)对财务信息执行商定程序

对财务信息执行商定程序,是注册会计师对特定财务数据、单一财务报表或整套财务报表等财务信息执行与特定主体商定的具有审计性质的程序,并就执行的商定程序及其结果出具报告。

(二)代编财务信息

代编财务信息,是注册会计师运用会计而非审计的专业知识和技能,代客户编制一套完整或非完整的财务报表,或代为收集、分类和汇总其他财务信息。

(三) 税务服务

税务服务包括税务代理和税务策划。税务代理是注册会计师接受企业或个人委托,为其填制纳税申报表,办理纳税事项。税务策划是由于纳税义务发生范围和时间不同,注册会计师从客户利益出发,代替纳税义务人设计可替代或不同结果的纳税方案。其所得税的纳税筹划,现已扩展到财产税、遗产税等诸多税种。

(四) 管理咨询

管理咨询服务是注册会计师与非注册会计师激烈竞争的一个领域。从20世纪50年代起,注册会计师的管理咨询服务收入开始增长,并保持了强劲的增长势头。其原因主要是:首先,管理咨询服务是增值服务;其次,企业内部的结构重组给注册会计师带来了无限商机。最近几年,大型会计师事务所越来越明显地成为管理咨询服务的主要提供者。管理咨询服务范围很广,主要包括对公司治理结构、信息系统、预算管理、人力资源管理、财务会计、经营效率、效果和效益等提供诊断及专业意见与建议。

(五) 会计服务

注册会计师提供的会计咨询和会计服务业务,除了代编财务信息外,还包括对会计政策的选择和运用提供建议、担任常年会计顾问等。注册会计师执行的会计咨询、会计服务业务属于服务性质,是所有具备条件的中介机构甚至个人都能够从事的非法定业务。

第三节 会计师事务所

一、会计师事务所组织形式

会计师事务所是注册会计师依法承办业务的机构。根据《注册会计师法》的规定,我国会计师事务所分为合伙会计师事务所和有限责任会计师事务所两种形式。合伙会计师事务所是由2名以上符合规定条件的合伙人,以书面协议形式,共同出资、共同执业,以各自财产对事务所的债务承担连带责任的会计师事务所。有限责任会计师事务所是指由注册会计师发起设立、承办注册会计师业务并承担有限责任的会计师事务所。有限责任会计师事务所以其全部资产对其债务承担责任。

综观注册会计师行业在各国的发展,会计师事务所主要有独资、普通合伙、有限责任、有限责任合伙四种组织形式。

(一) 独资会计师事务所

独资会计师事务所又称个人会计师事务所,由具有注册会计师执业资格的个人独立开业,承担无限责任。它的优点是,对执业人员的需求不多,容易设立,执业灵活,能够在代理记账、代理纳税等方面很好地满足小型企业对注册会计师服务的需求,虽承担无限责任,但实际发生风险的程度相对较低。缺点是无力承担大型业务,缺乏发展后劲。

(二) 普通合伙会计师事务所

普通合伙会计师事务所是由两位或两位以上合伙人组成的合伙组织。合伙人以各自的财产对事务所的债务承担无限连带责任。它的优点是,在风险的牵制和共同利益的驱动下,促使事务所提高执业质量,扩大业务规模,提高控制风险的能力。缺点是,建立一个跨地区、跨国界的大型会计师事务所要经历一个漫长的过程。同时,任何一个合伙人执业中的失误或舞弊行为,都可能给整个会计师事务所带来灭顶之灾,使之一日之间土崩瓦解。

(三)有限责任会计师事务所

有限责任会计师事务所由注册会计师认购会计师事务所股份,并以其所认购股份对会计师事务所承担有限责任。会计师事务所以其全部资产对其债务承担有限责任。它的优点是,可以通过公司制形式迅速聚集一批注册会计师,组成大型会计师事务所,承办大型业务。缺点是,降低了风险责任对执业行为的高度制约,弱化了注册会计师的个人责任。

(四)有限责任合伙会计师事务所

有限责任合伙会计师事务所在我国又称特殊的普通合伙会计师事务所,最明显的特征是合伙人只需承担有限责任。无过失的合伙人对于其他合伙人的过失或不当执业行为以自己在事务所的财产为限承担责任,不承担无限责任,除非该合伙人参与了过失或不当执业行为。它的最大特点在于既融入了普通合伙和有限责任会计师事务所的优点,又摒弃了它们的不足。这种组织形式是为顺应经济发展对注册会计师行业的要求,于20世纪90年代初期兴起的。到1995年年底,原"六大"国际会计事务所在美国的执业机构已完成了向有限责任合伙的转型,在其他国家和地区的执业机构的转型目前也在进行之中。同时,在它们的主导下,许多国家和地区的大中型会计师事务所也陆续开始转型。有限责任合伙会计师事务所已成为当今注册会计师职业界组织形式发展的一大趋势。

从国际惯例来看,会计师事务所的执业登记都由注册会计师行业主管机构统一负责。会计师事务所必须经过行业主管机关或注册会计师协会的批准登记并由注册会计师协会予以公告。独资会计师事务所和普通合伙会计师事务所经过这个程序即可开业,有限责任会计师事务所一般还应当进行公司登记。

二、会计师事务所设立条件

(一)设立合伙会计师事务所的条件

申请设立合伙会计师事务所,应当具备下列条件:有2名以上的合伙人;有书面合伙协议;有会计师事务所的名称;有固定的办公场所。

(二)设立有限责任会计师事务所的条件

申请设立有限责任会计师事务所,应当具备以下条件:有5名以上的股东;有一定数量的专职从业人员;有不少于人民币30万元的注册资本;有股东共同制定的章程;有会计师事务所的名称;有固定的办公场所。

(三)成为会计师事务所合伙人或者股东的条件

会计师事务所的合伙人或者股东,应当具备下列条件:

(1)持有注册会计师证书。

(2)在会计师事务所执业。

(3)成为合伙人或者股东前3年内没有因为执业行为受到行政处罚。

(4)有取得注册会计师证书后最近连续5年在会计师事务所从事法定审计业务的经

历,其中在境内会计师事务所的经历不少于3年。

(5)成为合伙人或者股东1年内没有因采取隐瞒或提供虚假材料、欺骗、贿赂等不正当手段申请设立会计师事务所而被省级财政部门做出不予受理、不予批准或者撤销会计师事务所的规定。

第四节 注册会计师协会

中国注册会计师协会(The Chinese Institute of Certified Public Accountants,CICPA),于1988年11月15日成立。根据《注册会计师法》,中国注册会计师协会是注册会计师行业的全国组织,接受财政部、民政部的监督和指导。省、自治区、直辖市注册会计师协会是注册会计师行业的地方组织。

中国注册会计师协会的宗旨是服务、监督、管理、协调,即以诚信建设为主线,服务本会会员,监督会员执业质量、职业道德,依法实施注册会计师行业管理,协调行业内、外部关系,维护社会公众利益和会员合法权益,促进行业健康发展。

一、中国注册会计师协会的职责

中国注册会计师协会依法履行以下职责:

(1)审批和管理本会会员,指导地方注册会计师协会办理注册会计师注册。

(2)拟订注册会计师执业准则、规则,监督、检查实施情况。

(3)组织对注册会计师的任职资格、注册会计师和会计师事务所的执业情况进行年度检查。

(4)制定行业自律管理规范,对违反行业自律管理规范的行为予以惩戒。

(5)组织实施注册会计师全国统一考试。

(6)组织和推动会员培训工作。

(7)组织业务交流,开展理论研究,提供技术支持。

(8)开展注册会计师行业宣传。

(9)协调行业内、外部关系,支持会员依法执业,维护会员合法权益。

(10)代表中国注册会计师行业开展国际交往活动。

(11)指导地方注册会计师协会工作。

(12)办理法律、行政法规规定和国家机关委托或授权的其他有关工作。

二、中国注册会计师协会会员

(一)会员种类

中国注册会计师协会的会员分为个人会员和团体会员。会员入会均须履行申请和登记手续。

(1)个人会员。凡参加注册会计师全国统一考试全科合格并经申请、批准者和依照规定原考核取得本会会员资格者,为中国注册会计师协会的个人会员。个人会员分为执业会员和非执业会员。其中,依法取得中国注册会计师执业证书的,在会计师事务所执业的为执业会员。

(2)团体会员。依法批准设立的会计师事务所,为中国注册会计师协会的团体会员。

设立团体会员是因为考虑到目前我国法律规定,注册会计师必须加入会计师事务所才能接受委托承办业务。会计师事务所作为协会的团体会员,便于协会对其实施有效的监督,也便于会计师事务所向协会反映工作中的意见和建议。

(二)个人会员的权利

中国注册会计师协会的会员拥有以下权利:

(1)协会的选举权和被选举权。

(2)对协会给予的惩戒提出申诉。

(3)参加协会举办的学习和培训活动。

(4)参加协会举办的有关专业研究和经验交流活动。

(5)获得协会提供的有关资料。

(6)通过协会向有关方面提出意见和要求。

(7)监督协会工作,提出批评和建议。

(8)监督协会的会费收支。

(9)依照规定申请退出协会。

对注册会计师行业做出重大贡献的境内外有关知名人士,经有关方面推荐,由理事会批准,可授予中国注册会计师协会名誉会员称号。

(三)个人会员的义务

中国注册会计师协会的会员负有以下义务:(1)遵守协会章程;(2)执行协会决议;(3)遵守协会纪律;(4)接受协会的监督、管理;(5)按规定缴纳会费;(6)完成规定的后续教育;(7)自觉维护注册会计师职业声誉,维护会员间的团结;(8)承担中国注册会计师协会委托的任务。

会员拒不履行义务的,以及不再具备会员资格的,理事会可劝其退会或予以除名。

三、注册会计师协会权力机构和常设办事机构

(一)会员代表大会

本会最高权力机构为全国会员代表大会。全国会员代表大会每五年举行一次,必要时,由本会理事会决定延期或提前举行,延期召开全国会员代表大会的期限不得超过一年。

(二)理事会与常务理事会

全国会员代表大会选举理事若干人组成本会理事会。每届理事会任期五年,理事可以连选连任。理事会会议每年举行一次,必要时,可以提前或推迟召开。理事会对全国会员代表大会负责。

理事会选举会长1人、副会长若干人、常务理事若干人。会长、副会长、常务理事的任期与理事相同。理事会可聘请名誉会长若干人。常务理事会于理事会闭会期间行使理事会职权。

会长代表协会,召集、主持理事会和常务理事会会议,并监督、检查其决议的贯彻实施。

副会长协助会长工作。

（三）常设执行机构

中国注册会计师协会设秘书处，为协会常设执行机构。秘书处负责具体落实会员代表大会、理事会、常务理事会的各项决议、决定，承担协会的日常工作。

协会设秘书长1人、副秘书长若干人。秘书长和副秘书长由财政部推荐，理事会表决通过。秘书长为协会的法定代表人。秘书长主持秘书处日常工作，副秘书长协助秘书长工作。秘书处各职能部门的设置，由秘书长提出方案，经理事会审议后，报财政部批准。

（四）专门委员会与专业委员会

理事会设若干专门委员会。专门委员会是理事会履行职责的专门工作机构，对理事会负责。

理事会设若干专业委员会。专业委员会负责处理行业发展中的专业技术问题，对理事会负责。

各专门委员会、专业委员会的设置、调整、具体职责和运作规则，以及委员的聘任和解聘，由秘书长提出方案，理事会批准。

四、地方注册会计师协会

各省、自治区、直辖市注册会计师协会是中国注册会计师协会的地方组织，其章程由当地会员代表大会依法制定，并报中国注册会计师协会和当地政府主管行政机关备案。省、自治区以下成立注册会计师协会，须经省级注册会计师协会批准，报中国注册会计师协会备案，其组织运行、职责权限，依照国家法律、行政法规及所在地省级协会的规定办理。

本章练习

一、单项选择题

1. 湖南省考生小王于2006年开始参加全国注册会计师考试，到2008年12月为止取得了全部5门课程的单科合格证。假定现在是2009年3月。以下说法正确的是（   ）。
   A. 小王可以持全部5门课程的单科合格证到中国注册会计师协会（下简称注协，包括省、市注册会计师协会）换取全科合格证书
   B. 小王可持全科合格证书到湖南省注协会办理晋升高级职称的手续
   C. 小王可持全科合格证书到湖南省注协注册部领取执业注册会计师证书
   D. 取得全科合格证后，小王未到事务所实习也可领取注册会计师证书

2. 小李于2004年开始参加全国注册会计师统一考试，2008年最后一门课程考试合格。小李接下来最先应当办理的事情是（   ）。
   A. 领取2008年所考课程的成绩单
   B. 凭各科考试合格证领取全科合格证
   C. 凭全科合格证到会计师事务所开始实习
   D. 凭实习证明到所属省、市注协申请注册登记

3. 不以财务报表为直接审计对象的审计业务是（   ）。
   A. 办理企业合并事宜中的审计业务

B. 验证企业注册资本
C. 审计企业财务报表
D. 办理清算事宜中的审计业务

4. 下列条件中不能满足合伙人或者成为会计师事务所股东的条件的是( )。
   A. 取得注册会计师证书后在中国境内会计师事务所执行年报审计业务满5年
   B. 取得注册会计师证书后在会计师事务所连续6年从事为客户税收筹划工作
   C. 持有注册会计师证书
   D. 成为合伙人前一直在会计师事务所执业,5年来没有因为执业受到任何行政处罚

5. 下列人员中,属于中国注册会计师协会执业会员的是( )。
   A. 持有注册会计师证书,在会计师事务所从事审计工作
   B. 参加注册会计师全国统一考试全科合格,并已在会计师事务所工作一年
   C. 持有注册会计师证书,在上市公司担任财务会计工作
   D. 持有注册会计师全国统一考试全科合格证书,在企业从事财务工作的人员

6. 我国注册会计师可以设立发起有限责任会计师事务所和合伙会计师事务所。对于有限责任会计师事务所而言,以下说法正确的是( )。
   A. 会计师事务所以其全部资产对其债务承担责任
   B. 出资人对会计师事务所的债务承担连带责任
   C. 出资人承担的责任应按照协议的约定分配
   D. 出资人可以以劳务出资

7. 根据《注册会计师法》的规定,注册会计师依法承办审计业务和会计咨询、会计服务业务。下列业务中,不是必须由注册会计师承办的是( )。
   A. 审查上市公司的财务报表,出具审计报告
   B. 验证拟设立及已设立企业资本,出具验资报告
   C. 根据公司提供的财务资料,代编年度财务报表
   D. 审核拟上市公司的预测性财务信息并出具审核报告

8. 张某虽然参加注册会计师全国统一考试成绩合格,但在其取得注册会计师证书之前,可以独立从事的业务只有( )。
   A. 对按特殊编制基础编制的财务报表进行审计
   B. 从事代理记账、代编财务报表
   C. 审核拟发行股票的甲公司的预测性财务信息
   D. 验证企业资本、出具验资报告

二、多项选择题
1. 有限责任合伙会计师事务所已成为当今注册会计师执业界组织形式发展的大势所趋。以下有关这类会计师事务所的说法中,你认可的是( )。
   A. 会计师事务所无过失的合伙人只需承担有限责任
   B. 设立该种会计师事务所无须办理公司登记手续
   C. 会计师事务所有过失的合伙人需要承担无限责任
   D. 我国的大部分会计师事务所都属于有限责任合伙制

2. 下列业务中属于与审计财务报表不相容的业务有( )。

A. 财务会计咨询　　B. 验资业务　　C. 内部控制设计　　D. 代编财务报表

3. 中国注册会计师协会个人会员的义务包括( )。

    A. 对协会给予的惩戒提出申诉

    B. 承担中国注册会计师协会委托的任务

    C. 按规定交纳会费

    D. 监督协会的会费收支

4. 根据《注册会计师法》的规定,注册会计师可以依法承办审计业务、其他鉴证业务和相关服务业务。对于服务业务而言,下面的理解中,错误的有( )。

    A. 如果某位注册会计师只从事执行商定程序业务,表明他已停止执行注册会计师业务

    B. 审阅业务和会计服务业务均属于注册会计师的法定业务,非注册会计师不能办理

    C. 注册会计师执行的相关服务业务,是审计发展到一定阶段的必然产物

    D. 参加全国统一考试成绩合格的人员,从事代编财务报表业务满两年的,可申请注册

5. 下列中国公民中,可以报名参加中国注册会计师考试的是( )。

    A. 甲拥有北京大学国际政治专业的本科学历,但没有获得任何专业技术职称

    B. 乙为1979年高中毕业,于1990年取得电焊专业的中级职称

    C. 丙于2000年从某财会中专学校毕业后,取得了本专业的初级职称

    D. 丁为某市审计局二处将于3个月以后退休的高级审计师,其最高学历为1995年通过学历文凭考试取得的古汉语专业的大专文凭

6. 注册会计师王浩审查了上市公司A公司2007年度的财务报表,并于2008年3月20日出具了非标准审计报告,这表明( )。

    A. A公司的经营活动存在一定的困难

    B. A公司财务报表的合法性或公允性存在重大问题

    C. 需要对A公司财务报表的某一方面予以强调

    D. A公司的经营成果无法达到股东的期望

7. 注册会计师办理法律、行政法规规定的其他审计业务,出具相应的审计报告。具体来说,这方面的审计内容包括( )。

    A. 企业按照收付实现制基础编制的财务报表

    B. 企业的流动负债,应收账款或抵押物的保值情况

    C. 企业与银行签订的借款协议遵循情况

    D. 企业编制的简要资产负债表和简要利润表

参考答案

一、单项选择题

1. D　2. A　3. B　4. B　5. A　6. A　7. C　8. B

二、多项选择题

1. AC　2. ACD　3. BC　4. ABD　5. AD　6. BC　7. AC

第三章 注册会计师法律责任

第一节 注册会计师的法律环境

一、注册会计师承担法律责任的依据

注册会计师在执行审计业务时,应当按照审计准则的要求审慎执业,保证执业质量,控制审计风险。否则,一旦出现审计失败,就有可能承担相应的责任。在普通法(已有法律判决案例的累积)下,注册会计师有责任履行对客户的合同。如果因过失或违约而没有提供服务,或没有提供合格的服务,应当承担对客户的责任。在某些情况下,注册会计师可能要对客户以外的其他人承担责任,如对"已预见"将依赖财务报表的有限第三者承担责任。除了普通法以外,注册会计师还可能依据成文法对第三者承担责任。如在美国,1933年《证券法》和1934年《证券交易法》包含的一些条款,都可以作为起诉注册会计师的依据。在极少的情况下,注册会计师可能还要承担刑事责任。因此,无论是按照普通法还是成文法,注册会计师都可能因执业原因承担相应的法律责任。进一步说,法律责任是与违反合约条款、民事侵权(由于违背法律责任而侵害他人合法权益的民事过失)或犯罪联系在一起的。对于客户和非客户而言,这些责任是不言而喻的。由于非合约方不能凭借合约来要求经济利益,因此,非合约方(非客户)通常被排除在与合约方利益相关的部分之外。

法律责任的出现,通常是因为注册会计师在执业时没有保持应有的职业谨慎,并因此导致了对他人权利的损害。应有的职业谨慎,指的是注册会计师应当具备足够的专业知识和业务能力,按照执业准则的要求执业。注册会计师承担的责任,通常是由被审计单位的经营失败所引发,如果没有应有的职业谨慎,就会出现审计失败,审计风险就会变成实际的损失。

经营失败,是指企业由于经济或经营条件的变化(如经济衰退、不当的管理决策或出现意料之外的行业竞争等)而无法满足投资者的预期。经营失败的极端情况是申请破产。被审计单位在经营失败时,也可能会连累注册会计师。很多会计和法律专业人士认为,财务报表使用者控告会计师事务所的主要原因之一,是不理解经营失败和审计失败之间的差别。众所周知,资本投入或借给企业后就面临某种程度的经营风险。审计失败则是指注册会计师由于没有遵守审计准则的要求而发表了错误的审计意见。例如,注册会计师可能指派了不合格的助理人员去执行审计任务,未能发现应当发现的财务报表中存在的重大错报。审计风险是指财务报表中存在重大错报,而注册会计师发表不恰当审计意见的可能性。由于审计中的固有限制影响注册会计师发现重大错报的能力,注册会计师不能对财务报表整体不存在重大错报获取绝对保证。特别是,如果被审计单位管理层精心策划和掩盖舞弊行为,注册会计师尽管完全按照审计准则执业,有时还是不能发现某项重大舞弊行为。在绝大多数情况下,当注册会计师未能发现重大错报并出具了错误的审计意见时,就

可能产生注册会计师是否恪守应有的职业谨慎这一法律问题。如果注册会计师在审计过程中没有尽到应有的职业谨慎，就属于审计失败。在这种情况下，法律通常允许因注册会计师未尽到应有的职业谨慎而遭受损失的各方，获得由审计失败导致的部分或全部损失的补偿。但是，由于审计业务的复杂性，判断注册会计师未能尽到应有的谨慎也是一件困难的工作。尽管如此，注册会计师如果未能恪守应有的职业谨慎通常由此承担责任，并可能致使会计师事务所也遭受损失。

二、注册会计师法律责任逐步拓展的社会原因和表现形式

（一）注册会计师法律责任逐步拓展的社会原因

从目前看，注册会计师涉及法律诉讼的数量和金额都呈上升趋势。由于审计环境发生很大变化，企业规模扩大、业务全球化以及企业经营的错综复杂性，使会计业务更加复杂，审计风险变大。同时，政府监管部门保护投资者的意识日益加强，监管措施日益完善，处罚力度日益增大。在这种情况下，利益相关者起诉注册会计师的案件逐渐增多，注册会计师败诉的案例也日益增多。这使律师有非常强烈的动机，以或有收费为基础向利益相关者提供法律服务，无论是否有道理，都将注册会计师作为起诉对象。

总体来说，注册会计师法律责任逐步加重的社会原因可归结为以下几个方面：

(1)消费者利益的保护主义兴起。随着美国20世纪30年代早期《证券法》的通过和证券市场的发展，投资者和债权人更多开始使用经审计的财务报表作为决策依据。这种现象提高了社会公众对注册会计师工作的期望，也极大增强了依赖注册会计师工作的投资者和债权人由于遭受损失而向注册会计师获取补偿的欲望。这可以视为对消费者权益与商业利益之间出现利益失衡进行的一种补偿，表明人们开始对消费者的利益逐渐认识和重视。

(2)有关审计保险论的运用。社会公众将注册会计师看作是财务报表的保证人。因此，当注册会计师作为"保证人"被看作是一个拥有经济实力的团体时，投资者和债权人在每次遭遇困境时，往往将注册会计师作为索取赔偿的对象，当作承担责任的"深口袋"。这就是所谓的"深口袋"理论（即任何看上去拥有经济财富的人都可能受到起诉。不论其应当受到惩罚的程度如何）和"风险社会化"（即把责任推向那些被认为可以避免损失或可以通过向其他人收取更高的费用转嫁损失的人），注册会计师越来越明显地被看作是担保人而非独立、客观的审计者和报告者。

(3)注册会计师对商业领域的参与日渐拓展。

（二）注册会计师法律责任逐步拓展的表现形式

"诉讼爆炸"是注册会计师责任加重的主要表现形式。近十多年来，企业经营失败或者因管理层舞弊造成破产倒闭的事件剧增，投资者和贷款人蒙受重大损失，注册会计师因而被指控未能及时揭示或报告这些问题，并被要求赔偿有关损失。迫于社会的压力，许多国家的法院判决逐渐倾向于扩大注册会计师在这些方面的法律责任。

注册会计师法律责任的不断扩大，履行责任的对象随之拓宽，这些都使得注册会计师很容易被指控为民事侵权，"诉讼爆炸"也由此产生。在目前的法律环境下，注册会计师职业引人关注的一个问题是，指控会计师事务所和注册会计师执业不当的诉讼案件和赔偿金

额日益增多。20世纪90年代美国专家估计，由于法律诉讼和赔偿金额的激增，美国会计师事务所诉讼的直接费用支出占其审计收入的20%。诉讼赔偿不仅是大型会计师事务所面临的问题，也是中小会计师事务所提供鉴证服务应当考虑的问题。

在国外，政府和民间诉讼者一样，也越来越多地就注册会计师执业不当提出诉讼，并从法律上要求进行赔偿。例如，美国联邦储备局和美国司法部联合对与一家主要金融机构审计失败有关的会计师事务所提出诉讼，英国政府也曾经在美国起诉一家与一个现已不存在的汽车制造公司有关的会计师事务所，以求弥补损失。诉讼的范围并不局限在美国。一家大型国际保险经纪公司的总裁在一次讲话中说，对注册会计师指控的案件至少在70个国家中有所增长。保险危机是注册会计师责任加重的另一种表现形式。伴随着诉讼迅速增长的趋势，出现了另外一个重要的现象：职业过失保险赔付急剧增长，而保险赔付的增加又不可避免地导致保险费用的攀升。例如，在美国，在对执业不当的审判中，凡涉及大额赔付的，陪审团裁决的基础就是认为赔偿金额通常由保险公司而非被告承担。陪审团的裁决表明他们已先入为主地认为被告都事先投了保。很明显，在陪审团眼中，保险金额的支付就像天上掉下来的馅饼。早期的司法制度倾向于限定注册会计师对第三方的法律责任，但自20世纪70年代末以来，不少法官已放弃上述判例原则，转而规定注册会计师对已知的第三方使用者或财务报表的特定用途必须承担法律责任。当注册会计师涉及民事侵权案件时，诉讼带来的直接后果就是导致赔偿金额的持续上涨。这又导致注册会计师由于支付高额保险费用而引发提供的服务价格持续上涨。

三、对注册会计师法律责任的认定

（一）违约

所谓违约，是指合同的一方或多方未能达到合同条款的要求。当违约给他人造成损失时，注册会计师应负违约责任。比如，会计师事务所在商定的期间内未能提交纳税申报表，或违反了与被审计单位订立的保密协议等。

（二）过失

所谓过失，是指在一定条件下，没有保持应有的职业谨慎。评价注册会计师的过失，是以其他合格注册会计师在相同条件下可做到的谨慎为标准的。当过失给他人造成损失时，注册会计师应负过失责任。过失可按程度不同区分为普通过失和重大过失。

普通过失，有的也称一般过失，通常是指没有保持职业上应有的职业谨慎；对注册会计师而言则是指没有完全遵循专业准则的要求。比如，未按特定审计项目获取充分、适当的审计证据就出具审计报告的情况，可视为一般过失。重大过失是指连起码的职业谨慎都没有保持。对注册会计师而言，则是指根本没有遵循专业准则或没有按专业准则的基本要求执行审计。

（三）欺诈

欺诈又称舞弊，是以欺骗或坑害他人为目的的一种故意的错误行为。作案具有不良动机是欺诈的重要特征，也是欺诈与普通过失和重大过失的主要区别之一。对于注册会计师而言，欺诈就是为了达到欺骗他人的目的，明知委托单位的财务报表有重大错报，却加以虚伪的陈述，出具无保留意见的审计报告。

与欺诈相关的另一个概念是"推定欺诈",又称"涉嫌欺诈",是指虽无故意欺诈或坑害他人的动机,但却存在极端或异常的过失。推定欺诈和重大过失这两个概念的界限往往很难界定,在美国,许多法院曾经将注册会计师的重大过失解释为推定欺诈,特别是近年来有些法院放宽了"欺诈"一词的范围,使得推定欺诈和欺诈在法律上成为等效的概念。这样,具有重大过失的注册会计师的法律责任就进一步加大了。

四、注册会计师承担法律责任的种类

注册会计师因违约、过失或欺诈给被审计单位或其他利害关系人造成损失的,按照有关法律规定,可能被判承担负行政责任、民事责任或刑事责任。这三种责任可单处,也可并处。行政责任,对注册会计师而言,包括警告、暂停执业、吊销注册会计师证书;对会计师事务所而言,包括警告、没收违法所得、罚款、暂停执业、撤销等。民事责任主要是指赔偿受害人损失。刑事责任是指触犯刑罚所必须承担的法律后果。

第二节 中国注册会计师的法律责任

随着社会主义市场经济体制在我国的建立和完善,注册会计师在社会经济生活中的地位越来越重要,发挥的作用越来越大。如果注册会计师工作失误或犯有欺诈行为,将会给客户或依赖经审计财务报表的第三者造成重大损失,严重的甚至导致经济秩序的紊乱。因此,强化注册会计师的法律责任意识,严格注册会计师的法律责任,以保证职业道德和执业质量,就显得愈来愈重要。近年来我国颁布的不少经济法律中,都有专门规定会计师事务所、注册会计师法律责任的条款,其中比较重要的有:《注册会计师法》《公司法》《证券法》及《刑法》等。此外,为了正确审理涉及会计师事务所在审计业务活动中的民事侵权赔偿责任,维护社会公共利益和相关当事人的合法权益,根据《民法通则》《注册会计师法》《公司法》《证券法》等法律,结合审判实践,最高人民法院相继出台了一系列相关司法解释。

一、相关法律规定

(一)民事责任

(1)《注册会计师法》的规定。1994年1月1日实施的《注册会计师法》在第六章"法律责任"中规定了注册会计师的行政、刑事和民事责任。其中关于民事责任的条款是第42条"会计师事务所违反本法规定,给委托人、其他利害关系人造成损失的,应当依法承担赔偿责任。"

(2)《证券法》的规定。2005年12月29日新修订的《证券法》第一百七十三条规定:"证券服务机构为证券的发行、上市、交易等证券业务活动制作、出具审计报告、资产评估报告、财务顾问报告、资信评级报告或者法律意见书等文件,应当勤勉尽责,对所制作、出具的文件内容的真实性、准确性、完整性进行核查和验证。其制作、出具的文件有虚假记载、误导性陈述或者重大遗漏,给他人造成损失的,应当与发行人、上市公司承担连带赔偿责任,但是能够证明自己没有过错的除外。"

(3)《公司法》的规定。2005年10月27日新修订的《公司法》第二百零八条第三款规

定:"承担资产评估、验资或者验证的机构因出具的评估结果、验资或者验证证明不实,给公司债权人造成损失的,除能够证明自己没有过错外,在其评估或者证明不实的金额范围内承担赔偿责任。"

(二)行政责任和刑事责任

(1)《注册会计师法》的规定。《注册会计师法》第三十九条规定:"会计师事务所违反本法第二十条、第二十一条规定的,由省级以上人民政府财政部门给予警告,没收违法所得,可以并处违法所得一倍以上五倍以下的罚款;情节严重的,并可以由省级以上人民政府财政部门暂停其经营业务或者予以撤销。

注册会计师违反本法第二十条、第二十一条规定的,由省级以上人民政府财政部门给予警告,情节严重的,可以由省级以上人民政府财政部门暂停其执行业务或者吊销注册会计师证书。

会计师事务所、注册会计师违反本法第二十条、第二十一条的规定,故意出具虚假的审计报告、验资报告,构成犯罪的,依法追究刑事责任。"

(2)《证券法》的规定。《证券法》第二百零一条规定:"为股票的发行、上市、交易出具审计报告、资产评估报告或者法律意见书等文件的证券服务机构和人员,违反本法第四十五条的规定买卖股票的,责令依法处理非法持有的股票,没收违法所得,并处以买卖股票等值以下的罚款。"

第二百零七条规定:"违反本法第七十八条第二款的规定,在证券交易活动中做出虚假陈述或者信息误导的,责令改正,处三万元以上二十万元以下的罚款;属于国家工作人员的;还应当依法给予行政处分。"

第二百二十三条规定:"证券服务机构未勤勉尽责,所制作、出具的文件有虚假记载、误导性陈述或者重大遗漏的,责令改正,没收业务收入,暂停或者撤销证券服务业务许可,并处以业务收入一倍以上五倍以下的罚款。对直接负责的主管人员和其他直接责任人员给予警告,撤销证券从业资格,并处以三万元以上十万元以下的罚款。"

第二百二十五条规定:"上市公司、证券公司、证券交易所、证券登记结算机构、证券服务机构,未按照有关规定保存有关文件和资料的,责令改正,给予警告,并处以三万元以上三十万元以下的罚款;隐匿、伪造、篡改或者毁损有关文件和资料的,给予警告,并处以三十万元以上六十万元以下的罚款。"

第二百三十一条规定:"违反本法规定,构成犯罪的,依法追究刑事责任。"

(3)《公司法》的规定。《公司法》第二百零八条规定:"承担资产评估、验资或者验证的机构提供虚假材料的,由公司登记机关没收违法所得,处以违法所得一倍以上五倍以下的罚款,并可以由有关主管部门依法责令该机构停业、吊销直接责任人员的资格证书,吊销营业执照。

承担资产评估、验资或者验证的机构因过失提供有重大遗漏的报告的,由公司登记机关责令改正,情节较严重的,处以所得收入一倍以上五倍以下的罚款,并可以由有关主管部门依法责令该机构停业、吊销直接责任人员的资格证书,吊销营业执照。"

第二百一十六条规定:"违反本法规定,构成犯罪的,依法追究刑事责任。"

(4)《刑法》的规定。《刑法》第二百二十九条规定:"承担资产评估、验资、验证、会计、审计、法律服务等职责的中介组织的人员故意提供虚假证明文件,情况严重的,处五年以下有期徒刑或者拘役,并处罚金。"

二、相关司法解释

2007年6月11日发布的《关于审理涉及会计师事务所在审计活动中民事侵权赔偿案件的若干规定》(以下简称《司法解释》),是在梳理最高人民法院以往发布的五个司法解释的基础上,经过充分讨论和反复论证,将审判实践中出现的新情况、新问题做出符合法律精神并切合实际的规定,具有里程碑式的意义。《司法解释》的主要内容如下。

(一)《司法解释》的特点

《司法解释》根据法律规定的精神,立足于既要保护投资者合法权益,又要为注册会计师行业提供健康的发展空间,在以下方面做出较新的规定:明确侵权责任产生的根本原因;明确利害关系人的范围;承认执业准则的法律地位;统一适用过错推定原则和举证责任倒置分配模式;明确此类诉讼的条件和诉讼主体列置等程序规定;明确区分会计师事务所承担补充责任和连带责任的具体情形;强调过失比例责任和责任的顺位;认定会计师事务所过错责任的具体指引;完善不承担责任和减轻责任的事由;强调审判程序的重要性。

其中,维护公众投资者等利害关系人利益的保障措施主要包括:侵权责任产生的原因,不仅包括验资业务,而且包括《注册会计师法》第十四条规定的财务报表、企业合并、分立以及清算中的审计业务;明确利害关系人的范围;统一过错推定原则和举证责任倒置分配模式;规定会计师事务所承担责任的情形,以及会计师事务所和分支机构关系方面。

保证注册会计师行业发展的措施有:承认执业准则的法律地位,为司法解释的相关规定奠定基础;明确此类诉讼的条件和诉讼主体列置等程序规定;防止滥诉;认定过错责任的具体操作规则即过错认定指引,以便准确认定会计师事务所的民事责任;完善不承担责任和减轻责任的事由,实现损失的公平负担。

(二)关于利害关系人、执业准则和不实报告的规定

《司法解释》第二条规定:"因合理信赖或者使用会计师事务所出具的不实报告,与被审计单位进行交易或者从事与被审计单位的股票、债券等有关的交易活动而遭受损失的自然人、法人或者其他组织,应认定为注册会计师法规定的利害关系人。

会计师事务所违反法律法规、中国注册会计师协会依法拟定并经国务院财政部门批准后施行的执业准则和规则以及诚信公允的原则,出具的具有虚假记载、误导性陈述或者重大遗漏的审计业务报告,应认定为不实报告。"

(三)关于诉讼当事人的列置的规定

《司法解释》第三条规定:"利害关系人未对被审计单位提起诉讼而直接对会计师事务所提起诉讼的,人民法院应当告知其对会计师事务所和被审计单位一并提起诉讼;利害关系人拒不起诉被审计单位的,人民法院应当通知被审计单位作为共同被告参加诉讼。

利害关系人对会计师事务所的分支机构提起诉讼的,人民法院可以将该会计师事务所列为共同被告参加诉讼。利害关系人提出被审计单位的出资人虚假出资或出资不实、抽逃出资,且事后未补足的,人民法院可以将该出资人列为第三人参加诉讼。"

（四）关于归责原则和举证分配的规定

《司法解释》第四条规定："会计师事务所因在审计业务活动中对外出具不实报告给利害关系人造成损失的，应当承担侵权赔偿责任，但其能够证明自己没有过错的除外。

会计师事务所在证明自己没有过错时，可以向人民法院提交与该案件相关的执业准则、规则以及审计工作底稿等。"

会计师事务所侵权民事责任的归责原则和举证责任的分配问题，是《司法解释》中的两个关键问题。其中，归责原则主要解决会计师事务所的过错认定问题，举证责任分配原则主要解决会计师事务所的过错和不实报告与损害之间的因果关系是否存在的证明问题。

（五）关于会计师事务所与被审计单位的连带责任的规定

《司法解释》第五条规定："注册会计师在审计业务活动中存在下列情形之一，出具不实报告给利害关系人造成损失的，应当认定会计师事务所与被审计单位承担连带责任：（一）与被审计单位恶意串通；（二）明知被审计单位对重要事项的财务会计处理与国家有关规定相抵触，而不予指明；（三）明知被审计单位的财务会计处理会直接损害利害关系人的利益，而予以隐瞒或作不实报告；（四）明知被审计单位的财务会计处理会导致利害关系人产生重大误解，而不予指明；（五）明知被审计单位的财务报表的重要事项有不实内容，而不予指明；（六）被审计单位示意作不实报告，而不予拒绝。

对被审计单位有前款第（二）至（五）项所列行为注册会计师按照执业准则、规则应当知道的，人民法院应认定其明知。"

（六）关于过失责任和过失指引的规定

《司法解释》第六条规定："会计师事务所在审计业务活动中因过失出具不实报告，并给利害关系人造成损失的，人民法院应当根据其过失大小确定其赔偿责任。

注册会计师在审计过程中未保持必要的职业谨慎，存在下列情形之一，并导致报告不实的，人民法院应当认定会计师事务所存在过失：（一）违反注册会计师法第二十条第（二）、（三）项的规定；（二）负责审计的注册会计师以低于行业一般成员应具备的专业水准执业；（三）制定的审计计划存在明显疏漏；（四）未依据执业准则、规则执行必要的审计程序；（五）在发现可能存在错误和舞弊的迹象时，未能追加必要的审计程序予以证实或者排除；（六）未能合理地运用执业准则和规则所要求的重要性原则；（七）未根据审计的要求采用必要的调查方法获取充分的审计证据；（八）明知对总体结论有重大影响的特定审计对象缺少判断能力，未能寻求专家意见而直接形成审计结论；（九）错误判断和评价审计证据；（十）其他违反执业准则、规则确定的工作程序的行为。"

（七）关于抗辩事由的规定

《司法解释》第七条规定："会计师事务所能够证明存在下列情形之一的，不承担民事责任：（一）已经遵守执业准则、规则确定的工作程序并保持必要的职业谨慎，但仍未能发现被审计单位的会计资料错误；（二）审计业务所必须依赖的金融机构等单位提供虚假或者不实的证明文件，会计师事务所在保持必要的职业谨慎下仍未能发现虚假或者不实；（三）已对被审计单位的舞弊迹象提出警告并在审计报告中予以指明；（四）已经遵照验资程序进行审核并出具报告，但被审验单位在注册登记之后抽逃资金；（五）为登记时未出资或者未足额出资的出资人出具不实报告,但出资人在登记后已补足出资。"

《司法解释》在会计师事务所侵权责任认定方面采取过错推定归责原则和举证责任倒置证明责任分配模式,意味着会计师事务所并非在任何时候都承担责任。根据《司法解释》的规定,在会计师事务所可以提出抗辩,并能够证明事由成立的情况下,可以不承担民事赔偿责任。

(八)关于减责事由的规定

《司法解释》第八条规定:"利害关系人明知会计师事务所出具的报告为不实报告而仍然使用的,人民法院应当酌情减轻会计师事务所的赔偿责任。"

(九)关于无效的免责条款的规定

《司法解释》第九条规定:"会计师事务所在报告中注明'本报告仅供工商登记使用'、'本报告仅供工商登记时用'等类似内容的,不能作为免责的事由。"

(十)关于赔偿顺位和最高限额的规定

《司法解释》第十条规定:"人民法院根据本司法解释第六条确定会计师事务所承担与其过失程度相应的赔偿责任时,应按下列情形处理:(一)应先由被审计单位赔偿利害关系人的损失,被审计单位的出资人虚假出资、不实出资或者抽逃出资,事后未弥补,且依法强制执行被审计单位财产后仍不足以赔偿损失的,出资人应在虚假出资、不实出资或者抽逃出资数额范围内向利害关系人承担补充赔偿责任。(二)对被审计单位、出资人的财产依法强制执行后仍不足以赔偿损失的,由会计师事务所在其不实审计金额范围内承担相应的赔偿责任。(三)会计师事务所对一个或者多个利害关系人承担的赔偿责任应以不实审计金额为限。"

(十一)关于会计师事务所与分所的连带责任的规定

《司法解释》第十一条规定:"会计师事务所与其分支机构作为共同被告的,会计师事务所对其分支机构的责任承担连带赔偿责任。"

(十二)关于禁止擅自追加被执行人的规定

《司法解释》第十一条规定:"本司法解释所涉会计师事务所侵权赔偿纠纷未经审判,人民法院不得将会计师事务所追加为被执行人。"

第三节 注册会计师如何避免法律诉讼

注册会计师的职业性质决定了它是一个容易遭受法律诉讼的行业,那些蒙受损失的受害人总想通过起诉注册会计师尽可能使损失得以补偿。因此,法律诉讼一直是困扰着西方国家会计师职业界的一大难题,注册会计师行业每年不得不为此付出大量的精力、支付巨额的赔偿金、购买高昂的保险费。

注册会计师制度在我国恢复重建已有20多年的历史,在20世纪80年代,人们对这一新生行业还很陌生,但进入20世纪90年代以来,随着注册会计师地位和作用的提高,注册会计师的知名度也越来越大。政府部门和社会公众在了解注册会计师作用的同时,对注册会计师责任的了解也在增加,因此注册会计师的诉讼案件便时有发生。近几年来,我国注册会计师行业发生了一系列震惊整个行业乃至全社会的案件。有关会计师事务所均因出具虚假报告造成严重后果而被撤销、没收财产或取消特许业务资格,有关注册会计师也被吊销资格,有的被追究刑事责任。除一些大案件之外,涉及注册会计师的中小型诉讼案更有日益上升的趋势。如何避免法律诉讼,已成为我国注册会计师非常关注的问题。

一、注册会计师减少过失和防止欺诈的措施

面对注册会计师法律责任的扩展和被控诉讼案件的急剧增加,整个注册会计师职业界都在积极研究如何避免法律诉讼。这对提高注册会计师的审计质量,增强发现重大错误与舞弊的能力都有较大的帮助。

注册会计师要避免法律诉讼,就必须在执行审计业务时尽量减少过失行为,防止欺诈行为。而要尽可能不发生过失或防止欺诈,注册会计师应当达到以下基本要求:
(1)增强执业独立性。
(2)保持应有的职业谨慎。
(3)强化执业质量控制。

二、注册会计师避免法律诉讼的具体措施

注册会计师避免法律诉讼的具体措施,可以概括为以下几点:

(一)严格遵循职业道德守则和执业准则的要求

正如前文所充分论述的,不能苛求注册会计师对于财务报表中的所有错报都要承担法律责任,注册会计师是否应承担法律责任,关键在于注册会计师是否有过失或欺诈行为。而判断注册会计师是否具有过失的关键在于注册会计师是否按照执业准则的要求执业。因此,保持良好的职业道德行为,严格遵循执业准则的要求执行工作、出具报告,对于避免法律诉讼或在提起的诉讼中保护注册会计师具有非常重要的作用。

(二)建立健全会计师事务所质量控制制度

会计师事务所不同于一般的企业,质量控制是会计师事务所各项管理工作的核心和关键。如果一个会计师事务所质量控制不严,很有可能因某一个人或一个部门的原因导致整个会计师事务所遭受灭顶之灾。因此,会计师事务所必须建立健全一套严密、科学的质量控制制度,并把这套制度落实到整个审计过程和各个审计环节,促使注册会计师按照执业准则的要求执业,保证审计业务质量。

(三)与委托人签订业务约定书

《注册会计师法》第十六条规定,注册会计师承办业务,会计师事务所应与委托人签订委托合同(即业务约定书)。业务约定书具有法律效力,它是确定注册会计师和委托人责任的一个重要文件。会计师事务所不论承办何种业务,都要按照业务约定书准则的要求与委托人签订约定书,这样才能在发生法律诉讼时将一切口舌争辩减少到最低限度。

(四)审慎选择客户

注册会计师如欲避免法律诉讼,必须慎重选择客户。一是要选择正直的客户。如果客户对顾客、员工、政府部门或其他方面没有正直的品格,也必然会欺骗注册会计师。会计师

事务所在接受业务前,一定要对客户的情况有所了解,评价管理层和关键股东的诚信和品质,弄清委托的真正目的,尤其是在执行特殊目的审计业务时更应如此。二是对陷入财务和法律困境的客户要尤为注意。中外历史上绝大部分涉及注册会计师的诉讼案,都集中在宣告破产的被审计单位。周转不灵或面临破产的公司,其股东或债权人总想为他们的损失寻找替罪羊,因此对那些已经陷入财务困境的被审计单位要特别注意。

(五) 深入了解被审计单位的业务

在很多案件中,注册会计师之所以未能发现错误,一个重要的原因就是他们不了解被审计单位所在行业的情况及被审计单位的业务。会计是经济活动的综合反映,不熟悉被审计单位的经济业务和生产经营实务,仅局限于有关的会计资料,就可能发现不了某些错误。

(六) 提取风险基金或购买责任保险

在西方国家,投保充分的责任保险是会计师事务所一项极为重要的保护措施。尽管保险不能免除可能受到的法律诉讼,但能防止或减少诉讼失败时会计师事务所发生的财务损失。我国《注册会计师法》规定会计师事务所应当按规定建立职业风险基金,办理职业保险。

(七) 聘请熟悉注册会计师法律责任的律师

会计师事务所应聘请熟悉相关法规及注册会计师法律责任的律师。在执业过程中如遇重大法律问题,注册会计师应同律师详细讨论所有潜在的风险,并仔细考虑律师的建议。一旦发生法律诉讼,也应请有经验的律师参与诉讼。

本章练习

一、单项选择题

1. 以下关于审计风险和审计失败的说法不恰当的是(　　)。
   A. 审计风险始终存在,注册会计师无法绝对保证审计后的财务报表不存在重大错报
   B. 如果注册会计师未能发现管理层精心策划的串通舞弊则是审计失败
   C. 审计失败的发生可能对注册会计师及其所在会计师事务所带来经济损失
   D. 注册会计师在审计过程中未能尽到应有的职业谨慎就属于审计失败

2. C 会计师事务所在对 U 公司 2008 年度财务报表实施审计的过程中出现了以下情况。其中,属于审计失败的是(　　)。
   A. 因助理人员对相关的资产项目采用了从实务到原始凭证,接着从原始凭证到明细账,再从明细账财务报表的追查方向,未能发现 U 公司虚构资产的重大错报
   B. 虽然注册会计师对 U 公司的存货所有权实施了询问、检查、函证及监盘相结合的审计程序,仍未能发现 U 公司将来料加工原材料入账的情况
   C. 因 U 公司的开户银行与 U 公司串通作假,注册会计师实施的银行函证程序未能发现 U 公司银行存款被严重高估的重大错报
   D. 因 U 公司拒绝提供其被审计年度与销售相关的财务资料,注册会计师最终未能形成应收账款项目是否存在重大错报的审计结论

3. 关于经营失败与审计失败的下列表述中不恰当的是(　　)。
   A. 经营失败是指企业由于经济或经营条件的变化,如经济衰退、不当的管理决策或出现

意料之外的行业竞争等,而无法满足投资者的预期

B. 审计失败则是指注册会计师由于没有遵守审计准则的要求而发表了错误的审计意见

C. 审计风险是指财务报表中存在重大错报,而注册会计师发表不恰当审计意见的可能性

D. 审计失败必然会导致经营失败

4. ABC会计师事务所接受U公司的委托,指派L注册会计师作为项目负责人对U公司2008年度财务报表实施审计。按已签署的审计业务约定书,ABC会计师事务所应于2009年3月5日向U公司提交审计报告。以下情况中,属于注册会计师违约的是( )。

A. 因U公司未按约定及时提供重要的财务资料,致使注册会计师不得不将提交审计报告的日期推迟到2009年3月10日

B. 因U公司拒绝接受调整建议,导致注册会计师在审计报告的说明段中披露了相关错报,从而暴露了U公司的商业秘密

C. 因U公司的重要客户未能及时提供函证回函,致使注册会计师未能通过函证程序及时形成审计结论,延迟了提交审计报告的时间

D. 因U公司管理层在收到调整建议后比原定时间推迟了5天才向注册会计师做出了与调整相关的答复,导致审计报告未能按时提交

5. 以下关于注册会计师过失的说法不正确的是( )。

A. 过失是指在一定条件下,缺少应具有的合理谨慎

B. 普通过失是指注册会计师没有完全遵循专业准则的要求

C. 重大过失是指注册会计师没有按执业准则的基本要求执行审计

D. 注册会计师一旦出现过失就要赔偿损失

6. 注册会计师L通过实施审计程序,查明被审计单位U公司2008年度的净利润为-200万元,但其利润表表上列示的净利润为200万元。在此情况下,如果注册会计师出具了( )的审计报告,很可能被判定欺诈。

A. 无保留意见 B. 保留意见 C. 否定意见 D. 无法表示意见

7. 最高人民法院2007年6月11日发布的《关于审理涉及会计师事务所在审计活动中民事侵权赔偿案件的若干规定》的立足点是为了( )。

A. 保护广大投资者的合法权益

B. 保护注册会计师行业健康发展

C. 维护公众投资者等利害关系人的经济利益

D. 对于保护投资者合法权益和促进注册会计师行业健康发展二者的权衡

8. 根据《公司法》的规定,会计师事务所在验资业务中提供虚假材料的,则应由( )没收违法所得,并处以违法所得一倍以上、五倍以下罚款。

A. 省级以上人民政府的财政部门

B. 证券监管机构

C. 企业登记机关

D. 中国注册会计师协会

9. 根据《司法解释》,即使会计师事务所能够证明存在下列( )情形,仍然要承担民事责任。

A. 已遵守执业准则、规则确定的工作程序并保持必要的职业谨慎,但仍未能发现被审计单位的资料错误

B. 因开户银行提供了虚假或不实的对账单等证明文件,尽管会计师事务所保持了必要的职业谨慎,仍未能发现证明文件的虚假或不实

C. 已对被审计单位的舞弊迹象提出警告并与比舞弊嫌疑人员层级更高的管理层或治理层人员专门沟通,但被审计单位仍未能加以纠正

D. 已经遵照验资程序进行审核并出具报告,但被审验单位在登记之后抽逃资金

10. 以下关于注册会计师避免法律诉讼的具体措施中,不能认同的是(　　)。

A. 会计师事务所在承接审计业务时,应当按照业务约定书准则的要求与委托人签订约定书,但在验资业务时可以不签约

B. 如果一个会计师事务所质量管理不严,很有可能因某一个人或一个部门的原因导致整个会计师事务所遭受灭顶之灾

C. 不能苛求注册会计师对于财务报表中的所有错报事项都要承担法律责任,注册会计师是否应承担法律责任,关键在于注册会计师是否有过失或欺诈行为

D. 我国《注册会计师法》规定会计师事务所应当按规定建立职业风险基金,办理职业保险

二、多项选择题

1. 注册会计师在执行 U 公司 2008 年度财务报表审计业务的过程中,遇到了以下情况。其中属于经营失败的是(　　)。

A. 由于 U 公司业务复杂,注册会计师难以查明财务报表中存在错报

B. 主管财务的副总经理贪污销售款,给 U 公司和投资人造成重大损失

C. 因 U 公司治理层决策失误,耗巨资建成的项目因原材料短缺无法开工

D. 由于 2008 年同业竞争加剧,U 公司的净利润大幅降低,远低于预期

2. 在以下与审计风险相关的各种说法中,你不认可的是(　　)。

A. 只要注册会计师严格执行审计准则,就能发现被审计单位财务报表中的所有重大错报

B. 即便是严格执行了审计准则,也不能查清被审计单位财务报表中的重大错报

C. 执行审计准则,有助于注册会计师查清被审计单位财务报表中错报

D. 对于某些新情况、新问题,审计准则并无明确的规定,需要不断地完善和修订

3. 注册会计师在执行 U 公司 2008 年度财务报表审计业务过程中,遇到了以下情况。在这些情况中,属于审计风险的是(　　)。

A. 尽管注册会计师使用了所有的常规审计程序和不可预见性审计程序,但最终仍未察觉管理层精心策划的舞弊

B. 因采用分析程序的结果显示 U 公司的毛利率处于正常的范围内,注册会计师据此取消了针对营业成本项目的实质性程序

C. 注册会计师对发货凭证、销售发票、函证回函的检查结果均未发现差错,但因未能识别出 U 公司与其关联方签署的销售合同是假合同,导致应收账款及营业收入的严重高估未被发现

D. 虽然注册会计师在审计报告强调事项段中指出了 U 公司持续经营能力的不确定性,但仍未能准确地预料到 U 公司会在审计报告日后的 3 个月破产

4. 注册会计师 L 在对 U 公司 2008 年度财务报表实施审计时,没有对 U 公司的年末存货实施监盘程序,并出具了无保留意见审计报告。注册会计师协会在业务抽查中注意到了这一情况,但依然认定审计意见是正确的,并且没有认定 L 存在过失。你认为原因是( )。

   A. U 公司的存货难以监盘,L 据此取消了监盘程序
   B. 未实施监盘程序的原因是受到 U 公司的不合理限制
   C. 被审计单位的存货余额很小且占资产总额的比例很低
   D. L 实施了用以替代监盘程序的其他满意的替代程序

5. 注册会计师有可能承担的行政责任包括( )。

   A. 暂停执业
   B. 没收违法所得并罚款
   C. 吊销注册会计师证书
   D. 警告

6. 按《证券法》的规定,J 会计师事务所为 K 上市公司提供年度财务报表审计后,如存在毁损审计工作底稿的行为,最高可能被处以( )处罚。

   A. 行政警告
   B. 三十万元以上六十万元以下的罚款
   C. 撤销会计师事务所
   D. 三万元以上三十万元以下的罚款

7. 会计师事务所如果能够证明自己行为属于下列情形之一,将不承担民事责任( )。

   A. 已经遵守执业准则、规则确定的工作程序并保持必要的职业谨慎,但仍未能发现被审计单位的会计资料错误
   B. 审计业务所必须依赖的金融机构等单位提供虚假或者不实的证明文件,会计师事务所在保持必要的职业谨慎下仍未能发现虚假或者不实
   C. 已对被审计单位的舞弊迹象提出警告并在审计报告中予以指明
   D. 已经遵照验资程序进行审核并出具报告,但被审验单位在注册登记之后抽逃资金,或为登记时未出资或者未足额出资的出资人出具不实报告,但出资人在登记后已补足出资

8. 最高人民法院的《司法解释》明确了《注册会计师法》规定的利害关系人的范围。具体来说,利害关系人是指同时具备以下( )特征的自然人、法人或者其他组织。

   A. 合理信赖或使用了会计师事务所出具的报告
   B. 与被审计单位进行了交易或从事与被审计单位的股票、证券等相关交易活动
   C. 在交易或交易活动中遭受了实际经济损失
   D. 与被审计单位签订了相关交易协议、合同

9. 当利害关系人向人民法院提起诉讼,并将会计师事务所列为被告时,根据最高人民法院的《司法解释》中对诉讼当事人的列置的规定,( )。

   A. 如果利害关系人拒不起诉被审计单位,人民法院应当通知被审计单位作为共同被告
   B. 如果利害关系人提出被审计单位的出资人虚假出资或抽逃出资,人民法院应当将该出资人列为第三人参加诉讼

C. 如果被起诉的会计师事务所是其他会计师事务所的分支机构,人民法院可以将后者列为共同被告参加诉讼

D. 如果利害关系人提出被审计单位的出资人出资不足,但该出资人事后已补足不足的部分的,人民法院不应将该出资人列为第三人参加诉讼

10. 根据最高人民法院的《司法解释》,如果出现以下(　　)情形,人民法院应当认定会计师事务所存在过失。

A. 负责审计的注册会计师以低于行业一般成员应具备的专业水准执业

B. 未根据职业准则和规定执行必要的审计程序

C. 未能寻求专家意见对特定审计对象直接形成审计结论

D. 未能合理利用执业准则和规则所要求的重要性原则

参考答案

一、单项选择题

1. B 2. A 3. D 4. C 5. D 6. A 7. D 8. C 9. C 10. A

二、多项选择题

1. CD 2. AB 3. AC 4. CD 5. ACD 6. AB 7. ABCD 8. ABC 9. ACD 10. AB

第四章 注册会计师执业准则

第一节 鉴证业务基本准则

鉴证业务基本准则是鉴证业务准则的概念框架,旨在规范注册会计师执行鉴证业务,明确鉴证业务的目标和要素,确定审计准则、审阅准则和其他鉴证业务准则适用的鉴证业务类型。

一、注册会计师执业准则体系

中国注册会计师执业准则体系受注册会计师职业道德守则统驭,包括注册会计师业务准则和会计师事务所质量控制准则,如图4.1所示。注册会计师业务准则包括鉴证业务准则和相关服务准则,如图4.2所示。

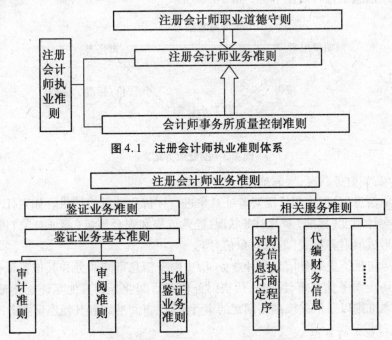

图4.1 注册会计师执业准则体系

图4.2 注册会计师业务准则体系

鉴证业务准则由鉴证业务基本准则统领,按照鉴证业务提供的保证程度和鉴证对象的不同,分为中国注册会计师审计准则、中国注册会计师审阅准则和中国注册会计师其他鉴证业务准则(以下分别简称审计准则、审阅准则和其他鉴证业务准则)。其中,审计准则是整个执业准则体系的核心。

审计准则用以规范注册会计师执行历史财务信息的审计业务。在提供审计服务时,注册会计师对所审计信息是否不存在重大错报提供合理保证,并以积极方式提出结论。

审阅准则用以规范注册会计师执行历史财务信息的审阅业务。在提供审阅服务时,注册会计师对所审阅信息是否不存在重大错报提供有限保证,并以消极方式提出结论。

其他鉴证业务准则用以规范注册会计师执行历史财务信息审计或审阅以外的其他鉴证业务,根据鉴证业务的性质和业务约定的要求,提供有限保证或合理保证。

相关服务准则用以规范注册会计师代编财务信息、执行商定程序、提供管理咨询等其他服务。在提供相关服务时,注册会计师不提供任何程度的保证。

会计师事务所质量控制准则用以规范会计师事务所在执行各类业务时应当遵守的质量控制政策和程序,是对会计师事务所质量控制提出的制度要求。

本章重点介绍鉴证业务基本准则和质量控制准则,审计准则、审阅准则和其他鉴证业务准则的内容在相关章节中予以介绍。

二、鉴证业务的定义、要素和目标

(一) 鉴证业务的定义

鉴证业务是指注册会计师对鉴证对象信息提出结论,以增强除责任方之外的预期使用者对鉴证对象信息信任程度的业务,如图4.3所示。

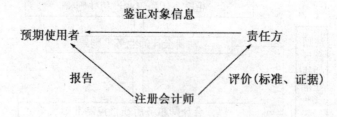

图4.3 鉴证业务定义

鉴证对象:如财务状况、经营成果、现金流量。

鉴证对象信息:是指按照标准对鉴证对象进行评价和计量的结果。如责任方按照会计准则和相关会计制度(标准)对其财务状况、经营成果和现金流量(鉴证对象)进行确认、计量和列报而形成的财务报表(鉴证对象信息)。

鉴证业务包括历史财务信息审计业务、历史财务信息审阅业务和其他鉴证业务。注册会计师执行历史财务信息审计业务、历史财务信息审阅业务和其他鉴证业务时,应当遵守鉴证业务基本准则以及依据该准则制定的审计准则、审阅准则和其他鉴证业务准则。

(二) 鉴证业务的目标

鉴证业务的保证程度分为合理保证和有限保证。合理保证的保证水平要高于有限保证的保证水平。

合理保证的鉴证业务的目标是注册会计师将鉴证业务风险降至该业务环境下可接受的低水平,以此作为以积极方式提出结论的基础。如在历史财务信息审计中,要求注册会计师将审计风险降至该业务环境下可接受的低水平,对审计后的历史财务信息提供高水平保证(合理保证),在审计报告中对历史财务信息采用积极方式提出结论。这种业务属于合理保证的鉴证业务。

有限保证的鉴证业务的目标是注册会计师将鉴证业务风险降至该业务环境下可接受的水平,以此作为以消极方式提出结论的基础。如在历史财务信息审阅中,要求注册会计师将审阅风险降至该业务环境下可接受的水平(高于历史财务信息审计中可接受的低水平),对审阅后的历史财务信息提供低于高水平的保证(有限保证),在审阅报告中对历史财务信息采用消极方式提出结论。这种业务属于有限保证的鉴证业务。

(三)鉴证业务要素(见表4.1)

表4.1 鉴证业务五要素及其含义

要素	含义
三方关系	三方关系分别是CPA、责任方和预期使用者。CPA对由责任方负责的鉴证对象或鉴证对象信息提出结论,以增强除责任方之外的预期使用者对鉴证对象信息的信任程度
鉴证对象及鉴证对象信息	鉴证对象具有多种不同的表现形式,可能是财务的或非财务的信息,包括业绩或状况、系统与过程、物理特征、行为等,不同的鉴证对象具有不同的特征
标准	标准时用来评价或计量鉴证对象的基准,当涉及列报时,还包括列报的基准
证据	获取充分、适当的证据是注册会计师提出鉴证结论的基础
鉴证报告	注册会计师应当针对鉴证对象信息(或鉴证对象)在所有重大方面是否符合适当的标准,以书面报告的形式发表能够提供一定保证程度的结论

三、业务承接

(一)承接鉴证业务的条件

注册会计师应当在初步了解业务环境后,只有符合独立性和专业胜任能力等相关职业道德规范的要求,并且拟承接的业务具备鉴证业务的所有特征时,注册会计师才能将其作为鉴证业务予以承接。

(一)业务承接的条件

第一,获取管理层诚信。

第二,符合独立性和专业胜任能力等相关职业道德规范的要求。

第三,具备下列鉴证业务的所有特征:

(1)鉴证对象适当。

(2)使用的标准适当且预期使用者能够获取该标准。

(3)注册会计师能够获取充分、适当的证据以支持其结论。

(4)注册会计师的结论以书面报告形式表述,且表述形式与所提供的保证程度相适应。

(5)该业务具有合理的目的。如果鉴证业务的工作范围受到重大限制,或者委托人试图将注册会计师的名字和鉴证对象不适当地联系在一起,则该项业务可能不具有合理的目的。

注意:当拟承接的业务不具备上述鉴证业务的所有特征,不能将其作为鉴证业务予以承接时,注册会计师可以提请委托人将其作为非鉴证业务。

(二) 已承接鉴证业务的变更

对已承接的鉴证业务,如果没有合理理由,注册会计师不应将该项业务变更为非鉴证业务,或将合理保证的鉴证业务变更为有限保证的鉴证业务。

在实务中,注册会计师一般是应委托人的要求来变更业务类型的。委托人要求变更业务类型主要有以下三方面的原因:

(1) 业务环境变化影响到预期使用者的需求。
(2) 预期使用者对该项业务的性质存在误解。
(3) 业务范围存在限制。

如果注册会计师不同意变更业务,委托人又不同意继续执行原鉴证业务,注册会计师应当考虑解除业务约定,并考虑是否有义务向有关方面(例如,委托单位董事会或股东会)说明解除业务约定的理由。如果发生变更,注册会计师不应忽视变更前获取的证据。

四、鉴证业务的三方关系

(1) 三方关系概述。鉴证业务涉及的三方关系人包括注册会计师、责任方和预期使用者。责任方与预期使用者可能是同一方,也可能不是同一方。

(2) 三方之间的关系

注册会计师对由责任方负责的鉴证对象或鉴证对象信息提出结论,以增强除责任方之外的预期使用者对鉴证对象信息的信任程度。

注意:责任方不可以是唯一的预期使用者,如果某项业务不存在除责任方之外的其他预期使用者,那么该业务不构成一项鉴证业务。

(3) 鉴证业务还会涉及委托人,但委托人不是单独存在的一方,委托人通常是预期使用者之一,委托人也可能由责任方担任。

五、鉴证对象

(一) 鉴证对象与鉴证对象信息的形式,见表4.2

表4.2 鉴证对象对应的鉴证对象信息

鉴证对象	鉴证对象信息
财务业绩或状况	财务报表
非财务业绩或状况	反映效率或效果的关键指标
物理特征	有关鉴证对象物理特征的说明文件
某种系统或过程	关于其有效性的认定
某种行为	法律法规遵守情况或执行效果的说明

(二) 鉴证对象特征

通常,如果鉴证对象的特征表现为定量的、客观的、历史的或时点的,评价和计量的准确性相对较高,注册会计师获取证据的说服力相对较强,相应地,对鉴证对象信息提供的保证程度也较高。

（三）适当的鉴证对象应当具备的条件

（1）鉴证对象可以识别。

（2）不同的组织或人员对鉴证对象按照既定标准进行评价或计量的结果合理一致。

（3）注册会计师能够收集与鉴证对象有关的信息，获取充分、适当的证据，以支持其提出适当的鉴证结论。

六、标准

（一）标准的定义

标准是指用于评价或计量鉴证对象的基准，当涉及列报时，还包括列报的基准（列报包括披露）。

注意：对同一鉴证对象进行评价或计量并不一定要选择同一个标准。

（二）标准的类型

标准可以是正式的规定，也可以是某些非正式的规定。

（三）适当的标准应当具备的特征

适当的标准应当具备下列所有特征：相关性、完整性、可靠性、中立性、可理解性。

注意：注册会计师基于自身的预期、判断和个人经验对鉴证对象进行的评价和计量，不构成适当的标准。

（四）评价标准的适当性

（1）公开发布的标准，注册会计师通常不需要对标准的"适当性"进行评价，而只需评价该标准对具体业务的"适用性"。

（2）对于专门制定的标准，注册会计师首先要对这些标准本身的"适当性"加以评价。

七、证据

注册会计师应当以职业怀疑态度来计划和执行鉴证业务，获取有关鉴证对象信息是否不存在重大错报的充分、适当的证据。注册会计师应当及时对制定的计划、实施的程序、获取的相关证据以及得出的结论做出记录。在计划和执行鉴证业务，尤其在确定证据收集程序的性质、时间安排和范围时，应当考虑重要性、鉴证业务风险以及可获取证据的数量和质量。

八、鉴证报告

（一）出具鉴证报告的总体要求

注册会计师应当出具含有鉴证结论的书面报告。该鉴证结论应当说明注册会计师就鉴证对象信息获取的保证。

注意：第一，注册会计师应当考虑就执行业务过程中注意到的与治理层责任相关的事项与治理层沟通的适当性。第二，如果委托人并非责任方，注册会计师直接与责任方或责任方的治理层沟通可能是不适当的。

（二）鉴证结论的两种表述形式

在基于责任方认定的业务中，注册会计师的鉴证结论可以采用下列两种表述形式：

（1）明确提及责任方认定。例如"我们认为，责任方做出的'根据××标准，内部控制在所有重大方面是有效的'这一认定是公允的"。

（2）直接提及鉴证对象和标准。例如"我们认为，根据××标准，内部控制在所有重大方面是有效的"。

注意：在基于责任方认定的业务中，注册会计师的鉴证结论采用上面的第1种和第2种表述形式均可；在直接报告业务中，注册会计师应当明确提及鉴证对象和标准，鉴证结论只能采用上述第2种表述形式。

（三）提出鉴证结论的积极方式和消极方式

在合理保证的鉴证业务中，注册会计师应当以积极方式提出结论。例如，"我们认为，根据××标准，内部控制在所有重大方面是有效的"或"我们认为，责任方做出的'根据××标准，内部控制在所有重大方面是有效的'这一认定是公允的"。

在有限保证的鉴证业务中，注册会计师应当以消极方式提出结论，如"基于本报告所述的工作，我们没有注意到任何事项使我们相信，根据××标准，××系统在任何重大方面是无效的"或"基于本报告所述的工作，我们没有注意到任何事项使我们相信，责任方做出的'根据××标准，××系统在所有重大方面是有效的'这一认定是不公允的"。

（四）注册会计师不能出具无保留结论报告的情况

（1）工作范围受到限制。

（2）责任方认定未在所有重大方面做出公允表达。

（3）鉴证对象信息存在重大错报。

（4）标准或鉴证对象不适当。

（五）注册会计师姓名的使用

如果获知他人不恰当地将其姓名与鉴证对象相关联，注册会计师应当要求其停止这种行为，并考虑采取其他必要的措施，包括将不恰当使用注册会计师姓名这一情况告知所有已知的使用者或征询法律意见。

第二节 质量控制准则

质量控制准则旨在规范会计师事务所建立并保持有关财务报表审计和审阅、其他鉴证业务及相关服务的质量控制制度。

一、质量控制制度的目标和要素

（一）质量控制制度的目标

会计师事务所应当根据会计师事务所质量控制准则，制定质量控制制度，以合理保证业务质量。质量控制制度的目的主要在以下两个方面提出合理保证：

（1）会计师事务所及其人员遵守法律法规、职业道德规范以及审计准则、审阅准则、其他鉴证业务准则和相关服务准则的规定；

（2）会计师事务所和项目负责人根据具体情况出具恰当的报告。

项目合伙人，是指会计师事务所中负责某项业务及其执行，并代表会计师事务所在业务报告上签字的主任会计师或经授权签字的合伙人。

（二）质量控制制度的要素

会计师事务所的质量控制制度应当包括针对下列七项要素而制定的政策和程序：对业务质量承担的领导责任；职业道德规范；客户关系和具体业务的接受与保持；人力资源；业务执行；业务工作底稿；监控。

二、对业务质量承担的领导责任

（一）对主任会计师的总体要求

会计师事务所应当制定政策和程序，培育以质量为导向的内部文化。主任会计师对质量控制制度承担最终责任，建立以质量为导向的业绩评价、工薪及晋升的政策和程序。

（二）相关职业道德要求

第一，获取书面确认函。会计师事务所应当每年至少一次向所有受独立性要求约束的人员获取其遵守独立性政策和程序的书面确认函。

第二，防范关系密切的威胁。长期由同一个高级人员执行某项鉴证业务可能造成的亲密关系对独立性会产生威胁。为此，会计师事务所应当制定下列政策和程序，以防范同一高级人员由于长期执行某一客户的鉴证业务可能对独立性造成的威胁。

（1）建立适当的标准，以便确定是否需要采取防护措施，将由于关系密切造成的威胁降至可接受的水平。

（2）对所有的上市公司财务报表进行审计，按照法律法规的规定定期轮换项目负责人。

（三）客户关系和具体业务的接受与保持（见本章第二节"业务承接"内容）

（四）人力资源

会计师事务所制定的年业绩评价、工薪及晋升程序应当强调：帮助人员了解提高业务质量及遵守职业道德基本原则是晋升更高职位的主要途径，而不遵守会计师事务所的政策和程序可能招致惩戒。

（五）业务执行

业务执行是指会计师事务所委派项目组按照法律法规、职业道德规范和业务准则的规定具体执行所承接的某项业务，使会计师事务所和项目负责人能够根据具体情况出具恰当的报告。业务执行是编制和实施业务计划，形成和报告业务结果的总称。会计师事务所应当要求项目负责人负责组织对业务执行实施指导、监督与复核。

1. 指导、监督与复核

（1）指导的具体要求。能使项目组了解工作目标、提供适当的团队工作和培训。

(2)监督的具体要求。包括追踪业务进程、考虑项目组各成员的素质和专业胜任能力、解决在执行业务过程中发现的重大问题、识别在执行业务过程中需要咨询的事项,或需要由经验较丰富的项目组成员考虑的事项。

(4)复核的具体要求。在复核项目组成员已执行的工作时,复核人员应当考虑:工作是否已按照法律法规、职业道德规范和业务准则的规定执行;重大事项是否已提请进一步考虑;相关事项是否已进行适当咨询,由此形成的结论是否得到记录和执行;是否需要修改已执行工作的性质、时间安排和范围;已执行的工作是否支持形成的结论,并得以适当记录;获取的证据是否充分、适当;业务程序的目标是否实现。

2. 意见分歧

在业务执行中,时常可能会出现项目组内部、项目组与被咨询者之间以及项目负责人与项目质量控制复核人员之间的意见分歧。会计师事务所应当制定政策和程序,以处理和解决意见分歧。第一,会计师事务所应当制定政策和程序,以处理和解决项目组内部、项目组与被咨询者之间以及项目负责人与项目质量控制复核人员之间的意见分歧;第二,形成的结论应当得以记录和执行。只有意见分歧问题得到解决,项目负责人才能出具报告。如果在意见分歧问题得到解决前,项目负责人就出具报告,不仅有失应有的谨慎,而且容易导致出具不恰当的报告,难以合理保证实现质量控制的目标。

3. 项目质量控制复核

项目质量控制复核,是指会计师事务所挑选不参与该业务的人员,在出具报告前,对项目组做出的重大判断和在准备报告时形成的结论做出客观评价的过程。

(六)业务工作底稿(见表4.3)

表4.3 业务工作底稿

知识点	内容要求
业务工作底稿归档要求	①会计师事务所应当制定政策和程序,以使项目组在出具业务报告后及时将工作底稿规整为最终档案 ②归档期限为业务报告日后60天 ③针对客户的同一财务信息执行不同业务,应在规定的归档期限内分别归档
如果原纸质记录经电子扫描后存入业务档案,会计师事务所应当实施适当的控制程序以保证	①生成与原纸质记录的形式和内容完全相同的扫描复印件,包括人工签名、交叉索引和有关注释 ②能够检索和打印扫描复印件。会计师事务所应当保留已扫描的原纸质记录
业务工作底稿的保存期限	对鉴证业务,包括历史财务信息审计和审阅业务、其他鉴证业务,会计师事务所应当自业务报告日起,至少保管10年
业务工作底稿的所有权	属于会计师事务所

(七)监控(见表4.4)

表4.4 监控

知识点	内容和要求
实施检查	①会计师事务所应当周期性地选取已完成的业务进行检查,周期最长不得超过三年。在每个周期内,应对每个合伙人的业务至少选取一项进行检查(检查的周期) ②参与业务执行或项目质量控制复核的人员不应承担该项业务的检查工作 ③在确定检查范围时,会计师事务所可以考虑外部独立检查的范围或结论,但这些检查并不能替代自身的内部监控。

本章练习

一、单项选择题

1. Y会计师事务所近期同时执行了下列业务。下列各项中,以消极方式表述所得的结论,并且不提供高水平保证的是( )。
   A. 财务报表审计业务
   B. 财务报表审阅业务
   C. 预测性财务信息审核业务
   D. 执行商定程序业务

2. 中国注册会计师鉴证业务基本准则是鉴证业务准则的基本框架,是注册会计师执行鉴证业务的规范,但在以下所列的各准则中,( )不受该基本准则的制约。
   A. 会计师事务所质量控制准则
   B. 中国注册会计师审计准则
   C. 中国注册会计师其他鉴证业务准则
   D. 中国注册会计师审阅准则

3. Y会计师事务所承接了U公司(上市公司)董事会委托的U公司2008年度财务报表的审计业务,并指派注册会计师A作为项目负责人、注册会计师B作为外勤负责人具体执行该项业务。以下有关说法中,你认为正确的是( )。
   A. U公司董事会对鉴证对象信息负责
   B. U公司管理层对鉴证对象负责
   C. U公司管理层不对鉴证对象信息负责
   D. 预期使用者为U公司全体股东

4. 注册会计师在运用职业判断对鉴证对象做出合理一致的评价或计量时,需要有适当的标准。这种标准不可以是( )。
   A. 由国家相关部门颁布的法律、法规
   B. 由专业团体按专业程序发布的专业规范
   C. 会计师事务所基于长期实践得出的判断
   D. 由民间机构或非权威部门专门制定的

5. 注册会计师在运用职业判断对鉴证对象做出合理一致的评价或计量时,需要有适当的标准。所谓适当的标准应当具备下列除(　　)以外的特征。

   A. 相关性：相关的标准有助于得出结论，该结论便于预期使用者做出决策

   B. 中立性：中立的标准有助于得出无偏向的结论

   C. 完整性：完整的标准不应忽略业务环境中可能影响得出结论的相关因素

   D. 具体性：注册会计师基于自身的预期、判断对鉴证对象进行评价和计量

6. 项目质量控制复核的时间是(　　)。

   A. 在出具报告前完成项目质量控制复核

   B. 与管理层沟通后完成质量控制复核

   C. 与治理层沟通后完成质量控制复核

   D. 与审计委员会沟通后完成质量控制复核

7. 下列关于鉴证业务目标的说法中，正确的是(　　)。

   A. 有限保证鉴证业务的目标是注册会计师将鉴证业务风险降至该业务环境下可接受的水平，以此作为以消极方式提出结论的基础

   B. 有限保证鉴证业务的目标是注册会计师将鉴证业务风险降至该业务环境下可接受的低水平，以此作为以消极方式提出结论的基础

   C. 合理保证鉴证业务的目标是注册会计师将鉴证业务风险降至该业务环境下可接受的水平，以此作为以积极方式提出结论的基础

   D. 合理保证鉴证业务的目标是注册会计师将鉴证业务风险降至该业务环境下可接受的低水平，以此作为以消极方式提出结论的基础

8. 如果审阅发现因标准或鉴证对象不适当而造成工作范围受到限制，注册会计师可以采取的行动是(　　)。

   A. 要求将该项业务变更为其他类型的鉴证业务或相关服务业务

   B. 视其重大与广泛程度出具保留结论或否定结论的报告

   C. 视其重大与广泛程度出具保留结论或无法提出结论的报告

   D. 单方面解除业务约定，而无须与管理层沟通

9. 在以下关于业务工作底稿的说法中，不正确的是(　　)。

   A. 会计师事务所应当制定政策和程序，以满足便于使用和检索业务工作底稿的要求

   B. 会计师事务所为准备法律诉讼文件而引用工作底稿的内容时无须取得客户的授权

   C. 会计师事务所将纸质记录扫描后存入业务档案时，应生成与原纸质记录的内容和形式完全相同的扫描复制件

   D. 会计师事务所不得拒绝客户提出的复印应收账款函证回函工作底稿作为起诉其债务人的法律证据的要求

10. 会计师事务所应当设立投诉和指控渠道，以使事务所的人员能够没有顾虑地提出对质量控制制度有关的问题。以下与此相关的说法中，正确的是(　　)。

    A. 来自客户供应商的投诉比来自客户的投诉具有更高程度的真实性

    B. 来自高级专业人员的投诉比来自助理人员的投诉具有更高的真实性

    C. 来自专家的投诉比来自客户的投诉具有更高的真实性

    D. 来自客户的投诉比来自事务所内部相关人员的投诉具有更高的真实性

二、多项选择题

1. 注册会计师针对不同鉴证对象,往往运用不同的评价和计量标准。在 K 会计师事务所于 2009 年 4 月份已执行完毕的下列鉴证业务中,对评价和计量标准要求相对较高的两种业务是( )。

   A. 甲公司 2008 年度财务报表的审计业务
   B. 乙公司 2008 年度财务报表的审阅业务
   C. 丙公司 2009 年度经营成果预测的审核业务
   D. 丁公司 2008 年 12 月 31 日应收账款明细表审计

2. "业务执行"是会计师事务所业务质量控制的关键环节,它是鉴证业务小组所做的以下( )工作的总称。

   A. 编制业务计划
   B. 实施业务计划
   C. 形成业务结果
   D. 报告业务结果

3. T 会计师事务所于 2009 年 3 月 10 日完成了 Y 公司的 2008 年财务报表审计业务,当日出具了审计报告。3 月 25 日,应 Y 公司及其债权人的要求,根据年报审计中所了解的情况出具了关于 Y 公司偿债能力的特殊审计报告。对于这两个业务的相关工作底稿,会计师事务所应当( )。

   A. 对于财务报表审计的工作底稿,应当于 5 月 9 日之前归档
   B. 对于两个项目的工作底稿,均应与 5 月 9 日之前归档
   C. 对于偿债能力的工作底稿,应当于 5 月 24 日之前归档
   D. 对于两个项目的工作底稿,均应于 5 月 24 日之前归档

4. 会计师事务所应当制定下列( )政策和程序,以防范同一高级人员由于长期执行某一客户的鉴证业务可能对独立性造成的威胁。

   A. 对所有的上市公司财务报表审计,按照法律法规的规定定期轮换项目负责人
   B. 高级管理人员提供该项鉴证业务的服务年限
   C. 鉴证业务的性质,包括涉及公众利益的范围
   D. 建立适当的标准,以便确定是否需要采取防护措施,将由于关系密切造成的威胁降至可接受的水平

5. 注册会计师对鉴证对象信息提出结论是为了增强下列( )利害关系人对鉴证对象信息信任程度。

   A. 管理层和治理层
   B. 证券交易机构
   C. 股东、债权人
   D. 金融机构及潜在投资者

6. 注册会计师对重大错报风险的评估和检查风险的确定时应考虑的因素有( )。

   A. 具体业务环境
   B. 被审单位内部控制的设计
   C. 所执行的是合理保证鉴证业务还是有限保证鉴证业务

D. 鉴证对象的性质

7. 对鉴证业务来说，标准应当能够为预期使用者获取，以使预期使用者了解鉴证对象的评估或计量过程。标准可以通过下列（   ）方式供预期使用者获取。

   A. 公开发布

   B. 在陈述鉴证对象信息时以明确的方式表述

   C. 在鉴证报告中以明确的方式表述

   D. 通过专业性的理解

8. 根据会计师事务所业务质量控制准则，以下与独立性相关的书面确认函的说法中，正确的有（   ）。

   A. 会计师事务所应当每年至少一次向受独立性约束的人员获取其遵守独立性政策和程序的书面确认函

   B. 当某事务所与其他事务所合作执行业务时，双方均应向对方索取对方遵守独立性政策和程序的书面确认函

   C. 书面确认函必须是纸质的

   D. 书面确认函可以是电子形式的

9. 指导、监督、复核是业务执行过程中对项目质量进行控制的重要方面。其中，"监督"的具体要求有（   ）。

   A. 追踪业务的进程

   B. 考虑项目组各成员的素质和专业胜任能力

   C. 解决职业过程发现的重大问题

   D. 识别在业务执行过程中需要咨询的事项

10. 在复核项目组成员已执行的工作时，复核人员应当考虑下列（   ）要求。

    A. 工作是否已按照企业会计准则的规定执行

    B. 重大事项是否已提请进一步考虑

    C. 是否需要修改已执行工作的性质、时间安排和范围

    D. 已执行的工作是否支持形成的结论，并得以适当记录

三、简答题

A 注册会计师接受甲公司的委托，对甲公司管理层编制的下属子公司乙公司 IT 系统运行有效性的评价报告进行鉴证。甲公司拟将该评价报告提交给其他预期使用者。

要求：

(1) 指出该项鉴证业务属于下表中何种业务类型，直接在表格中相应位置打"√"。

分类序号	业务类型	请在相应位置打"√"
（1）	基于责任方认定的业务	
	直接报告业务	
（2）	历史财务信息鉴证业务	
	其他鉴证业务	

(2) 请指出该项鉴证业务的责任方，并简要说明甲公司管理层、乙公司管理层和 A 注册会计师各自的责任。

(3)在评价乙公司IT系统运行有效性时,甲公司使用的是其自行制定的标准。请简要说明A注册会计师应当从哪些方面评价标准的适当性。

(4)在承接业务后,如果发现标准不适当,A注册会计师应当出具何种类型的鉴证报告?

参考答案

一、单项选择题

1. B 2. A 3. B 4. C 5. D 6. A 7. A 8. C 9. D 10. D

二、多项选择题

1. AD 2. ABCD 3. AC 4. AD 5. BCD 6. ABCD 7. ABC 8. ABD 9. ABCD 10. BCD

三、简答题

1. 该项鉴证业务的业务类型如下表所示:

分类序号	业务类型	请在相应位置打"√"
(1)	基于责任方认定的业务	√
	直接报告业务	
(2)	历史财务信息鉴证业务	
	其他鉴证业务	√

(2)责任方为甲公司管理层。

甲公司管理层对由其编制的乙公司IT系统运行有效性的评价报告负责;

乙公司管理层对其IT系统运行的有效性负责;

A注册会计师对其出具的乙公司IT系统运行有效性的鉴证报告负责。

(3)A注册会计师应当从"相关性、完整性、可靠性、中立性和可理解性"五个方面评价标准的适当性。

(4)在承接业务后,如果发现标准不适当,可能误导预期使用者,A注册会计师应当视其重大与广泛程度,出具保留结论或否定结论的报告。

在承接业务后,如果发现标准不适当,造成工作范围受到限制,A注册会计师应当视受到限制的重大与广泛程度,出具保留结论或无法提出结论的报告。

第五章 注册会计师职业道德基本原则和概念框架

道德是社会为了调整个人之间以及个人和社会之间的关系所提倡的行为规范的总和，它通过各种形式的教育和社会舆论的力量，使人们具有善和恶、荣誉和耻辱、正义和非正义等概念，并逐渐形成一定的习惯和传统。中国注册会计师协会会员职业道德守则是用来规范中国注册会计师协会会员职业道德行为，提高职业道德水准，维护社会公众利益的准则。中国注册会计师协会会员包括注册会计师和非执业会员。注册会计师是指取得注册会计师证书并在会计师事务所执业的人员，有时也指其所在的会计师事务所。非执业会员是指不在会计师事务所执业（专职工作）的中国注册会计师协会个人会员，通常在工业、商业、服务业、公共部门、教育部门、非营利组织、监管机构或职业团体从事专业工作。中国注册会计师协会会员职业道德守则规定了职业道德基本原则和职业道德概念框架，会员应当遵守职业道德基本原则，并能够运用职业道德概念框架解决职业道德问题。

第一节 职业道德基本原则

注册会计师职业道德基本原则包括下列职业道德基本原则：诚信、独立、客观、专业胜任能力和应有的关注、保密以及良好的职业行为。

一、诚信

诚信，是指诚实、守信。也就是说，一个人言行与内心思想一致，不虚假；能够履行与别人的约定而取得对方的信任。诚信原则要求会员应当在所有的职业关系和商业关系中保持正直和诚实，秉公处事、实事求是。

当会员在执行业务时认为报告、报表、沟通函件或其他信息存在下列情形时，不应在明知的情况下与其发生关联：

（1）含有重大虚假或误导性陈述。
（2）含有草率提供的陈述或信息。
（3）遗漏或掩盖应当包括的信息，而遗漏或掩盖这些信息将产生误导。

如果会员意识到其已经与上述信息发生关联，则应当采取措施消除与该信息的关联。

二、独立

独立，是指不受外来力量控制、支配，按照一定之规行事。独立原则通常是对注册会计师而不是非执业会员提出的要求。在执行鉴证业务时，注册会计师必须保持独立性。在市场经济条件下，投资者主要依赖财务报表判断投资风险，在投资机会中做出选择。如果注册会计师不能与客户保持独立，而是存在经济利益、关联关系，或屈从于外界压力，就很难取信于社会公众。

那么，什么是独立性呢？较早给出权威解释的是美国注册会计师协会。美国注册会计师协会在1947年发布的《审计暂行标准》(The Tentative Statement of Auditing Standards)中指出:"独立性的含义相当于完全诚实、公正无私、无偏见、客观认识事实、不偏袒。"传统观点认为,注册会计师的独立性包括两个方面——实质上的独立和形式上的独立。美国注册会计师协会在职业行为守则中要求:"在公共业务领域中的会员(执业注册会计师),在提供审计和其他鉴证业务时应当保持实质上与形式上的独立。"国际会计师联合会职业道德守则也要求执行公共业务的职业会计师(执业注册会计师)保持实质上的独立和形式上的独立。

中国注册会计师协会会员职业道德守则规定,独立性包括实质上的独立性和形式上的独立性:

(1)实质上的独立性是一种内心状态,要求注册会计师在提出结论时不受有损于职业判断的因素影响,能够诚实公正行事,并保持客观和职业怀疑态度。

2.形式上的独立性要求注册会计师避免出现重大的事实和情况,避免使得一个理性且掌握充分信息的第三方在权衡这些事实和情况后,很可能推定会计师事务所或项目组成员的诚信、客观或职业怀疑态度已经受到损害。

三、客观

客观,是指按照事物的本来面目去考察,不添加个人的偏见。客观原则要求会员不应因偏见、利益冲突以及他人的不当影响而损害职业判断。独立于鉴证客户是遵循客观性基本原则的内在要求,会员应当从实质上和形式上独立于鉴证客户。

如果某一情形或关系导致偏见或者对职业判断产生不当影响,会员不应提供相关专业服务。会员在许多领域提供专业服务,在不同情况下均应表现出客观性。在确定哪些情况和业务尤其需要遵循客观性的职业道德规范时,应当充分考虑以下因素:

(1)会员可能被施加压力,这些压力可能损害其客观性。
(2)在制定准则以识别实质上或形式上可能影响会员客观性的关系时,应体现合理性。
(3)应避免那些导致偏见或受到他人影响,从而损害客观性的关系。
(4)会员有义务确保参与专业服务的人员遵守客观性原则。
(5)会员既不得接受,也不得提供可被合理认为对其职业判断或对其业务交往对象产生重大不当影响的礼品或款待,尽量避免使自己专业声誉受损的情况发生。

四、专业胜任能力和应有的关注

专业胜任能力和应有的关注原则要求会员应当保持专业胜任能力,将专业知识和技能始终保持在应有的水平之上,以适应当前实务、法律和技术的发展,确保客户或雇佣单位能够得到合格的专业服务。同时,在提供专业服务时,会员应当保持应有的关注,遵守职业准则和技术规范,勤勉尽责。

(一)专业胜任能力

专业胜任能力是指会员具有专业知识、技能和经验,能够经济、有效地完成客户委托的业务。会员如果不能保持和提高专业胜任能力,就难以完成客户委托的业务。事实上,如果会员在缺乏足够的知识、技能和经验的情况下提供专业服务,就构成了一种欺诈。

专业服务要求注册会计师在运用专业知识和技能提供服务时合理运用职业判断。专业胜任能力可分为两个独立阶段：专业胜任能力的获取；专业胜任能力的保持。会员应当持续了解和掌握相关的专业技术和业务的发展，以保持专业胜任能力。

（二）应有的关注

应有的关注，要求会员勤勉尽责，按照有关工作要求，认真、全面、及时地完成工作任务。在审计过程中，会员应当保持职业怀疑态度，运用专业知识、技能和经验，获取和评价审计证据。同时，会员应当采取措施以确保在其授权下工作的人员得到适当的培训和督导。在适当情况下，会员应当使客户、雇佣单位和专业服务的其他使用者了解专业服务的固有局限性。

五、保密

会员能否与客户维持正常的关系，有赖于双方能否自愿而又充分地进行沟通和交流，不掩盖任何重要的事实和情况。只有这样，会员才能有效地完成工作。会员与客户的沟通，必须建立在为客户信息保密的基础上。这里所说的客户信息，通常是指涉密信息。一旦涉密信息被泄露或被利用，往往会给客户造成损失。因此，许多国家规定，在公众领域执业的注册会计师，在没有取得客户同意的情况下，不能泄露任何客户的涉密信息。

保密原则要求会员应当对职业活动中获知的涉密信息予以保密，不得有下列行为：

（1）未经客户授权或法律法规允许，向会计师事务所或雇佣单位以外的第三方披露其获知的涉密信息。

（2）利用因职业关系和商业关系而获知的涉密信息为自己或第三方谋取利益。

会员在社会交往中应当遵循保密义务。会员应当警惕无意泄密的可能性，特别是警惕无意中向近亲属或关系密切的人员无意泄密的可能性。近亲属是指配偶、父母、子女、兄弟姐妹、祖父母、外祖父母、孙子女、外孙子女。

另外，会员应当对拟接受的客户或拟受雇的工作单位向其披露的信息予以保密。在终止与客户或雇佣单位的关系之后，会员仍然应当对在职业关系和商业关系中获知的信息保密。如果变更工作单位或获得新客户，会员可以利用以前的经验，但不应利用或披露以前职业活动中获知的涉密信息。会员应当明确在会计师事务所内部保密的必要性，采取有效措施，确保其下级员工以及为其提供建议和帮助的人员遵循保密义务。

会员在下列情况下可以披露客户的涉密信息：

（1）法律法规允许披露，并且取得客户或雇佣单位的授权。

（2）根据法律法规的要求，为法律诉讼、仲裁准备文件或提供证据，以及向有关监督机构报告发现的违法行为。

（3）法律法规允许的情况下，在法律诉讼、仲裁中维护自己的合法权益。

（4）接受注册会计师协会或监督机构的质量检查，答复其询问和调查。

（5）法律法规、执业准则和职业道德规定的其他情形。

六、良好的职业行为

会员应当遵守相关法律法规，避免发生任何损害职业声誉的行为。

会员在向公众传递信息以及推介自己和工作时,会员应当客观、真实、得体,不得损害职业形象。会员应当诚实、实事求是,不得有下列行为:
(1)夸大宣传提供的服务、拥有的资质或获得的经验。
(2)贬低或无根据地比较其他注册会计师的工作。

第二节 职业道德概念框架

一、职业道德概念框架的内涵

职业道德概念框架是指解决会员职业道德问题的思路和方法,用以指导注册会计师:
(1)识别对遵循职业道德基本原则的不利影响。
(2)评价已识别不利影响的重要程度。
(3)采取必要的防范措施消除不利影响或将其降至可接受水平。职业道德概念框架适用于会员应对不利影响职业道德基本原则的各种情形,其目的在于防止注册会计师认为只要守则未明确禁止的情形就是允许的。

在运用职业道德概念框架时,会员应当运用职业判断。如果发现存在可能违反职业道德基本原则的情形,会员应当评价其对职业道德基本原则的不利影响。在评价不利影响的严重程度时,会员应当从性质和数量两个方面予以考虑。如果认为对职业道德基本原则的不利影响超出可接受水平,会员应当确定是否能够采取防范措施消除不利影响或将其降至可接受水平。

在运用职业道德概念框架时,如果某些不利影响是重大的,或者合理的防范措施不可行或无法实施,会员可能面临不能消除不利影响或将其降至可接受水平的情形。如果无法采取适当的防范措施,注册会计师应当拒绝或终止所从事的特定专业服务,必要时与客户解除合约关系,或向其雇佣单位辞职。

二、对职业道德基本原则产生不利影响的因素及防范措施

注册会计师对职业道德基本原则的遵循可能受到多种因素的不利影响。不利影响的严重程度因注册会计师提供的服务类型的不同而不同。可能对职业道德基本原则产生不利影响的因素:

(一)对职业道德基本原则遵循的不利影响

(1)自身利益不利影响。如果经济利益或其他利益对会员的职业判断或行为产生不当影响,将产生自身利益导致的不利影响。

(2)自我评价不利影响:如果会员对其(或者其所在会计师事务所或雇佣单位的其他人员)以前的判断或服务结果做出不恰当的评价,并且将据此形成的判断作为当前服务的组成部分,将产生自我评价导致的不利影响。

(3)过度推介不利影响。如果会员过度推介客户或雇佣单位的某种立场或意见,使其客观性受到损害,将产生过度推介导致的不利影响。

(4)密切关系不利影响。如果会员与客户或雇佣单位存在长期或亲密的关系,而过于

倾向他们的利益,或认可他们的工作,将产生密切关系导致的不利影响。

(5)外在压力不利影响。如果会员受到实际的压力或感受到压力(包括对会员实施不当影响的意图)而无法客观行事,将产生外在压力导致的不利影响。

(二)防范措施

防范措施是指可以消除不利影响或将其降至可接受水平的行动或其他措施。应对不利影响的防范措施包括下列两类:

(1)法律法规和职业规范规定的防范措施。

(2)工作环境中的防范措施。

某些防范措施可以增加识别或制止不道德行为发生的可能性。由行业、法律法规、监管机构以及工作单位规定的这类防范措施包括:

(1)由所在的工作单位、行业以及监管机构建立有效的公开投诉系统,使同行、雇佣单位以及社会公众能够注意到不专业或不道德的行为。

(2)明确规定会员有义务报告违反职业道德守则的行为或情形。

第三节 注册会计师对职业道德概念框架的具体运用

本节阐述注册会计师遇到的不利影响或可能不利影响职业道德基本原则遵循的各种情形和关系,包括专业服务委托、利益冲突、客户寻求第二次意见、收费及其他类型的报酬、专业服务营销、礼品和招待、保护客户资产、针对所有服务的客观性要求。

一、对职业道德基本原则产生不利影响的具体情形

(一)产生自身利益不利影响的情形

(1)鉴证业务项目组成员在鉴证客户中拥有直接经济利益。

(2)会计师事务所过分依赖向某一客户的收费。

(3)鉴证业务项目组成员与鉴证客户存在重要的秘密商业关系。

(4)会计师事务所担心可能失去某一重要客户。

(5)审计项目组成员与审计客户进行雇佣协商。

(6)会计师事务所一鉴证业务相关的或有收费安排。

(7)在评价其所在会计师事务所的人员以前提供专业服务的结果时,注册会计师发现重大错误。

(二)产生自我评价不利影响的情形

(1)会计师事务所设计或运用财务系统后,对该财务系统运行的有效性出具鉴证报告。

(2)会计师事务所编制用于生成有关记录的原始数据,又将这些数据作为鉴证对象。

(3)鉴证业务项目组成员现在是或最近曾是客户的董事或高级管理人员。

(4)鉴证业务项目组成员现在受雇于或最近曾受雇于客户,且在客户中担任能够对鉴证对象产生重大影响的职务。

(5)会计师事务所为鉴证客户提供的其他服务,直接影响鉴证业务中的鉴证对象信息。

(三)产生过度推介不利影响的情形

(1)会计师事务所推介审计客户的股份。

(2)在鉴证客户与第三方发生诉讼或纠纷时,注册会计师担任该客户的辩护人。

(四)产生密切关系不利影响的情形

(1)项目组成员与客户的董事或高级管理人员存在直系亲属或近亲属关系。

(2)项目组成员与客户某员工存在直系亲属或近亲属关系,而该员工所处职位能够对业务对象产生重大影响。

(3)客户的董事或管理层,或所处职位能够对业务对象产生重大影响的员工最近曾是会计师事务所的合伙人。

(4)注册会计师接受客户的礼品,或享受优惠待遇,除非所涉价值微小。

(5)会计师事务所的高级员工长期与某一鉴证客户发生关联。

除以上情形外,注册会计师应当保持应有的职业谨慎,考虑其他可能存在的对职业道德基本原则产生不利影响的亲密关系。

(五)产生外在压力不利影响的情形

(1)会计师事务所受到客户解除业务关系的不利影响。

(2)如果会计师事务所坚持不同意审计客户对某项交易的会计处理,审计客户可能不将计划中的非鉴证服务合同提供给该会计师事务所。

(3)会计师事务所受到客户的起诉不利影响。

(4)会计师事务所受到因降低收费而不恰当缩小工作范围的压力。

(5)由于客户的员工对所涉事项更具专长,会计师事务所面临同意客户员工判断的压力。

(6)注册会计师被会计师事务所合伙人告知,除非同意审计客户的不恰当会计处理,否则将不被提升。

二、应对不利影响的防范措施

注册会计师应当运用职业判断以确定如何更好应对已识别的、超出可接受水平的不利影响,包括采取防范措施消除不利影响或将其降至可接受水平,或者终止业务约定或拒绝接受业务委托。在运用职业判断时,注册会计师应当考虑,如果一个理性并且掌握充分信息的第三方,在权衡注册会计师当时所获得的所有具体事实和情况后,是否有可能认定通过采取防范措施消除不利影响或将其降至可接受水平,以保证不违背职业道德基本原则。

在工作环境中,相关防范措施因具体情形而异。工作环境中的防范措施包括会计师事务所层面和具体业务层面的防范措施。

(一)会计师事务所层面的防范措施

会计师事务所层面的防范措施主要包括:强调遵循职业道德基本原则的重要性;制定有关政策和程序,实施项目质量控制,监督业务质量;及时与所有合伙人和专业人员沟通会计师事务所的政策和程序及其变化情况,并就这些政策和程序进行适当的培训;指定高级管理人员负责监督质量控制系统是否有效运行;向合伙人和专业人员提供鉴证客户和关联实体的名单,并要求合伙人和专业人员与之保持独立等。

(二)具体业务层面的防范措施

包括:对已执行的鉴证业务,由未参与该业务的注册会计师进行复核,或在必要时提供建议;与客户治理层讨论职业道德问题;向客户治理层说明提供服务的性质和收费的范围;由其他会计师事务所执行或重新执行部分业务;轮换鉴证业务项目组合伙人和高级员工。

三、专业服务委托

(一)客户的接受

在接受某一新客户前,注册会计师应当确定接受该客户关系是否对职业道德基本原则的遵循产生不利影响。对诚信或职业行为的潜在不利影响可能产生于诸如与客户(如客户的所有者、管理层或相关活动)的相关问题。对职业道德基本原则的遵循产生不利影响的客户问题包括客户涉足非法活动(如洗钱),或存在可疑的财务报告问题等。

客户存在的问题可能对注册会计师遵循诚信或良好职业行为原则产生不利影响,注册会计师应当评价不利影响的重要程度,并在必要时采取防范措施消除不利影响或将其降至可接受水平。防范措施主要包括:

(1)对客户及其主要股东、关键管理人员、治理层和负责公司活动的人员进行了解。

(2)要求客户对完善公司治理或内部控制做出承诺。

如果不能将客户存在的问题产生的不利影响降低至可接受水平,注册会计师应当拒绝接受客户关系。如果向同一客户连续提供专业服务,注册会计师应当定期评价继续保持客户关系是否得当。

(二)业务的承接

注册会计师应当遵循专业胜任能力和应有的关注原则,仅向客户提供能够胜任的专业服务。在承接某一客户业务前,注册会计师应当确定承接该项业务是否对职业道德基本原则产生不利影响。

如果项目组不具备或不能获得执行业务所需的胜任能力,将对专业胜任能力和应有的关注产生自身不利影响。注册会计师应当评价不利影响的重要程度,并在必要时采取措施消除不利影响或将其降至可接受水平。防范措施可能包括:

(1)了解客户的业务性质、经营的复杂性程度,以及所在行业的情况。

(2)了解专业服务的具体要求和业务对象,以及注册会计师拟执行工作的目的、性质和范围。

(3)了解相关监管或报告的要求。

(4)分派足够的具有专业胜任能力的员工。

(5)必要时利用专家的工作。

(6)就执行业务的时间安排与客户达成一致。

(7)遵循质量控制政策和程序,以合理保证仅承接能够胜任的业务。

(三)客户变更委托的

如果应客户要求或考虑以投标的方式接替其他注册会计师,注册会计师应当从专业的角度或其他方面确定是否存承接项业务。如果注册会计师在了解所有相关情况前就承接业务,可能对专业胜任能力和应有的关注产生不利影响。注册会计师应当评价不利影响的重要程度。

由于客户变更委托的表面理由可能并未反映事实真相,根据业务性质,注册会计师可能需要与现任注册会计师直接沟通,核实与变更委托相关的事实和情况,以确定是否适宜承接该业务。

注册会计师应当在必要时采取防范措施,消除因客户变更委托产生的不利影响或将其降至可接受水平。防范措施主要包括:

(1)当应邀投标时,在投标书中说明,在承接业务前需要与前任注册会计师沟通的,以了解是否存在不应接受委托的理由。

(2)要求现任注册会计师提供已知悉的相关事实或情况,既前任注册会计师认为,后任注册会计师在做出承接业务决定前,需要了解的事实或情况。

(3)从其他来源获取必要的信息。

如果采取的防范措施不能消除不利影响或将其降至可接受的水平,注册会计师应当不得承接该业务。

注册会计师可能应客户要求在前任注册会计师工作基础上进一步的服务。如果缺乏完整的信息,可能对专业胜任能力和应有的关注产生潜在不利影响。注册会计师应当评价不利影响的严重程度,并在必要时采取防范措施消除不利影响或将其降至可接受的水平。

采取的防范措施主要包括将承担的工作告知前任注册会计师,提请其提供相关信息,以便恰当地完成该项工作。

前任注册会计师应当遵守保密原则。前任注册会计师是否可以或必须与后任注册会计师讨论客户的相关事务,取决于业务的性质、是否争得客户同意,以及法律法规和道德规范的有关要求。

注册会计师在与前任注册会计师沟通前应当征得客户的同意,最好征得客户的书面同意。前任注册会计师提供信息时,应当实事求是、清晰明了。如果不能与前任注册会沟通,注册会计师应当采取适当措施,通过询问第三方或调查客户的高级管理人员,治理层的背景等方式,获取有关对职业道德基本原则产生不利影响的信息。

四、利益冲突

注册会计师应当采取适当措施,识别可能造成利益冲突的情形。这些情形可能对职业道德基本原则产生不利影响。注册会计师与客户存在直接竞争关系,或与客户的主要竞争者存在合资或类似关系,可能对客观和公正原则产生不利影响。注册会计师为两个以上客户提供服务而这些客户之间存在利益冲突或者对某一事项或交易存在争议,可能对客观和公正或保密原则产生不利影响。

注册会计师应当评价利益冲突产生不利影响的重要程度,并在必要时采取防范措施消除不利影响或将其降至可接受水平。在接受或保持客户关系和具体业务前,如果与客户或第三方存在商业利益或关系,注册会计师应当评价其所产生不利影响的严重程度。

注册会计师应当根据可能产生利益冲突的具体情形,采取下列防范措施:

(1)如果会计师事务所的商业利益或业务活动可能与客户存在利益冲突,注册会计师应当告知客户,并在征得客户同意以在此情况下执行业务。

(2)如果为存在利益冲突的两个以上客户提供服务,注册会计师应当告知所有已知相关方,并在征得客户同意的情况下执行业务。

(3)如果为某一特定的行业或领域中的两个以上客户提供服务,注册会计师应当告知客户,并在征得他们同意的情况下执行业务。

除采取上述防范措施外,注册会计师还应当采取下列一种或多种防范措施:

(1)委派不同的项目组为相关的客户提供服务。

(2)实施必要的保密程序,防止未经授权接触信息。例如,对不同的项目组实施严格的隔离程序,做好数据归档的安全保密工作。

(3)向项目组成员提供有关安全和保密问题的明确指引。

(4)要求会计师事务所的合伙人和员工签订保密协议。

(5)由未参与执行相关业务的高级员工定期复核防范措施的执行情况。

如果利益冲突对职业道德基本原则的遵循产生不利影响,且采取防范措施不能消除该不利影响或将其降至可接受水平,注册会计师应当拒绝承接某一特定业务,或者解除一个或多个存在冲突的业务约定。

五、应客户的要求提供第二次意见

在某客户运用会计准则对特定交易和事项进行处理,且已由前任注册会计师发表意见的情况下,如果注册会计师应客户的要求提供第二次意见,可能对职业道德基本原则产生不利影响。

如果第二次意见不是以前任现任注册所获得的相同事实为基础,或依据的证据不充分,可能对专业胜任能力和应有的关注产生不利影响。不利影响存在与否及其严重程度,取决业务的具体情况,以及为提供第二次意见所能获得的所有相关事实及证据。

如果被要求提供第二次意见,注册会计师应当评价不利影响的严重程度,并在必要时采取防范措施消除不利影响或将其降至可接受水平。防范措施主要包括:

(1)征得客户同意,与现任注册会计师进行沟通。

(2)在与客户的沟通中说明注册会计师发表专业意见的局限性。

(3)向现任注册会计师提供第二次意见的副本。

如果客户不允许与前任注册会计师沟通,注册会计师应当在考虑所有情况的基础上确定是否适宜提供第二次意见。

六、收费

在专业服务的谈判中,注册会计师可以为适当的收费报价。但如果报价过低,可能导致不能按照适用的执业准则执行业务,将对专业胜任能力和应有的关注产生不利影响。不利影响存在与否及其重要程度取决于报价水平和所提供服务等因素。

注册会计师应当评价不利影响的重要程度,并在必要时采取防范措施消除不利影响或将其降至可接受水平。防范措施主要包括:

(1)让客户了解业务约定条款,特别是确定收费的基础及在此报价内所能提供的服务。

(2)安排恰当的时间和合格的员工执行任务。

收费包括收费结构、逾期收费、或有收费等。其中,或有收费是指一种按照预先确定的计费基础收取费用的方式。在这种方式下,收费与否或多少取决于交易的结果或执行工作的结果。如果某项收费由法院或政府公共管理机构制定,则该收费不属于或有收费。

或有收费可能对职业道德基本原则的遵循产生不利影响。不利影响存在与否及其重要程度如何取决于下列因素:

(1)业务的性质。
(2)可能的收费金额区间。
(3)确定收费的基础。
(4)是否由独立第三方复核业务处理的结果。

注册会计师应当评价或有收费产生不利影响的重要程度,并在必要时采取防范措施消除不利影响或将其降至可接受水平。防范措施主要包括:

(1)与客户以书面方式预先约定确定报酬的基础。
(2)向预期使用者披露注册会计师所执行的工作及确定报酬的基础。
(3)实施质量控制政策和程序。
(4)由客观的第三方复核注册会计师所执行的工作。

如果注册会计师接受与客户相关的介绍费或佣金,将对客观性、专业胜任能力和应有的关注产生自身利益不利影响。这种不利影响非常重大,没有防范措施可以消除不利影响或将其降至可接受水平。注册会计师不应向客户或其他第三方收取介绍费或佣金。

如果注册会计师为获得某一客户支付介绍费,将对客观性、专业胜任能力和应有的关注产生自身利益不利影响。这种不利影响非常重大,没有防范措施可以消除不利影响或将其降至可接受水平。注册会计师不应向客户或其他第三方支付介绍费。

本章练习

一、单项选择题

1. 我国注册会计师职业道德基本原则专门规定了以下各个方面,其中(   )是对注册会计师专业工作过程中内心状态的要求。

   A. 诚信
   B. 实质上的独立
   C. 应有的关注
   D. 客观

2. Z注册会计师执行G公司2008年度财务报表审计业务时,遇到了来自各个方面的干扰和各种各样的困难。在下列(   )情况下,其执业过程没有违反注册会计师职业道德中有关独立性的要求。

   A. 发表意见时,按照保证最大股东利益不受损害的原则确定了意见类型,但绝大多数股东都不怀疑Z的公正性、客观性和专业谨慎性
   B. 发表审计意见时,完全从专业判断的角度出发形成审计结论、确定意见类型,但G公司各主要股东都不相信Z能客观、公正、谨慎地做出审计结论
   C. 在确定审计意见时,努力排除各种因素的干扰,专业判断没有受到任何影响,但G公司的最大债权人的H银行都认为财务报表严重歪曲了债务情况

D. 在确定审计意见时,没有采纳个别股东要求照顾其利益的不当要求,仅凭专业判断形成了审计意见,除这些股东外,没有人怀疑 Z 的公正性、客观性和谨慎性

3. 注册会计师提供的是专家服务,因此对其专业胜任能力有特定要求。下列对注册会计师专业胜任能力的表述中不恰当的是(　　)。

   A. 注册会计师专业胜任能力包括获取和保持两个阶段

   B. 如果注册会计师缺乏足够的知识、技能和经验的情况下提供专业服务,则违背了职业道德基本原则,这种行为的性质就是欺诈

   C. 注册会计师拥有了专业胜任能力就能够胜任所有特定业务工作

   D. 专业胜任能力基本原则要求注册会计师在提供专业胜任服务时合理运用职业判断

4. 下列关于注册会计师应当保持应有的关注的说法中不恰当的是(　　)。

   A. 应有的关注要求会员勤勉尽责执业

   B. 应有的关注要求会员保持职业怀疑态度,运用专业知识、技能和经验,获取和评价审计证据

   C. 应有的关注要求会员查出被审计单位财务报表的所有舞弊

   D. 应有的关注要求会员采取措施以确保在其授权下工作的人员得到适当的培训和督导

5. 下列情形中不会对注册会计师损害职业形象的是(　　)。

   A. 注册会计师对其积累的经验进行夸大宣传

   B. 注册会计师对其他会员的工作进行比较

   C. 注册会计师对执行的业务性质与收费依据与被审计单位管理层沟通

   D. 注册会计师对其拥有的资质进行夸大宣传

6. 注册会计师职业道德基本原则中的职业行为原则要求注册会计师遵守相关法律法规,避免发生下列行为,但(　　)不在此列。

   A. 有损职业声誉的行为,即使这种损害是注册会计师应知悉而未知悉的

   B. 理性且掌握充分信息的第三方可能认定对职业声誉产生负面影响行为

   C. 对能够提供的服务、拥有的资质以及积累的经验进行符合实际的介绍

   D. 与其他注册会计师的工作进行具有贬低性质或赞扬性质的比较的行为

7. 会计师事务所承接了具体的某项审计业务后应当有相应的业务层面的防范措施来确保消除或降低对独立性的威胁。下列防范措施中可能无效的是(　　)。

   A. 由审计项目组以外的更有经验的注册会计师复核已执行的审计工作

   B. 向被审计单位的独立董事进行独立第三方咨询

   C. 向被审计单位的治理层披露服务性质

   D. 与被审计单位的管理层讨论职业道德问题

8. 甲公司不是 A 会计师事务所的现行客户。2009 年初,该公司要求 A 会计师事务所对已经 B 会计师事务所审计并已提交否定意见审计报告的 2008 年年度财务报表重新审计并提供第二次意见。基于该情况导致后任会计师事务所违背职业道德的可能性,A 会计师事务所最应当从职业道德的以下(　　)方面加以关注。

   A. 过度推介

   B. 自我评价

   C. 专业胜任能力

D. 应有的关注

9. 如果注册会计师不了解所有相关事实就承接业务,可能对( )产生威胁。
   A. 专业胜任能力和应有的关注
   B. 客观
   C. 保密
   D. 诚信

10. 非执业会员应当按照下列要求,以适当的方式编报由其负责的信息,说法不正确的是( )。
    A. 清楚地描述交易、资产和负债的实质
    B. 以适当的方式及时分类和记录信息
    C. 在所有重大方面准确和完整地反映事实
    D. 适当时获取来自雇佣单位内部的专家、独立的职业咨询专家或相关职业团体的建议

二、多项选择题

1. 独立是注册会计师执行审计业务的灵魂。如果 Y 注册会计师在执行 T 公司 2008 年度财务报表审计业务的过程中存在下列( )情况,则应认定其保持了实质上的独立。
   A. 审查应付款项业务时,发现 T 公司有严重的漏计负债情况,但在 T 公司发出了解除业务约定的威胁后,Y 注册会计师没有在形成审计意见时考虑漏计负债的情况
   B. 审查应收账款时,发现 T 公司漏提坏账准备金 10 万元,但在与 T 公司当年的应收账款总额、资产总额和利润总额以及重要性水平等金额比较后,Y 注册会计师没有在审计报告中反映这一情况
   C. 审查固定资产项目时,发现 T 公司存在严重漏提折旧的情况,考虑这一事项对当年利润总额的实质性影响,Y 注册会计师在审计报告中进行了反映,但受到企业不少重要股东的反对
   D. 审计实施阶段结束后,Y 注册会计师按照审计准则和专业判断形成了审计意见并出具了审计报告,但由于在实施审计过程中,Y 注册会计师与 T 公司的仓储部门管理人员交往过密,大多数股东均强烈怀疑 Y 所形成的审计结论是否公正、客观

2. 会员在许多领域提供专业服务,在不同情况下均应表现出客观性。在确定哪些情况和业务尤其需要遵循客观性的职业道德规范时,应当充分考虑以下因素( )。
   A. 会员可能被施加压力,这些压力可能损害其客观性
   B. 在制定准则以识别实质上或形式上可能影响会员客观性的关系时,应体现合理性
   C. 应避免那些导致偏见或受到他人影响,从而损害客观性的关系
   D. 会员有义务确保参与专业服务的人员遵守客观性原则

3. 注册会计师正在执行某上市公司 2008 年财务报表审计业务,下列情形中遵循了保密原则的有( )。
   A. 在未得到 X 公司同意的情况下将 X 公司利润分配政策提供给 X 公司所在行业联营单位
   B. 在未得到 X 公司授权情况下向中国证券会报告其发现的 X 公司隐瞒巨额收入的偷税行为
   C. 在未得到 X 公司授权情况下向法庭提供作为共同被告而证实自己遵循审计准则的审

计工作底稿

D. 在未得到 X 公司授权情况下向后任注册会计师提供 2008 年审计工作底稿

4. 下列情形对保密原则没有构成了威胁的有(　　)。
   A. 会员应当警惕向其直系亲属无意泄密
   B. 会员应当警惕向其关系密切的商业伙伴无意泄密
   C. 在终止与雇佣单位的关系以后会员不再对其在商业关系中获知的信息保密
   D. 在终止与客户关系以后仍然对其在职业关系中获知的信息保密

5. 注册会计师在社会交往中应当遵循保密原则,警惕无意泄密的可能性,特别是向直系亲属。这里所说的直系亲属包括(　　)。
   A. 配偶、子女、父母
   B. 岳父母
   C. 兄、弟、姐、妹
   D. 配偶的兄、弟、姐、妹

6. 在决定是否披露涉密信息时,会员应当考虑下列因素(　　)。
   A. 如果客户或雇佣单位同意会员披露这些信息,所有相关方的利益是否会受到损害
   B. 是否了解和证实了所有相关信息。当涉及未经证实的信息、不完整的信息或未经证实的结论时,如果进行披露,会员应当运用职业判断决定披露的类型
   C. 预期的沟通方式和沟通对象。会员尤其应当确信沟通对象为适当的信息接受者
   D. 在法律诉讼程序中维护自身的职业利益

7. M 公司 2007 年度财务报表审计业务系由 G 会计师事务所实施,出具了否定意见审计报告。2009 年初,在与 M 公司接触业务约定后,M 公司聘请 D 会计师事务所于 2009 年 4 月初审计其 2008 年度财务报表。全部审计工作已于 4 月 20 日完成。2009 年 5 月,G 会计师事务所起诉 D 会计师事务所违反了注册会计师职业道德,要求 D 会计师事务所赔偿其 5 万元损失。起诉理由如下,其中你认可的有(　　)。
   A. D 事务所在审计报告后增加强调事项段,诬称本事务所形成的审计结论不当
   B. D 事务所仅检查了 M 公司 2008 年年初存货相关的财务资料而没有实施监盘
   C. D 事务所在审计过程中,没有查阅本事务所形成的 2007 年度审计工作底稿
   D. D 事务所以本所审计存在重大错报为由,更改了 M 公司 2007 年度财务报表

8. 职业道德概念框架旨在为会员提供解决职业道德问题的思路,要求会员(　　)。
   A. 识别对遵循职业道德基本原则的威胁
   B. 评价已识别威胁的重要程度
   C. 采取必要的防范措施消除威胁或将其降至可接受的水平
   D. 认为只要守则未明确禁止的情形就是允许的

9. 会员为了解决道德冲突,应当考虑的因素有(　　)。
   A. 考虑在或有收费的情况下接受审阅业务
   B. 考虑与所涉事项相关的独立性基本原则
   C. 考虑涉及的道德问题
   D. 考虑在会计师事务所建立的内部程序

10. 下列情形中属于产生自我评价威胁的有(　　)。

A. 审计项目组成员现在是或最近曾是客户的董事或高级管理人员

B. 审计项目组成员与审计客户的董事存在直系亲属关系

C. 审计客户的董事最近曾是会计师事务所的合伙人

D. 审计项目负责人最近曾受雇于客户

11. 在接受某一新客户前,注册会计师应当确定接受该客户关系是否对职业道德基本原则的遵循产生威胁。注册会计师应当评价威胁的重要程度,并在必要时采取防范措施消除威胁或将其降至可接受水平。适当的防范措施可能包括(　　)。

A. 客户及其所有者、管理层、负责公司治理或业务活动的部门进行了解

B. 获取客户对改进公司治理或内部控制的承诺

C. 与客户治理层讨论职业道德问题

D. 向客户治理层披露服务性质或收费金额

三、简答题

1. 会计师事务所从具体层面看应如何防范职业道德基本原则威胁?
2. 会计师事务所的商业利益或活动与客户存在利益冲突时应当采取哪些防范措施?

参考答案

一、单项选择题

1. B　2. D　3. C　4. C　5. C　6. A　7. D　8. D　9. A　10. D

二、多项选择题

1. BC　2. ABCD　3. BC　4. ABD　5. ABC　6. ABC　7. AD　8. ABC　9. BCD　10. AD

11. AB

三、简答题

1. 具体业务层面的防范措施主要包括:

（1）由未涉及非鉴证服务的注册会计师复核已执行的非鉴证工作,或在必要时提供建议;

（2）由鉴证业务项目组以外的注册会计师复核已执行的鉴证工作,或在必要时提供建议;

（3）向客户的独立董事、行业监管机构或其他会员等独立第三方咨询;

（4）与客户治理层讨论职业道德问题。

（5）向客户治理层披露服务性质和收费金额。

（6）请其他会计师事务所执行或重新执行部分业务。

（7）轮换鉴证业务项目组高级员工。

2. （1）委派不同的项目组。

（2）实施防止未经授权接触信息的程序。

（3）向项目组成员提供有关安全和保密问题的明确指引。

（4）要求会计师事务所的雇员、合伙人签订保密协议。

（5）由未参与客户业务的高级职员定期复核防范措施的运用情况。

第六章 审计目标

第一节 财务报表审计目标与审计责任

一、财务报表审计目标

审计目标是在一定历史环境下,人们通过审计实践活动所期望达到的境地或最终结果,它包括财务报表审计目标以及与各类交易、账户余额、列报相关的审计目标两个层次。

(一)对财务报表发表意见

财务报表审计的目标是注册会计师通过执行审计工作,对财务报表的下列方面发表审计意见:

财务报表是否按照适用的会计准则和相关会计制度的规定编制;财务报表是否在所有重大方面公允反映被审计单位的财务状况、经营成果和现金流量。

财务报表使用者之所以希望注册会计师对财务报表的合法性和公允性发表意见,主要有以下四方面原因:

1. 利益冲突

财务报表使用者往往有着各自的利益,且这种利益与被审计单位管理层的利益大不相同。出于对自身利益的关心,财务报表使用者常常担心管理层提供带有偏见、不公正甚至欺诈性的财务报表。为此,他们往往向外部注册会计师寻求鉴证服务。

2. 财务信息的重要性

财务报表是财务报表使用者进行经济决策的重要信息来源,在有些情况下,还是唯一的信息来源。在进行投资、贷款和其他决策时,财务报表使用者期望财务报表中的信息可靠,并且期待注册会计师确定被审计单位是否按公认会计原则编制财务报表。

3. 复杂性

由于会计业务的处理及财务报表的编制日趋复杂,财务报表使用者因缺乏会计知识而难以对财务报表的质量做出评估,所以他们要求注册会计师对财务报表的质量进行鉴证。

4. 间接性

绝大多数财务报表使用者都远离客户,这种地域的限制导致财务报表使用者不可能接触到编制财务报表所依据的会计记录,即使使用者可以获得会计记录,也往往由于时间和成本的限制,而无法对会计记录进行有意义的审查。在这种情况下,使用者有两种选择:一是相信这些会计信息的质量;二是依赖第三者的鉴证。显然,使用者喜欢选择第二种方式。

(二)评价财务报表的合法性

在评价财务报表是否按照适用的会计准则和相关会计制度的规定编制时,注册会计师应当考虑下列内容:

(1)选择和运用的会计政策是否符合适用的会计准则和相关会计制度,并适合于被审计单位的具体情况。

(2)管理层做出的会计估计是否合理。

(3)财务报表反映的信息是否具有相关性、可靠性、可比性和可理解性。

(4)财务报表是否做出充分披露,使财务报表使用者能够理解重大交易和事项对被审计单位财务状况、经营成果和现金流量的影响。

(三)评价财务报表的公允性

在评价财务报表是否做出公允反映时,注册会计师应当考虑下列内容:

(1)经管理层调整后的财务报表是否与注册会计师对被审计单位及其环境的了解一致。

(2)财务报表的列报、结构和内容是否合理。

(3)财务报表是否真实地反映了交易和事项的经济实质。

(四)财务报表审计的作用和局限性

财务报表审计属于鉴证业务。注册会计师作为独立第三方,运用专业知识、技能和经验对财务报表进行审计并发表审计意见,旨在提高财务报表的可信赖程度。由于审计存在固有限制,审计工作不能对财务报表整体不存在重大错报提供绝对保证。虽然财务报表使用者可以根据财务报表和审计意见对被审计单位未来生存能力或管理层的经营效率、经营效果做出某种判断,但审计意见本身并不是对被审计单位未来生存能力或管理层经营效率、经营效果提供的保证。

(五)目标的导向作用

财务报表审计的目标对注册会计师的审计工作发挥着导向作用,它界定了注册会计师的责任范围,直接影响注册会计师计划和实施审计程序的性质、时间安排和范围,决定了注册会计师如何发表审计意见。例如,既然财务报表审计目标是对财务报表整体发表审计意见,注册会计师就可以只关注与财务报表编制和审计有关的内部控制,而不对内部控制本身发表鉴证意见。同样,注册会计师关注被审计单位的违反法规行为,是因为这些行为影响到财务报表,而不是对被审计单位是否存在违反法规行为提供鉴证。

二、财务报表审计责任

在财务报表审计中,被审计单位管理层和治理层与注册会计师承担着不同的责任,不能相互混淆和替代。明确划分责任,不仅有助于被审计单位管理层和治理层与注册会计师认真履行各自的职责,为财务报表及其审计报告的使用者提供有用的经济决策信息,还有利于保护相关各方的正当权益。

(一)管理层和治理层的责任与注册会计师的责任

1. 管理层和治理层的责任

企业的所有权与经营权分离后,经营者负责企业的日常经营管理并承担受托责任。管理层通过编制财务报表反映受托责任的履行情况。为了借助公司内部之间的权力平衡和制约关系保证财务信息的质量,现代公司治理结构往往要求治理层对管理层编制财务报表的过程实施有效的监督。

在治理层的监督下,管理层作为会计工作的行为人,对编制财务报表负有直接责任。《中华人民共和国会计法》第二十一条规定,财务会计报告应当由单位负责人和主管会计工作的负责人、会计机构负责人(会计主管人员)签名并盖章;设置总会计师的单位,还须由总会计师签名并盖章。单位负责人应当保证财务会计报告真实、完整。《中华人民共和国公司法》第一百七十一条规定,公司应当向雇用的会计师事务所提供真实、完整的会计凭证、会计账簿、财务会计报告及其他会计资料,不得拒绝、隐匿、谎报。

因此,在被审计单位治理层的监督下,按照适用的会计准则和相关会计制度的规定编制财务报表是被审计单位管理层的责任。

管理层对编制财务报表的责任具体包括:

(1)选择适用的会计准则和相关会计制度。管理层应当根据会计工作的性质和财务报表的编制目的,选择适用的会计准则和相关会计制度,并按照适用的会计准则和会计制度编制和列报财务报表。

(2)选择和运用恰当的会计政策。会计政策是指企业在会计确认、计量和报告中所采用的原则、基础和会计处理方法。管理层应当根据企业的具体情况,选择和运用恰当的会计政策。

(3)根据企业的具体情况,做出合理的会计估计。

为了履行编制财务报表的职责,管理层通常设计、实施和维护与财务报表编制相关的内部控制,以保证财务报表不存在由于舞弊或错误而导致的重大错报。

2. 注册会计师的责任

按照中国注册会计师审计准则(以下简称审计准则)的规定对财务报表发表审计意见是注册会计师的责任。

注册会计师作为独立的第三方,对财务报表发表审计意见,有利于提高财务报表的可信赖程度。为履行这一职责,注册会计师应当遵守职业道德规范,按照审计准则的规定计划和实施审计工作,获取充分、适当的审计证据,并根据获取的审计证据得出合理的审计结论,发表恰当的审计意见。注册会计师通过签署审计报告确认其责任。

3. 两种责任不能相互取代

财务报表审计不能减轻被审计单位管理层和治理层的责任。

财务报表编制和财务报表审计是财务信息生成链条上的不同环节,两者各司其职。法律法规要求管理层和治理层对编制财务报表承担责任,有利于从源头上保证财务信息质量。同时,在某些方面,注册会计师与管理层和治理层之间可能存在信息不对称。管理层和治理层作为内部人员,对企业的情况更为了解,更能做出适合企业特点的会计处理决策和判断。因此,管理层和治理层理应对编制财务报表承担完全责任。尽管在审计过程中,注册会计师可能向管理层和治理层提出调整建议,甚至在不违反独立性的前提下为管理层编制财务报表提供协助,但管理层仍然对编制财务报表承担责任,并通过签署财务报表确认这一责任。

如果财务报表存在重大错报,而注册会计师通过审计没能够发现,也不能因为财务报表已经注册会计师审计这一事实而减轻管理层和治理层对财务报表的责任。

（二）财务报表审计的一般原则

(1) 遵守职业道德规范。

(2) 遵守质量控制准则。

(3) 遵守审计准则。

（三）财务报表审计范围

财务报表的审计范围是指为实现财务报表审计目标，注册会计师根据审计准则和职业判断实施的恰当的审计程序的总和。恰当的审计程序是指审计程序的性质、时间安排和范围是恰当的。

注册会计师应当根据审计准则和职业判断确定审计范围。审计准则在规定注册会计师承担的责任和所要实现的目标的同时，还规定了为履行责任和实现目标所须实施的审计程序。例如，《中国注册会计师审计准则第1141号——财务报表审计中对舞弊的考虑》规定，注册会计师有责任按照中国注册会计师审计准则的规定实施审计工作，获取财务报表在整体上不存在重大错报的合理保证，无论该错报是由于舞弊还是错误导致。同时，该准则还对注册会计师如何履行这一职责规定了必要的审计程序，如要求注册会计师通过询问、考虑舞弊风险因素、分析程序、考虑其他信息等获取用于识别舞弊导致的财务报表重大错报风险所需的信息。

审计中的职业判断是指注册会计师在审计准则的框架下，运用专业知识和经验在备选方案中做出决策。被审计单位的具体情况千差万别，审计准则不可能针对所有可能遇到的情况规定对应的审计程序。因此，在审计过程中，注册会计师运用职业判断至关重要。注册会计师在确定审计程序的性质、时间安排和范围，评价审计证据，得出审计结论和形成审计意见时，都离不开职业判断。离开了职业判断，审计就成为简单机械地执行审计程序的过程。注册会计师在确定拟实施的审计程序时，除需要考虑审计准则中规定的审计程序外，还需要根据职业判断实施为实现审计目标而需要执行的其他审计程序。

（四）职业怀疑态度

职业怀疑态度是指注册会计师以质疑的思维方式评价所获取审计证据的有效性，并对相互矛盾的审计证据，以及引起对文件记录或管理层和治理层提供的信息的可靠性产生怀疑的审计证据保持警觉。

职业怀疑态度并不要求注册会计师假设管理层是不诚信的，但也不能假设管理层的诚信毫无疑问。职业怀疑态度要求注册会计师凭证据"说话"。职业怀疑态度意味着，在进行询问和实施其他审计程序时，注册会计师不能因轻信管理层和治理层的诚信而满足于说服力不够的审计证据。同时，为得出审计结论，注册会计师不应使用管理层声明替代应当获取的充分、适当的审计证据。例如，注册会计师不能仅凭管理层声明，而对重要的应收账款不进行函证就得出应收账款余额存在的结论。

职业怀疑态度要求，注册会计师不应将审计中发现的舞弊视为孤立发生的事项。注册会计师还应当考虑，发现的错报是否表明在某一特定领域存在舞弊导致的更高的重大错报风险。

职业怀疑态度要求，如果从不同来源获取的审计证据或获取的不同性质的审计证据不一致，可能表明其中某项或某几项审计证据不可靠，因此，注册会计师应当追加必要的审计程序。

职业怀疑态度要求,如果管理层的某项声明与其他审计证据相矛盾,注册会计师应当调查这种情况。必要时,注册会计师应重新考虑管理层做出的其他声明的可靠性。

职业怀疑态度要求,如果在审计过程中识别出异常情况,注册会计师应当做出进一步调查。例如,如果注册会计师在审计过程中识别出的情况使其认为文件记录可能是伪造的或文件记录中的某些条款已发生变动,则应当做出进一步调查,包括直接向第三方询证,或考虑利用专家的工作以评价文件记录的真伪。

(五)合理保证

合理保证是一个与绝对保证相对应的概念。绝对保证是指注册会计师对财务报表整体不存在重大错报提供百分之百的保证。合理保证要求注册会计师通过不断修正的、系统的执业过程,获取充分、适当的审计证据,对财务报表整体发表审计意见,它提供的是一种高水平但非百分之百的保证。

注册会计师按照审计准则的规定执行审计工作,能够对财务报表整体不存在重大错报(无论该错报是由错误引起,还是由舞弊引起)获取合理保证。合理保证与整个审计过程相关,该概念关系到注册会计师为对财务报表整体是否存在重大错报得出结论而所需收集的必要证据。

第二节 管理层认定与具体审计目标

一、管理层认定

(一)管理层认定的含义

管理层认定是指管理层对财务报表组成要素的确认、计量、列报做出的明确或隐含的表达。管理层认定与审计目标密切相关,注册会计师的基本职责就是确定被审计单位管理层对其财务报表的认定是否恰当。注册会计师了解了认定,就很容易确定每个项目的具体审计目标。通过考虑可能发生的不同类型的潜在错报,注册会计师运用认定评估风险,并据此设计审计程序以应对评估的风险。

保证财务报表公允反映被审计单位的财务状况和经营情况等是管理层的责任。当管理层声明财务报表已按照适用的会计准则和相关会计制度进行编制,在所有重大方面做出公允反映时,就意味着管理层对财务报表各项组成要素的确认、计量、报告以及相关的披露做出了认定。管理层在财务报表上认定有些是明确表达的,有些是隐含表达的。例如,管理层在资产负债表中列报存货及其金额,意味着做出了下列明确的认定:记录的存货是存在的;存货以恰当的金额包括在财务报表中,与之相关的计价或分摊调整已恰当记录。同时,管理层也做出下列隐含的认定:所有记录的存货均已记录;记录的存货都由被审计单位拥有。

管理层对财务报表各组成要素均做出了认定,注册会计师的审计工作就是要确定管理层的认定是否恰当。

(二)与各类交易和事项相关的认定

注册会计师对所审计期间的各类交易和事项运用的认定通常分为下列类别:

(1)发生:记录的交易和事项已发生且与被审计单位有关。

发生和完整性两者强调的是相反的关注点。

(2)完整性:所有应当记录的交易和事项均已记录。

(3)准确性:与交易和事项有关的金额及其他数据已恰当记录。

(4)截止:交易和事项已记录于正确的会计期间。

(5)分类:交易和事项已记录于恰当的账户。

(三)与期末账户余额相关的认定

注册会计师对期末账户余额运用的认定通常分为下列类别:

(1)存在:记录的资产、负债和所有者权益是存在的。

(2)权利和义务:记录的资产由被审计单位拥有或控制,记录的负债是被审计单位应当履行的偿还义务。

(3)完整性:所有应当记录的资产、负债和所有者权益均已记录。

(4)计价和分摊:资产、负债和所有者权益以恰当的金额包括在财务报表中,与之相关的计价或分摊调整已恰当记录。

(四)与列报相关的认定

各类交易和账户余额的认定正确只是为列报正确打下了必要的基础,财务报表还可能因被审计单位误解有关列报的规定或舞弊等而产生错报。另外,还可能因被审计单位没有遵守一些专门的披露要求而导致财务报表错报。因此,即使注册会计师审计了各类交易和账户余额的认定,实现了各类交易和账户余额的具体审计目标,也不意味着获取了足以对财务报表发表审计意见的充分、适当的审计证据。因此,注册会计师还应当对各类交易、账户余额及相关事项在财务报表中列报的正确性实施审计。

基于此,注册会计师对列报运用的认定通常分为下列类别:

(1)发生及权利和义务:披露的交易、事项和其他情况已发生,且与被审计单位有关。

(2)完整性:所有应当包括在财务报表中的披露均已包括。

(3)分类和可理解性:财务信息已被恰当地列报和描述,且披露内容表述清楚。

(4)准确性和计价:财务信息和其他信息已公允披露,且金额恰当。

注册会计师可以按照上述分类运用认定,也可按其他方式表述认定,但应涵盖上述所有方面。例如,注册会计师可以选择将有关交易和事项的认定与有关账户余额的认定综合运用。又如,当发生和完整性认定包含了对交易是否记录于正确会计期间的恰当考虑时,就可能不存在与交易和事项截止相关的单独认定。

二、具体审计目标

注册会计师了解了认定,就很容易确定每个项目的具体审计目标,并以此作为评估重大错报风险以及设计和实施进一步审计程序的基础。

(一)与各类交易和事项相关的审计目标

(1)发生:由发生认定推导的审计目标是确认已记录的交易是真实的。例如,如果没有发生销售交易,但在销售日记账中记录了一笔销售,则违反了该目标。

发生认定所要解决的问题是管理层是否把那些不曾发生的项目列入财务报表,它主要与财务报表组成要素的高估有关。

(2)完整性:由完整性认定推导的审计目标是确认已发生的交易确实已经记录。例如,如果发生了销售交易,但没有在销售明细账和总账中记录,则违反了该目标。

发生和完整性两者强调的是相反的关注点。发生目标针对潜在的高估,而完整性目标则针对漏记交易(低估)。

(3)准确性:由准确性认定推导出的审计目标是确认已记录的交易是按正确金额反映的。例如,如果在销售交易中,发出商品的数量与账单上的数量不符,或是开账单时使用了错误的销售价格,或是账单中的乘积或加总有误,或是在销售明细账中记录了错误的金额,则违反了该目标。

准确性与发生、完整性之间存在区别。例如,若已记录的销售交易是不应当记录的(如发出的商品是寄销商品),则即使发票金额是准确计算的,仍违反了发生目标。再如,若已记账的销售交易是对正确发出商品的记录,但金额计算错误,则违反了准确性目标,但没有违反发生目标。在完整性与准确性之间也存在同样的关系。

(4)截止:由截止认定推导出的审计目标是确认接近于资产负债表日的交易记录于恰当的期间。例如,如果本期交易推到下期,或下期交易提到本期,均违反了截止目标。

(5)分类:由分类认定推导出的审计目标是确认被审计单位记录的交易经过适当分类。例如,如果将现销记录为赊销,将出售经营性固定资产所得的收入记录为营业收入,则导致交易分类的错误,违反了分类的目标。

(二)与期末账户余额相关的审计目标

(1)存在:由存在认定推导的审计目标是确认记录的金额确实存在。例如,如果不存在某顾客的应收账款,在应收账款明细表中却列入了对该顾客的应收账款,则违反了存在性目标。

(2)权利和义务:由权利和义务认定推导的审计目标是确认资产归属于被审计单位,负债属于被审计单位的义务。例如,将他人寄售商品列入被审计单位的存货中,违反了权利目标;将不属于被审计单位的债务记入账内,违反了义务目标。

(3)完整性:由完整性认定推导的审计目标是确认已存在的金额均已记录。例如,如果存在某顾客的应收账款,在应收账款明细表中却没有列入对该顾客的应收账款,则违反了完整性目标。

(4)计价和分摊:资产、负债和所有者权益以恰当的金额包括在财务报表中,与之相关的计价或分摊调整已被恰当记录。

(三)与列报相关的审计目标

(1)发生及权利和义务:将没有发生的交易、事项,或与被审计单位无关的交易和事项包括在财务报表中,则违反该目标。例如,复核董事会会议记录中是否记载了固定资产抵押等事项,询问管理层固定资产是否被抵押,即是对列报的权利认定的运用。如果被审计单位拥有被抵押的固定资产,则需要将其在财务报表中列报,并说明与之相关的权利受到限制。

(2)完整性:如果应当披露的事项没有包括在财务报表中,则违反该目标。例如,检查关联方和关联交易,以验证其在财务报表中是否得到充分披露,即是对列报的完整性认定的运用。

(3)分类和可理解性:财务信息已被恰当地列报和描述,且披露内容表述清楚。例如,检查存货的主要类别是否已披露,是否将一年内到期的长期负债列为流动负债,即是对列报的分类和可理解性认定的运用。

(4)准确性和计价:财务信息和其他信息已公允披露,且金额恰当。例如,检查财务报表附注是否分别对原材料、在产品和产成品等存货成本核算方法做了恰当说明,即是对列报的准确性和计价认定的运用。

通过上面介绍可知,管理层认定是确定具体审计目标的基础。注册会计师通常将管理层认定转化为能够通过审计程序予以实现的审计目标。针对财务报表每一项目所表现出的各项认定,注册会计师相应地确定一项或多项审计目标,然后通过执行一系列审计程序获取充分、适当的审计证据以实现审计目标。管理层认定、审计目标和审计程序之间的关系举例如表 6.1 所示。

表 6.1 管理层认定、审计目标和审计程序之间的关系举例

管理层认定	审计目标	审计程序
存在性	资产负债表列示的存货存在	实施存货监盘程序
完整性	销售收入包括了所有已发货的交易	检查发货单和销售发票的编号以及销售明细账
准确性	应收账款反映的销售业务是否基于正确的价格和数量,计算是否准确	比较价格清单与发票上的价格、发货单与销售订购单上的数量是否一致,重新计算发票上的金额
截止	销售业务记录在恰当的期间	比较上一年度最后几天和下一年度最初几天的发货单日期与记账日期
权利和义务	资产负债表中的固定资产确实为公司拥有	查阅所有权证书、购货合同、结算单和保险单
计价和分摊	以净值记录应收款项	检查应收账款账龄分析表、评估计提的坏账准备是否充足

第三节 审计过程与审计目标的实现

审计过程大致可分为以下几个阶段。

一、接受业务委托

会计师事务所应当按照执业准则的规定,谨慎决策是否接受或保持某客户关系和具体审计业务。在接受新客户的业务前,或决定是否保持现有业务或考虑接受现有客户的新业务时,会计师事务所应当执行一些客户接受与保持的程序,以获取如下信息:

(1) 考虑客户的诚信,没有信息表明客户缺乏诚信。
(2) 具有执行业务必要的素质、专业胜任能力、时间和资源。
(3) 能够遵守职业道德规范。

会计师事务所执行客户接受与保持的程序的目的,旨在识别和评估会计师事务所面临的风险。例如,如果注册会计师发现潜在客户正面临财务困难,或者发现现有客户在之前的业务中做出虚假陈述,那么可以认为接受或保持该客户的风险非常高,甚至是不可接受的。会计师事务所除考虑客户施加的风险外,还需要复核执行业务的能力,如当工作需要时能否获得合适的具有相应资格的员工,能否获得专业化协助;是否存在任何利益冲突;能否对客户保持独立性等。

注册会计师需要做出的最重要的决策之一就是接受和保持客户。一项低质量的决策会导致不能准确确定计酬的时间或未被支付的费用,增加项目负责人和员工的额外压力,使会计师事务所声誉遭受损失,或者涉及潜在的诉讼。

一旦决定接受业务委托,注册会计师应当与客户就审计约定条款达成一致意见。对于连续审计,注册会计师应当是否需要根据具体情况修改业务约定条款,以及是否需要提醒客户注意现有的业务约定书。

二、计划审计工作

计划审计工作十分重要,计划不周不仅会导致盲目实施审计程序,无法获取充分、适当的审计证据以将审计风险降至可接受的低水平,影响审计目标的实现,而且还会浪费有限的审计资源,增加不必要的审计成本,影响审计工作的效率。因此,对于任何一项审计业务,注册会计师在执行具体审计程序之前,都必须根据具体情况制定科学、合理的计划,是审计业务以有效的方式得以执行。一般来说,计划审计工作主要包括:在本期审计业务开始时开展的初步业务活动、制定总体审计策略、制定具体审计计划等。需要指出的是,计划审计工作不是审计业务的一个孤立阶段,而是一个持续的、不断修正的过程,贯穿于整个审计过程的始终。

三、实施风险评估程序

审计准则规定,注册会计师必须实施风险评估程序,以此作为评估财务报表层次和认定层次重大错报风险的基础。所谓风险评估程序,是指注册会计师实施的了解被审计单位及其环境并识别和评估财务报表重大错报风险的程序。风险评估程序是必要程序,了解被审计单位及其环境,特别是为注册会计师在许多关键环节做出职业判断提供了重要基础。了解被审计单位及其环境实际上是一个连续和动态地收集、更新与分析信息的过程,贯穿于整个审计过程的始终。注册会计师应当运用职业判断确定需要了解被审计单位及其环境的程度。一般来说,实施风险评估程序的主要工作包括:了解被审计单位及其环境;识别和评估财务报表层次以及各类交易、账户余额、列报认定层次的重大错报风险,包括确定需要特别考虑的重大错报风险(特别风险)以及仅通过实施实质性程序无法应对的重大错报风险等。

四、实施控制测试和实质性程序

注册会计师实施风险评估程序本身并不足以为发表审计意见提供充分、适当的审计证

第六章 审计目标

据,注册会计师还应当实施进一步审计程序,包括实施控制测试(必要时或决定测试时)和实质性程序。因此,注册会计师评估财务报表重大错报风险后,应当运用职业判断,针对评估的财务报表层次重大错报风险确定总体应对措施,并针对评估的认定层次重大错报风险设计和实施进一步审计程序,以将审计风险降至可接受的低水平。

五、完成审计工作和编制审计报告

注册会计师在完成财务报表所有循环的进一步审计程序后,还应当按照有关审计准则的规定做好审计完成阶段的工作,并根据所获取的各种证据,合理运用专业判断,形成适当的审计意见。本阶段主要工作有:审计期初余额、比较数据、期后事项和或有事项;考虑持续经营问题和获取管理层声明;汇总审计差异,并提请被审计单位调整或披露;复核审计工作底稿和财务报表;与管理层和治理层沟通;评价所有审计证据,形成审计意见;编制审计报告等。

本章练习

一、单项选择题

1. 注册会计师证实某项资产是按历史成本入账还是按公允价值入账,主要是为了证实资产的( )认定。
   A. 存在
   B. 完整性
   C. 计价和分摊
   D. 准确性

2. 注册会计师实施的下列审计程序中,能够证明固定资产存在认定的审计程序是( )。
   A. 结合固定资产清理科目,抽查固定资产账面转销额是否正确
   B. 实地检查固定资产
   C. 获取已提足折旧继续使用固定资产的相关证明文件,并做相应记录
   D. 检查借款费用资本化的计算方法和资本化金额,以及会计处理是否正确

3. 注册会计师在对上市公司的年报审计时,一般会将"发生"认定作为重点证明的认定项目是( )。
   A. 应付账款
   B. 营业收入
   C. 预收款项
   D. 预付款项

4. 注册会计师对财务报表的责任不包括( )。
   A. 相信已获取的审计证据是充分、适当的,为其发表审计意见提供了基础
   B. 评价管理层选用会计政策的恰当性和会计估计的合理性
   C. 计划和实施审计工作以对财务报表是否不存在重大错报获取有限保证
   D. 对出具的审计报告负责

5. 注册会计师发现被审计单位将2008年12月31日已经发生的一笔赊销业务收入2009年1月3日的营业收入的确凿审计证据,则与这笔业务有关的认定注册会计师最关注的是( )。

A. 分类

B. 准确性

C. 截止

D. 计价和分摊

6. 在以下有关期末存货的监盘程序中,与测试存货盘点记录的完整性不相关的是( )。

   A. 从存货盘点记录中选取项目追查至存货实物

   B. 从存货实物中选取项目追查至存货盘点记录

   C. 在存货盘点过程中关注存货的移动情况

   D. 在存货盘点结束前再次观察盘点现场

7. 在对资产存在性认定获取审计证据时,正确的测试方向是( )。

   A. 从财务报表到尚未记录的项目

   B. 从尚未记录的项目到财务报表

   C. 从会计记录到支持性证据

   D. 从支持性证据到会计记录

8. 下列实质性程序中,不能够证明长期股权投资的"计价和分摊"认定的审计程序有( )。

   A. 获取或编制长期股权投资明细表,复核加计,并与总账数和明细账合计数核对

   B. 对于长期股权投资分类发生变化的,检查其核算是否正确

   C. 结合银行借款等的检查,了解长期股权投资是否存在质押、担保情况

   D. 结合长期股权投资减值准备科目,将其与报表数核对是否相符

9. 甲公司将 2006 年度的营业收入列入 2005 年度的财务报表,则其 2005 年度财务报表中存在错误的认定是( )。

   A. 总体合理性

   B. 计价和分摊

   C. 发生

   D. 完整性

10. 为证实 Y 公司对于"销售业务的准确性"认定,注册会计师所实施的下列实质性程序中,效果可能最差的( )。

    A. 将所选择的销售业务笔数与应收账款和销售发票存根的张数进行比较

    B. 将销售发票上所列的单价与经过批准的商品价目表进行比较核对,其金额小计和合计数也要进行验算

    C. 将发票上列出的商品的规格、数量和顾客代号等则与发票凭证进行核对

    D. 将销售单上批准赊销的数量与发货凭证上列示的数量相核对,并将顾客订货单和销售单中的商品数相核对

二、多项选择题

1. 一般情况下,被审计单位舞弊行为的最终目的大都是为了获取益处或减少损失。基于这一假设,在审查下列( )财务报表时,注册会计师应将被审计单位对利润的完整性认定作为重要的认定。

   A. 按有关法规的规定,上市公司对外公布的财务报表

   B. 为了取得长期借款,应银行要求编制的财务报表

C. 按合同约定,非上市公司在分利前向股东呈送的财务报表
D. 在缴纳所得税前,计算应纳税所得额时依据的财务报表

2. 按照财务报表的审计目标,在评价财务报表是否按照适用的会计准则和相关会计制度的规定编制时,注册会计师应当考虑下列(   )内容。
   A. 选择和运用的会计政策是否符合适用的会计准则和相关会计制度,并适合于被审计单位的具体情况。
   B. 管理层做出的会计估计是否合理,确定会计估计的重大错报风险是否是特别风险,是否采取了有效的措施予以应对
   C. 财务报表反映的信息应当符合信息质量特征,具有相关性、可靠性、可比性和可理解性,财务报表的列报、结构和内容是否合理
   D. 经管理层调整后的财务报表,是否与注册会计师对被审计单位及其环境的了解一致,是否真实地反映了交易和事项的经济实质

3. 注册会计师应当根据被审计单位的具体情况确定适当的审计目标。在审查上市公司财务报表的(   )项目时,注册会计师应侧重验证"存在"认定。
   A. 固定资产
   B. 应付账款
   C. 应收账款
   D. 营业收入

4. 注册会计师在审计 XYZ 股份有限公司财务报表中的存货项目时,能根据"计价和分摊"认定推论得出的审计目标有(   )。
   A. 存货账面数量与实物数量相符,金额的计算正确
   B. 当存货成本低于可变现净值时,已调整为可变现净值
   C. 年末采购、销售截止是恰当的
   D. 存货项目余额与其各相关总账余额计数一致

5. 如果被审计单位将应记入 X 账户的业务错记在同一会计期间的 Y 账户中,则以下说法中,(   )是正确的。
   A. X 账户违反了完整性认定
   B. Y 账户违反了存在认定
   C. 被审计单位违反了分类或分类和可理解性认定
   D. 注册会计师可以通过截止测试发现

6. 注册会计师对被审计单位已发生的销货业务是否均已登记入账进行审计时,常用的控制测试程序有(   )。
   A. 检查发运凭证连续编号的完整性
   B. 检查赊销业务是否经过授权批准
   C. 检查销售发票连续编号的完整性
   D. 观察已经寄出的对账单的完整性

7. 注册会计师通过实施"检查外来账单与本单位有关账目的记录是否相符"这一审计程序,可能证实被审计单位管理层对财务报表的以下(   )认定。
   A. 存在
   B. 完整性

C. 截止

D. 计价和分摊

8. 下列实质性程序中,能够证明长期股权投资的"计价和分摊"认定的审计程序有(　　)。

　　A. 获取或编制长期股权投资明细表,复核加计,并与总账数和明细账合计数核对

　　B. 对于长期股权投资分类发生变化的,检查其核算是否正确

　　C. 结合银行借款等的检查,了解长期股权投资是否存在质押、担保情况

　　D. 结合长期股权投资减值准备科目,将其与报表数核对是否相符

9. 注册会计师应当以针对每个项目确定的具体审计目标作为(　　)的基础。

　　A. 评估重大错报风险

　　B. 形成初步的审计结论

　　C. 设计进一步审计程序

　　D. 实施进一步审计程序

三、简答题

1. 注册会计师 K 在审查 N 上市公司的财务报表时,实施了下表所列示的审计程序,请指出 K 注册会计师通过每个具体审计程序所收集到的审计证据的种类,收集该证据的审计程序的种类名称以及该证据最适宜证实的管理层认定(如果有)。请将答案直接填入下列相应栏目内。

具体审计程序	审计程序种类名称	管理层认定
检查成本明细账的日期并与相关凭证核对		
监盘库存产成品		
向有关经手人调查坏账损失的情况		
计算主要产品的毛利率		

2. 请根据认定的种类与具体审计目标的内容填列下表。

认定	各类认定的含义	具体审计目标 (注册会计师确认的事项)
发生		已记录的交易是真实的
准确性	与交易和事项有关的金额及其他数据已恰当记录	
截止	交易和事项已记录于正确的会计期间	
存在	记录的资产、负债和所有者权益是存在的	
权利和义务	记录的资产由被审计单位拥有或控制,记录的负债是被审计单位应当履行的偿还义务	
完整性	所有应当记录的资产、负债和所有者权益均已记录	
计价和分摊	资产、负债和所有者权益以恰当的金额包括在财务报表中,与之相关的计价或分摊调整已恰当记录	

参考答案及解析

一、单项选择题

1. C　2. B　3. B　4. C　5. C　6. A　7. C　8. C　9. C　10. A

二、多项选择题

1. CD　2. AB　3. AC　4. AD　5. ABC　6. AC　7. ABCD　8. ABD　9. ACD

三、简答题

1.【答案】

具体审计程序	审计程序种类名称	管理层认定
检查成本明细账的日期并与相关凭证核对	检查记录或文件	截止
监盘库存产成品	检查有形资产	存在
向有关经手人调查坏账损失的情况	询问	计价和分摊
计算主要产品的毛利率	分析程序	发生和完整性

2.【答案】

认定的种类与具体审计目标

认定	各类认定的含义	各类认定对应的具体审计目标
发生	记录的交易和事项已发生，且与被审计单位有关	已记录的交易是真实的
准确性	与交易和事项有关的金额及其他数据已恰当记录	已记录的交易是按正确金额反映的
截止	交易和事项已记录于正确的会计期间	接近于资产负债表日的交易记录于恰当的期间
存在	记录的资产、负债和所有者权益是存在的	记录的金额确实存在
权利和义务	记录的资产由被审计单位拥有或控制，记录的负债是被审计单位应当履行的偿还义务	资产归属于被审计单位，负债属于被审计单位的义务
完整性	所有应当记录的资产、负债和所有者权益均已记录	已存在的金额均已记录
计价和分摊	资产、负债和所有者权益以恰当的金额包括在财务报表中，与之相关的计价和分摊调整已恰当记录	资产、负债和所有者权益以恰当的金额包括在财务报表中，与之相关的计价和分摊调整已恰当记录

第七章 审计计划

凡事预则立、不预则废,审计工作也不例外。计划审计工作对于注册会计师顺利完成审计工作和控制审计风险具有非常重要的意义。合理的审计计划有助于注册会计师关注重点审计领域、及时发现和解决潜在问题及恰当地组织和管理审计工作,以使审计工作更加有效。同时,充分的审计计划还可以帮助注册会计师对项目组成员进行恰当分工和指导监督,并复核其工作,还有助于协调其他注册会计师和专家的工作。计划审计工作是一项持续的过程,注册会计师通常在前一期审计工作结束后即开始开展本期的审计计划工作,并直到本期审计工作结束为止。在计划审计工作时,注册会计师需要进行初步业务活动、制定总体审计策略和具体审计计划。在此过程中,需要做出很多关键决策,包括确定可接受的审计风险水平和重要性、配置项目人员等。

第一节 初步业务活动

一、初步业务活动的目的和内容

(一)初步业务活动的目的

注册会计师在计划审计工作前,需要开展初步业务活动,以实现以下三个目的:第一,确保注册会计师已具备执行业务所需要的独立性和专业胜任能力;第二,确保不存在因管理层诚信问题而影响注册会计师保持该项业务意愿的情况;第三,确保与被审计单位不存在对业务约定条款的误解。

(二)初步业务活动的内容

注册会计师在本期审计业务开始时应当开展下列初步业务活动:一是针对保持客户关系和具体审计业务实施相应的质量控制程序;二是评价遵守职业道德规范的情况,三是及时签订或修改审计业务约定书。

二、审计业务约定书

审计业务约定书是指会计师事务所与被审计单位签订的,用以记录和确认审计业务的委托与受托关系、审计目标和范围、双方的责任以及报告的格式等事项的书面协议。会计师事务所承接任何审计业务,都应与被审计单位签订审计业务约定书。

(一)审计业务约定书的基本内容

审计业务约定书的基本内容包括以下主要内容:

(1)财务报表审计的目标。

(2)管理层相关责任与义务。包括:对财务报表的责任和编制财务报表采用的会计准则和相关会计制度;为注册会计师提供必要的工作条件和协助;对其做出的与审计有关的声明予以书面确认。

(3)审计范围,包括指明在执行财务报表审计业务时遵守的中国注册会计师审计准则。

(4)执行审计工作的安排,包括出具审计报告的时间要求。

(5)审计报告格式和对审计结果的其他沟通形式。

(6)由于测试的性质和审计的其他固有限制,以及内部控制的固有局限性,不可避免地存在着某些重大错报可能仍然未被发现的风险。

(7)注册会计师不受限制地接触任何与审计有关的记录、文件和所需要的其他信息;对执业过程中获知的信息保密。

(8)审计收费,包括收费的计算基础和收费安排。

(9)违约责任和解决争议的方法。

(10)签约双方法定代表人或其授权代表的签字盖章,以及签约双方加盖的公章。

(二)审计业务约定书的特殊考虑

1.考虑特定需要

如果情况需要,注册会计师还应当考虑在审计业务约定书中列明下列内容:

(1)在某些方面对利用其他注册会计师和专家工作的安排。

(2)与审计涉及的内部审计人员和被审计单位其他员工工作的协调。

(3)预期向被审计单位提交的其他函件或报告。

(4)与治理层整体直接沟通。

(5)在首次接受审计委托时,对与前任注册会计师沟通的安排。

(6)注册会计师与被审计单位之间需要达成进一步协议的事项。

2.集团审计

如果负责集团财务报表审计的注册会计师同时负责组成部分财务报表的审计,注册会计师应当考虑下列因素,决定是否与各个组成部分单独签订审计业务约定书:

(1)组成部分是否是注册会计师的委托人。

(2)是否对组成部分单独出具审计报告。

(3)法律法规的规定。

(4)母公司、总公司或总部拥有组成部分的所有权份额。

(5)组成部分管理层的独立程度。

3.连续审计

对于连续审计,注册会计师应当考虑是否需要根据具体情况修改业务约定的条款,以及是否需要提醒被审计单位注意现有的业务约定条款。

注册会计师可以与被审计单位签订长期审计业务约定书,但如果出现下列情况,应当考虑重新签订审计业务约定书:

(1)有迹象表明被审计单位误解审计目标和范围。

(2)需要修改约定条款或增加特别条款。

(3)高级管理人员、董事会或所有权结构近期发生变动。

(4)被审计单位业务的性质或规模发生重大变化。

(5)法律法规的规定。

(6)管理层编制财务报表采用的会计准则和相关会计制度发生变化。

4.审计业务的变更

在完成审计业务前,如果被审计单位要求注册会计师将审计业务变更为保证程度较低的鉴证业务或相关服务,注册会计师应当考虑变更业务的适当性。

下列原因可能导致被审计单位要求变更业务：
（1）情况变化对审计服务的需求产生影响。
（2）对原来要求的审计业务的性质存在误解。
（3）审计范围存在限制。

上述第(1)和第(2)项通常被认为是变更业务的合理理由，但如果有迹象表明该变更要求与错误的、不完整的或者不能令人满意的信息有关，注册会计师不应认为该变更是合理的。

如果没有合理的理由，注册会计师不应同意变更业务。如果不同意变更业务，被审计单位又不允许继续执行原审计业务，注册会计师应当解除业务约定，并考虑是否有义务向被审计单位董事会或股东会等方面说明解除业务约定的理由。

第二节　总体审计策略和具体审计计划

审计计划分为总体审计策略和具体审计计划两个层次。图7.1列示了计划审计工作的两个层次。注册会计师应当针对总体审计策略中所识别的不同事项，制定具体审计计划，并考虑通过有效利用审计资源以实现审计目标。值得注意的是，虽然制定总体审计策略的过程通常在具体审计计划之前，但是两项计划具有内在紧密联系，对其中一项的决定可能会影响甚至改变对另外一项的决定。例如，注册会计师在了解被审计单位及其环境的过程中，注意到被审计单位对主要业务的处理依赖复杂的自动化信息系统，因此计算机信息系统的可靠性及有效性对其经营、管理、决策以及编制可靠的财务报告具有重大影响。对此，注册会计师可能会在具体审计计划中制定相应的审计程序，并相应调整总体审计策略的内容，做出利用信息风险管理专家的工作的决定。

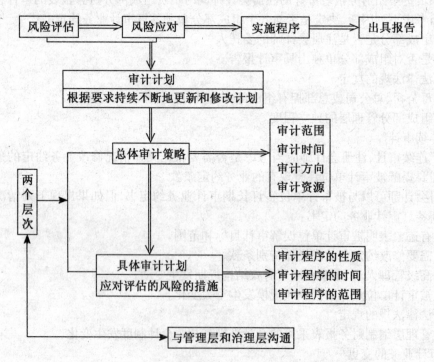

图7.1　审计计划的两个层次

一、总体审计策略

注册会计师应当为审计工作制定总体审计策略。总体审计策略用以确定审计范围、时间和方向,并指导具体审计计划的制定。在制定总体审计策略时,应当考虑以下事项。

（一）审计范围

在确定审计范围时,需要考虑下列具体事项:

(1) 编制财务报表适用的会计准则和相关会计制度。

(2) 特定行业的报告要求,如某些行业的监管部门要求提交的报告。

(3) 预期的审计工作涵盖范围,包括需审计的集团内组成部分的数量及所在地点。

(4) 母公司和集团内其他组成部分之间存在的控制关系的性质,以确定如何编制合并财务报表。

(5) 其他注册会计师参与审计集团内组成部分的范围。

(6) 需审计的业务分部性质,包括是否需要具备专门知识。

(7) 外币业务的核算方法及外币财务报表折算和合并方法。

(8) 除对合并财务报表审计之外,是否需要对组成部分的财务报表单独进行法定审计。

(9) 内部审计工作的可利用性及对内部审计工作的拟依赖程度。

(10) 被审计单位使用服务机构的情况,及注册会计师如何取得有关服务机构内部控制设计、执行和运行有效性的证据。

(11) 预期利用在以前期间审计工作中获取的审计证据的程度,如获取的与风险评估程序和控制测试相关的审计证据。

(12) 信息技术对审计程序的影响,包括数据的可获得性和预期使用计算机辅助审计技术的情况。

(13) 根据中期财务信息审阅及在审阅中所获信息对审计的影响,相应调整审计涵盖范围和时间安排。

(14) 与为被审计单位提供其他服务的会计师事务所人员讨论可能影响审计的事项。

(15) 被审计单位的人员和相关数据可利用性。

（二）报告目标、时间安排及所需沟通

为计划报告目标、时间安排和所需沟通,需要考虑下列事项:

(1) 被审计单位的财务报告时间表。

(2) 与管理层和治理层就审计工作的性质、范围和时间所举行的会议的组织工作。

(3) 与管理层和治理层讨论预期签发报告和其他沟通文件的类型及提交时间,报告和其他沟通文件,既包括书面的,也包括口头的,如审计报告、管理建议书和与治理层沟通函等。

(4) 就组成部分的报告及其他沟通文件的类型及提交时间与组成部分的注册会计师沟通。

(5) 项目组成员之间预期沟通的性质和时间安排,包括项目组会议的性质和时间安排及复核工作的时间安排。

(6) 是否需要跟第三方沟通,包括与审计相关的法律法规规定和业务约定书约定的报告责任。

(7)与管理层讨论在整个审计过程中通报审计工作进展及审计结果的预期方式。

(三)审计方向

总体审计策略的制定应当包括考虑影响审计业务的重要因素,以确定项目组工作方向,包括确定适当的重要性水平,初步识别可能存在较高的重大错报风险的领域,初步识别重要的组成部分和账户余额,评价是否需要针对内部控制的有效性获取审计证据,识别被审计单位、所处行业、财务报告要求及其他相关方面最近发生的重大变化等。

在确定审计方向时,注册会计师需要考虑下列事项:

(1)重要性方面。具体包括:为计划目的确定重要性;为组成部分确定重要性且与组成部分的注册会计师沟通;审计过程中重新考虑重要性;识别重要的组成部分和账户余额。

(2)重大错报风险较高的审计领域。

(3)评估的财务报表层次的重大错报风险对指导、监督及复核的影响。

(4)项目组人员的选择(在必要时包括项目质量控制复核人员)和工作分工,包括向重大错报风险较高的审计领域分派具备适当经验的人员。

(5)项目预算,包括考虑为重大错报风险可能较高的审计领域分配适当的工作时间。

(6)如何向项目组成员强调在收集和评价审计证据过程中保持职业怀疑必要性的方式。

(7)以往审计中对内部控制运行有效性评价的结果。包括所识别的控制缺陷的性质及应对措施。

(8)管理层重视设计和实施健全的内部控制的相关证据,包括这些内部控制得以适当记录的证据。

(9)业务交易量规模,以基于审计效率的考虑确定是否依赖内部控制。

(10)对内部制重要性的重视程度。

(11)影响被审计单位经营的重大发展变化。包括信息技术和业务流程的变化,关键管理人员变化,以及收购、兼并和分立。

(12)重大的行业发展情况。如行业法规变化和新的报告规定。

(13)会计准则及会计制度的变化。

(14)其他重大变化,如影响被审计单位的法律环境的变化。

(四)审计资源

注册会计师应当在总体审计策略中清楚地说明审计资源的规划和调配。包括确定执行审计业务所必需的审计资源的性质、时间安排和范围。

(1)向具体审计领域调配的资源,包括向高风险领域分派有适当经验的项目组成员、就复杂的问题利用专家工作等。

(2)向具体审计领域分配资源的数量,包括安排到重要存货存放地观察存货盘点的项目组成员的数量、对其他注册会计师工作的复核范围、对高风险领域安排的审计时间预算等。

(3)何时调配这些资源,包括是在期中审计阶段还是在关键的截止日期调配资源等。

(4)如何管理、指导、监督这些资源的利用,包括预期何时召开项目组预备会和总结会,预期项目负责人和经理如何进行复核,是否需要实施项目质量控制复核等。

二、具体审计计划

注册会计师应当为审计工作制定具体审计计划。具体审计计划比总体审计策略更加详细,其内容包括为获取充分、适当的审计证据以将审计风险降至可接受的低水平,项目组成员拟实施的审计程序的性质、时间安排和范围。可以说,为获取充分、适当的审计证据,而确定审计程序的性质、时间安排和范围的决策是具体审计计划的核心。具体审计计划应当包括风险评估程序、计划实施的进一步审计程序和其他审计程序。

(1)风险评估程序。风险评估程序是指注册会计师实施的、了解被审计单位及其环境并识别和评估财务报表重大错报风险的程序。

(2)计划实施的进一步审计程序。具体审计计划应当包括按照《中国注册会计师审计准则第1231号——针对评估的重大错报风险实施的程序》的规定,针对评估的认定层次的重大错报风险,注册会计师计划实施的进一步审计程序的性质、时间安排、范围。进一步审计程序包括控制测试和实质性程序。

需要强调的是,随着审计工作的推进,对审计程序的计划会一步步深入,并贯穿于整个审计过程。例如,计划风险评估程序通常在审计开始阶段进行,计划进一步审计程序则需要依据风险评估程序的结果进行。因此,为达到制定具体审计计划的要求,注册会计师需要完成风险评估程序,识别和评估重大错报风险,并针对评估的认定层次的重大错报风险,计划实施进一步审计程序的性质、时间安排和范围。

通常,注册会计师计划的进一步审计程序可以分为进一步审计程序的总体方案和拟实施的具体审计程序(包括进一步审计程序的具体性质、时间安排和范围)两个层次。进一步审计程序的总体方案主要是指注册会计师针对各类交易、账户余额和列报决定采用的总体方案(包括实质性方案或综合性方案)。具体审计程序则是对进一步审计程序的总体方案的延伸和细化,它通常包括控制测试和实质性程序的性质、时间安排和范围。在实务中,注册会计师通常单独制定一套包括这些具体程序的"进一步审计程序表",待具体实施审计程序时,注册会计师将基于所计划的具体审计程序,进一步记录所实施的审计程序及结果,并最终形成有关进一步审计程序的审计工作底稿。

另外,完整、详细的进一步审计程序的计划包括对各类交易、账户余额和列报实施的具体审计程序的性质、时间安排和范围,包括抽取的样本量等。在实务中,注册会计师可以统筹安排进一步审计程序的先后顺序,如果对某类交易、账户余额或列报已经做出计划,则可以安排先行开展工作,与此同时再制定其他交易、账户余额和列报的进一步审计程序。

(3)计划其他审计程序。具体审计计划应当包括根据审计准则的规定,注册会计师针对审计业务需要实施的其他审计程序。计划的其他审计程序可以包括上述进一步程序的计划中没有涵盖的、根据其他审计准则的要求注册会计师应当执行的既定程序。

三、审计过程中对计划的更改

计划审计工作并非审计业务的一个孤立阶段,而是一个持续的、不断修正的过程,贯穿于整个审计业务的始终。由于未预期事项、条件的变化或在实施审计程序中获取的审计证据等原因,注册会计师在必要时应当对总体审计策略和具体审计计划做出更新和修改。

审计过程可以分为不同阶段,通常前面阶段的工作结果会对后面阶段的工作计划产生一定的影响,而后面阶段的工作过程中又可能发现需要对已制定的相关计划进行相应的更新和修改。通常来讲,这些更新和修改涉及比较重要的事项。例如,对重要性水平的修改,对某类交易、账户余额和列报的重大错报风险的评估和进一步审计程序(包括总体方案和拟实施的具体审计程序)的更新和修改等。一旦计划被更新和修改,审计工作也就应当进行相应修正。

四、指导、监督与复核

注册会计师应当就对项目组成员工作的指导、监督与复核的性质、时间安排和范围制定计划。对项目组成员工作的指导、监督与复核的性质、时间安排和范围主要取决于下列因素:

(1)被审计单位的规模和复杂程度。
(2)审计领域。
(3)重大错报风险。
(4)执行审计工作的项目组成员的素质和专业胜任能力。

注册会计师应在评估重大错报风险的基础上,计划对项目组成员工作的指导、监督与复核的性质、时间安排和范围。当评估的重大错报风险增加时,注册会计师通常会扩大指导与监督的范围,增强指导与监督的及时性,执行更详细的复核工作。在计划复核的性质、时间和范围时,注册会计师还应考虑单个项目组成员的素质和专业胜任能力。

第三节 审计的重要性

审计的重要性是审计学的一个基本概念。审计的重要性概念的运用贯穿于整个审计过程。在计划审计工作时,注册会计师应当考虑导致财务报表发生重大错报的原因,并应当在了解被审计单位及其环境的基础上,确定一个可接受的重要性水平,即首先为财务报表层次确定重要性水平,以发现在金额上重大的错报。同时,注册会计师还应当评估各类交易、账户余额及列报认定层次的重要性,以便确定进一步审计程序的性质、时间安排和范围,将审计风险降至可接受的低水平。在确定审计意见类型时,注册会计师也需要考虑重要性水平。

一、重要性的含义

重要性取决于在具体环境下对错报金额和性质的判断,如果一项错报单独或连同其他错报可能影响财务报表使用者依据财务报表做出的经济决策,则该项错报是重大的。在审计开始时,就必须对重大错报的规模和性质做出一个判断,这包括制定财务报表层次的重要性水平和特定交易类别、账户余额和披露的重要性水平。当错报金额高于整体重要性水平时,就很可能对使用者根据财务报表做出的经济决策产生影响。

审计中可能存在未被发现的错报和不重大错报汇总后就变成重大错报的情况。为允许可能存在的这种情况,注册会计师应当制定一个比重要性水平更低的金额,以便评估风险和设计进一步审计程序。注册会计师使用整体重要性水平(将财务报表作为整体)的目的有：

(1)决定风险评估程序的性质、时间安排和范围。

(2)识别和评估重大错报风险。

(3)确定进一步审计程序的性质、时间安排和范围。在整个业务过程中，随着审计工作的进展，注册会计师应当根据所获得的新信息更新重要性。在形成审计结论阶段，要使用整体重要性水平和为了特定交易类别、账户余额和披露而制定的较低金额的重要性水平来评价已识别的错报对财务报表的影响和对审计报告中审计意见的影响。

为了更清楚地理解重要性的概念，需要注意把握以下几点：

(1)判断一项错报重要与否，应视其对财务报表使用者依据财务报表做出经济决策的影响程度而定。如果财务报表中的某项错报足以改变或影响财务报表使用者的相关决策，则该项错报就是重要的，否则就不重要。

(2)重要性受到错报的性质或者数量的影响，或者受到两者的共同影响。一般而言，金额大的错报比金额小的错报更重要。在有些情况下，某些金额的错报从数量上看并不重要，但从性质上考虑，则可能是重要的。对于某些财务报表披露的错报，难以从数量上判断是否重要，应从性质上考虑其是否重要。

(3)判断一个事项对财务报表使用者是否重大，是将使用者作为一个群体对共同性的财务信息的需求来考虑的。没有考虑错报对个别特定使用者可能产生的影响，因为个别特定使用者的需求可能极其不同。例如，就一个以营利为目的的企业而言，由于投资者是该企业风险资本的提供者，能满足这些投资者信息需求的财务报表也将能满足该财务报表的其他使用者的信息需求。因此，在审计这样的企业时，投资者作为一个集体的信息需求是确定重要性的合适的参考依据。

(4)重要性的确定离不开具体环境。由于不同的被审计单位面临不同的环境，不同的报表使用者有着不同的信息需求，因此注册会计师确定的重要性也不相同。某一金额的错报对某被审计单位的财务报表来说是重要的，而对另一个被审计单位的财务报表来了说可能不重要。例如，错报10万元对一个小公司来说可能是重要的，而对另一个大公司来说则可能不重要。

(5)对重要性的评估需要运用职业判断。影响重要性的因素很多，注册会计师应当根据被审计单位面临的环境，并综合考虑其他因素，合理确定重要性水平。不同的注册会计师在确定同一被审计单位财务报表层次和认定层次的重要性水平时，得出的结果可能不同。主要是因为对影响重要性的各因素的判断存在差异。因此，注册会计师需要运用职业判断来合理评估重要性。

需要注意的是，如果仅从数量角度考虑，重要性水平只是一个门槛或临界点。在该门槛或临界点之上的错报就是重要的；反之，该错报则不重要。重要性并不是财务信息的主要质量特征。

二、审计风险

在执行审计业务时，注册会计师应当考虑重要性及重要性与审计风险的关系。注册会计师审计风险是指财务报表存在重大错报而注册会计师发表不恰当审计意见的可能性。可接受的审计风险的确定，需要考虑会计师事务所对审计风险的态度、审计失败对会计师事务所可能造成损失的大小等因素。其中,审计失败对会计师事务所可能造成的损失大小又受所审计财务报表的用途、使用者的范围等因素的影响。但必须注意,审计业务是一种保证程度高的鉴证业务,可接受的审计风险应当足够低,以使注册会计师能够合理保证所审计财务报表不含有重大错报。审计风险取决于重大错报风险和检查风险。

(一)重大错报风险

重大错报风险是指财务报表在审计前存在重大错报的可能性。重大错报风险与被审计单位的风险相关,且独立存在于财务报表的审计。在设计审计程序以确定财务报表整体是否存在重大错报时,注册会计师应当从财务报表层次和各类交易、账户余额、列报认定层次方面考虑重大错报风险。《中国注册会计师审计准则第1211号——了解被审计单位及其环境并评估重大错报风险》对注册会计师如何评估财务报表层次和认定层次的重大错报风险提出了详细的要求。

1. 两个层次的重大错报风险

财务报表层次重大错报风险与财务报表整体存在广泛联系,可能影响多项认定。此类风险通常与控制环境有关,但也可能与其他因素有关,如经济萧条。此类风险难以界定于某类交易、账户余额、列报的具体认定;相反,此类风险增大了任何数目的不同认定发生重大错报的可能性,对注册会计师考虑由舞弊引起的风险特别相关。

注册会计师评估财务报表层次重大错报风险的措施包括:考虑审计项目组承担重要责任的人员的学识、技术和能力,是否需要专家介入;考虑给予业务助理人员适当程度的监督指导;考虑是否存在导致注册会计师怀疑被审计单位持续经营假设合理性的事项或情况。

注册会计师同时考虑各类交易、账户余额、列报认定层次的重大错报风险,考虑的结果直接有助于注册会计师确定认定层次上实施的进一步审计程序的性质、时间安排和范围。注册会计师在各类交易、账户余额、列报认定层次获取审计证据,以便能够在审计工作完成时,以可接受的低审计风险水平对财务报表整体发表审计意见。《中国注册会计师审计准则第1231号——针对评估的重大错报风险实施的程序》对注册会计师针对评估的认定层次重大错报风险如何设计和执行进一步的审计程序,提出了详细的要求。

2. 固有风险和控制风险

认定层次的重大错报风险又可以进一步细分为固有风险和控制风险。

固有风险是指假设不存在相关的内部控制,某一认定发生重大错报的可能性,无论该错报单独考虑,还是连同其他错报构成重大错报。

某些类别的交易、账户余额、列报及其认定,固有风险较高。例如,复杂的计算比简单计算更可能出错;受重大计量不确定性影响的会计估计发生错报的可能性较大。产生经营风险的外部因素也可能影响固有风险,比如,技术进步可能导致某项产品陈旧,进而导致存货易于发生高估错报(计价认定)。被审计单位及其环境中的某些因素还可能与多个甚至所有类别的交易、账户余额、列报有关,进而影响多个认定的固有风险。这些因素包括维持经营的流动资金匮乏、被审计单位处于夕阳行业等。

控制风险是指某项认定发生了重大错报,无论该错报单独考虑,还是连同其他错报构成重大错报,而该错报没有被企业的内部控制及时防止、发现和纠正的可能性。控制风险取决于与财务报表编制有关的内部控制的设计和运行的有效性。由于控制的固有局限性,某种程度的控制风险始终存在。

需要特别说明的是,由于固有风险和控制风险不可分割地交织在一起,有时无法单独进行评估,本教材通常不再单独提到固有风险和控制风险,而只是将这两者合并称为"重大错报风险"。但这并不意味着,注册会计师不可以单独对固有风险和控制风险进行评估。相反,注册会计师既可以对两者进行单独评估,也可以对两者进行合并评估。具体采用的评估方法取决于会计师事务所偏好的审计技术和方法及实务上的考虑。

(二) 检查风险

检查风险是指某一认定存在错报,该错报单独或连同其他错报是重大的,但注册会计师未能发现这种错报的可能性。检查风险取决于审计程序设计的合理性和执行的有效性。由于注册会计师通常并不对所有的交易、账户余额和列报进行检查,以及其他原因,检查风险不可能降低为零。其他原因包括注册会计师可能选择了不恰当的审计程序、审计过程执行不当,或者错误解读了审计结论。这些其他因素可以通过适当计划、在项目组成员之间进行恰当的职责分配、保持职业怀疑态度以及监督、指导和复核助理人员所执行的审计工作得以解决。

(三) 检查风险与重大错报风险的反向关系

在既定的审计风险水平下,可接受的检查风险水平与认定层次重大错报风险的评估结果成反向关系。评估的重大错报风险越高,可接受的检查风险越低;评估的重大错报风险越低,可接受的检查风险越高。这两种风险的关系可以用图7.2表示。检查风险与重大错报风险的反向关系用数学模型表示如下:

$$审计风险 = 重大错报风险 \times 检查风险$$

这个模型也就是审计风险模型。假设针对某一认定,注册会计师将可接受的审计风险水平设定为5%,注册会计师实施风险评估程序后将重大错报风险评估为25%,则根据这一模型,可接受的检查风险为20%。当然,实务中,注册会计师不一定用绝对数量表达这些风险水平,而选用"高""中""低"等文字描述。

注册会计师应当合理设计审计程序的性质、时间安排和范围,并有效执行审计程序,以控制检查风险。上例中,注册会计师根据确定的可接受检查风险(20%/),设计审计程序的性质、时间安排和范围。审计计划在很大程度上围绕确定审计程序的性质、时间安排和范围而展开。

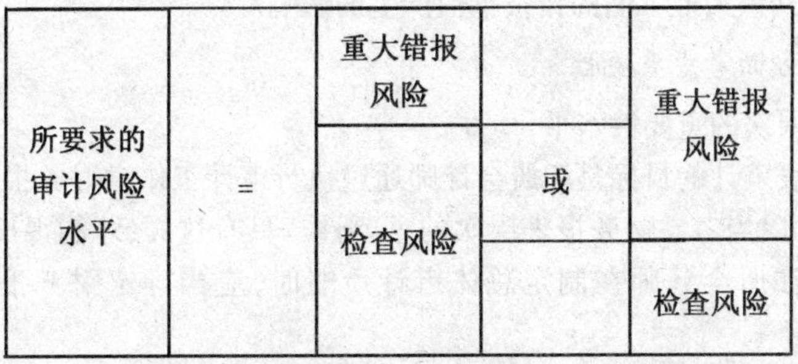

所要求的审计风险水平	=	重大错报风险	或	重大错报风险
		检查风险		检查风险

图7.2 检查风险与重大错报风险的反向关系

三、重要性水平的确定

在计划审计工作时,注册会计师应当确定一个可接受的重要性水平,以发现在金额上重大的错报。注册会计师在确定计划的重要性水平时,需要考虑对被审计单位及其环境的了解、审计的目标、财务报表各项目的性质及其相互关系、财务报表项目的金额及其波动幅度。同时,还应当从性质和数量两个方面合理确定重要性水平。

(一)从性质方面考虑重要性

在某些情况下,金额相对较少的错报可能会对财务报表产生重大影响。例如一项不重大的违法支付或者没有遵循某项法律规定,但该支付或违法行为可能导致一项重大的或有负债、重大的资产损失或者收入损失,就认为上述事项是重大的。下列描述了可能构成重要性的因素:

(1)对财务报表使用者需要的感知。他们对财务报表的哪一方面是感兴趣的。
(2)获利能力趋势。
(3)因没有遵守贷款契约、合同约定、法规条款和法定的或常规的报告要求而产生错报的影响。
(4)计算管理层报酬(奖金等)的依据。
(5)由于错误或舞弊而使一些账户项目对损失的敏感性。
(6)重大或有负债。
(7)通过一个账户处理大量的、复杂的和相同性质的个别交易。
(8)关联方交易。
(9)可能的违法行为、违约和利益冲突。
(10)财务报表项目的重要性、性质、复杂性和组成。
(11)可能包含了高度主观性的估计、分配或不确定性。
(12)管理层的偏见。管理层是否有动机将收益最大化或最小化。
(13)管理层一直不愿意纠正已报告的与财务报告相关的内部控制制度的缺陷。
(14)与账户相关联的核算与报告的复杂性。
(15)目前一个会计期间以来账户特征发生的改变(例如,新的复杂性、主观性货交易的种类)。
(16)个别极其重大但不同的错报抵消产生的影响。

(二)从数量方面考虑重要性

1.财务报表层次的重要性水平

由于财务报表审计的目标是注册会计师通过执行审计工作对财务报表发表审计意见,因此,注册会计师应当考虑财务报表层次的重要性。只有这样,才能得出财务报表是否公允反映的结论。注册会计师在制定总体审计策略时,应当确定财务报表层次的重要性水平。

确定多大错报会影响到财务报表使用者所做决策,是注册会计师运用职业判断的结果。很多注册会计师根据所在会计师事务所的惯例及自己的经验,考虑重要性水平。注册会计师通常先选择一个恰当的基准,再选用适当的百分比乘以该基准,从而得出财务报表层次的重要性水平。

在实务中,有许多汇总性财务数据可以用做确定财务报表层次重要性水平的基准,例如,总资产、净资产、销售收入、费用总额、毛利、净利润等。在选择适当的基准时,注册会计师应当考虑的因素包括:

(1)财务报表的要素(例如,资产、负债、所有者权益、收入、费用和利润等)、适用的会计准则和相关会计制度所定义的财务报表指标(例如,财务状况、经营成果和现金流量),以及适用的会计准则和相关会计制度提出的其他具体要求。

(2)对某被审计单位而言,是否存在财务报表使用者特别关注的报表项目(例如,特别关注与评价经营成果相关的信息)。

(3)被审计单位的性质及所在行业。

(4)被审计单位的规模、所有权性质以及融资方式。

(5)基准的相对不稳定性。

注册会计师对基准的选择有赖于被审计单位的性质和环境。例如,对于以营利为目的的被审计单位而言,来自经常性业务的税前利润或税后净利润可能是一个适当的基准;而对于收益不稳定的被审计单位或非营利组织来说,选择税前利润或税后净利润作为判断重要性水平的基准就不合适。对于资产管理公司来说,净资产可能是一个适当的基准。注册会计师通常选择一个相对稳定、可预测且能够反映被审计单位正常规模的基准。由于销售收入和总资产具有相对稳定性,注册会计师经常将其用作确定计划重要性水平的基准。

在确定恰当的基准后,注册会计师通常运用职业判断合理选择百分比,据以确定重要性水平。以下是一些参考数值的举例:

(1)对于以营利为目的的企业,来自经常性业务的税前利润或税后净利润的5%,或总收入的0.5%。

(2)对于非营利组织,费用总额或总收入的0.5%。

(3)对于共同基金公司,净资产的0.5%。

注册会计师执行具体审计业务时,可能认为采用比上述百分比更高或更低的比例是适当的。

此外,注册会计师在确定重要性时,通常考虑以前期间的经营成果和财务状况、本期的经营成果和财务状况、本期的预算和预测结果、被审计单位情况的重大变化(例如,重大的企业购并)以及宏观经济环境和所在行业环境发生的相关变化。例如,注册会计师在将净利润作为确定某单位重要性水平的基准时,因情况变化使该单位本年度净利润出现意外的增加或减少,注册会计师可能认为选择近几年的平均净利润作为重要性水平的基准更加合适。

2.各类交易、账户余额、列报认定层次的重要性水平

由于财务报表提供的信息由各类交易、账户余额、列报认定层次的信息汇集加工而成,注册会计师只有通过对各类交易、账户余额、列报认定实施审计,才能得出财务报表是否公允反映的结论。因此,注册会计师还应当考虑各类交易、账户余额、列报认定层次的重要性。

各类交易、账户余额、列报认定层次的重要性水平称为"可容忍错报"。可容忍错报的确定以注册会计师对财务报表层次重要性水平的初步评估为基础。它是在不导致财务报

表存在重大错报的情况下,注册会计师对各类交易、账户余额、列报确定的可接受的最大错报。

在确定各类交易、账户余额、列报认定层次的重要性水平时,注册会计师应当考虑以下主要因素:第一,各类交易、账户余额、列报的性质及错报的可能性;第二,各类交易、账户余额、列报的重要性水平与财务报表层次重要性水平的关系。由于为各类交易、账户余额、列报确定的重要性水平,即可容忍错报对审计证据数量有直接的影响,因此,注册会计师应当合理确定可容忍错报。

需要强调的是,在制定总体审计策略时,注册会计师应当对那些金额本身就低于所确定的财务报表层次重要性水平的特定项目做额外的考虑。注册会计师应当根据被审计单位的具体情况,运用职业判断,考虑是否能够合理地预计这些项目的错报将影响使用者依据财务报表做出的经济决策(如有这种情况的话)。注册会计师在做出这一判断时,应当考虑的因素包括:

(1)会计准则、法律法规是否影响财务报表使用者对特定项目计量和披露的预期(如关联方交易、管理层及治理层的报酬)。

(2)与被审计单位所处行业及其环境相关的关键性披露(如制药业的研究与开发成本)。

(3)财务报表使用者是否特别关注财务报表中单独披露的特定业务分部(如新近购买的业务)的财务业绩。

了解治理层和管理层对上述问题的看法和预期,可能有助于注册会计师根据被审计单位的具体情况做出这一判断。

(三)对计划阶段确定的重要性水平的调整

在审计执行阶段,随着审计过程的推进,注册会计师应当及时评价计划阶段确定的重要性水平是否仍然合理,并根据具体环境的变化或在审计执行过程中进一步获取的信息,修正计划的重要性水平,进而修改进一步审计程序的性质、时间安排和范围。在确定审计程序后,如果注册会计师决定接受更低的重要性水平,审计风险将增加。注册会计师应当选用下列方法将审计风险降至可接受的低水平:

(1)如有可能,通过扩大控制测试范围或实施追加的控制测试,降低评估的重大错报风险,并支持降低后的重大错报风险水平;

(2)通过修改计划实施的实质性程序的性质、时间安排和范围,降低检查风险。

(四)重要性与审计风险的关系

重要性与审计风险之间存在反向关系。重要性水平越高,审计风险越低;重要性水平越低,审计风险越高。这里所说的重要性水平高低指的是金额的大小。通常,4 000元的重要性水平比2 000元的重要性水平高。在理解两者之间的关系时,必须注意,重要性水平是注册会计师从财务报表使用者的角度进行判断的结果。如果重要性水平是4 000元,则意味着低于4 000元的错报不会影响到财务报表使用者的决策,此时注册会计师需要通过执行有关审计程序合理保证能发现高于4 000元的错报。如果重要性水平是2 000元,则金额在2 000元以上的错报就会影响财务报表使用者的决策,此时注册会计师需要通过执行有关审计程序合理保证能发现金额在2 000元以上的错报。显然,重要性水平为2 000

元时审计不出这样的重大错报的可能性即审计风险,要比重要性水平为 4 000 元时的审计风险高。审计风险越高,越要求注册会计师收集更多更有效的审计证据,以将审计风险降至可接受的低水平。因此,重要性和审计证据之间也是反向变动关系。

四、评价错报的影响

(一)尚未更正错报的汇总数

尚未更正错报的汇总数包括已经识别的具体错报和推断误差,分别说明如下:

1. 已经识别的具体错报

已经识别的具体错报是指注册会计师在审计过程中发现的,能够准确计量的错报,包括下列两类:

(1)对事实的错报。这类错报产生于被审计单位收集和处理数据的错误,对事实的忽略或误解,或故意舞弊行为。例如,注册会计师在审计测试中发现最近购入存货的实际价值为 15 000 元,但账面记录的金额却为 10 000 元。因此,存货和应付账款分别被低估了 5 000 元,这里被低估的 5 000 元就是已识别的对事实的具体错报。

(2)涉及主观决策的错报。这类错报产生于两种情况:一是管理层和注册会计师对会计估计值的判断差异。例如,由于包含在财务报表中的管理层做出的估计值超出了注册会计师确定的一个合理范围,导致出现判断差异;二是管理层和注册会计师对选择和运用会计政策的判断差异,由于注册会计师认为管理层选用会计政策造成错报,管理层却认为选用会计政策适当,导致出现判断差异。

2. 推断误差

推断误差也称"可能误差",是注册会计师对不能明确、具体识别的其他错报的最佳估计数。推断误差通常包括:

(1)通过测试样本估计出的总体的错报减去在测试中发现的已经识别的具体错报。例如,应收账款年末余额为 2 000 万元,注册会计师抽查 10% 样本发现金额有 100 万元的高估,高估部分为账面金额的 20%,据此注册会计师推断总体的错报金额为 400 万元(即 2000×20%),那么上述 100 万元就是已识别的具体错报,其余 300 万元即推断误差。

(2)通过实质性分析程序推断出的估计错报。例如,注册会计师根据客户的预算资料及行业趋势等要素,对客户年度销售费用独立做出估计,并与客户账面金额比较,发现两者间有 50% 的差异;考虑到估计的精确性有限,注册会计师根据经验认为 10% 的差异通常是可接受的,而剩余 40% 的差异需要有合理解释并取得佐证性证据;假定注册会计师对其中 10% 的差异无法得到合理解释或不能取得佐证,则该部分差异金额即为推断误差。

(二)评价尚未更正错报的汇总数的影响

注册会计师需要在出具审计报告之前,评估尚未更正错报单独或累积的影响是否重大。在评估时,注册会计师应当从特定的某类交易、账户余额及列报认定层次和财务报表层次考虑这些错报的金额和性质,以及这些错报发生的特定环境。

注册会计师应当分别考虑每项错报对相关交易、账户余额及列报的影响,包括错报是否超过之前为特定交易、账户余额及列报所设定的较之财务报表层次重要性水平更低的可容忍错报。此外,如果某项错报是(或可能是)由舞弊造成的,无论其金额大小,注册会计师均应当按照《中国注册会计师审计准则第 1141 号——财务报表审计中对舞弊的考虑》的规定,考虑其对整个财务报表审计的影响。考虑到某些错报发生的环境,即使其金额低于计划的重要性水平,注册会计师仍可能认为其单独或连同其他错报从性质上看是重大的。前已提及,可能影响注册会计师评估错报从性质上看是否重大的因素包括错报是否与违反监管要求或合同规定有关;是否掩盖了收益或其他趋势的变化;是否影响用来评价被审计单位财务状况、经营成果和现金流量的相关比率;是否会导致管理层报酬的增加;是否影响财务报表中列报的分部信息等。

注册会计师在评估未更正错报是否重大时,不仅需要考虑每项错报对财务报表的单独影响,而且需要考虑所有错报对财务报表的累积影响及其形成原因,尤其是一些金额较小的错报,虽然单个看起来并不重大,但是其累计数却可能对财务报表产生重大的影响。例如,某个月末发生的错报可能并不重要,但是如果每个月末都发生相同的错报,其累计数就有可能对财务报表产生重大影响。为全面地评价错报的影响,注册会计师应将审计过程中已识别的具体错报和推断误差进行汇总。

尚未更正错报与财务报表层次重要性水平相比,可能出现以下两种情况:

(1)尚未更正错报的汇总数低于重要性水平(并且特定项目的尚未更正错报也低于考虑其性质所设定的更低的重要性水平,下同)。如果尚未更正错报汇总数低于重要性水平,对财务报表的影响不重大,注册会计师可以发表无保留意见的审计报告。

(2)尚未更正错报的汇总数超过或接近重要性水平。如果尚未更正错报汇总数超过了重要性水平,对财务报表的影响可能是重大的,注册会计师应当考虑通过扩大审计程序的范围或要求管理层调整财务报表降低审计风险。除非错报金额非常小且性质不严重,注册会计师都应当要求管理层就已识别的错报调整财务报表。如果管理层拒绝调整财务报表,并且扩大审计程序范围的结果不能使注册会计师认为尚未更正错报的汇总数不重大,注册会计师应当考虑出具非无保留意见的审计报告。

如果已识别但尚未更正错报的汇总数接近重要性水平,注册会计师应当考虑该汇总数连同尚未发现的错报是否可能超过重要性水平,并考虑通过实施追加的审计程序,或要求管理层调整财务报表降低审计风险。

在评价审计程序结果时,注册会计师确定的重要性和审计风险,可能与计划审计工作时评估的重要性和审计风险存在差异。在这种情况下,注册会计师应当考虑实施的审计程序是否充分。

本章练习

一、单项选择题

1.注册会计师在本期审计业务开始时应当开展下列初步业务活动,下列说法不正确的是( )。

　　A.确保与被审计单位不存在对业务约定条款的误解

　　B.评价遵守职业道德规范的情况

　　C.及时签订或修改审计业务约定书

　　D.针对保持客户关系和具体审计业务实施相应的质量控制程序

2.下列内容中,不属于具体审计计划的是( )。

A. 对高风险领域安排的审计时间预算,对专家工作的利用和对其他注册会计师工作的复核范围

B. 为识别和评估财务报表重大错报风险,计划实施的风险评估程序的性质、时间安排和范围

C. 针对所有重大交易、账户余额、列报认定的重大错报风险计划实施的进一步审计程序的性质、时间安排和范围

D. 注册会计师针对审计业务需要实施的其他审计程序

3. 具体审计计划是对总体审计策略的进一步具体化。以下关于具体审计计划的各种说法中,你不认可的是(　　)。

A. 制订具体审计计划的主要目的是为了获取充分、适当的审计证据以将检查风险降至可接受的低水平

B. 具体审计计划的核心内容是审计项目组成员拟实施的审计程序的性质、时间安排和范围

C. 具体审计计划的内容包括何时召开项目组预备会和总结会,预期项目负责人和经理如何对审计工作底稿进行复核

D. 具体审计计划可以因为非预期事项、条件的变化或在实施审计程序中获取的审计证据等原因进行必要的更新和修改

4. 注册会计师应当根据审计风险及其要素与审计中其他因素的关系决定审计的导向。有关这些关系的下列论断中,不正确的是(　　)。

A. 重要性与审计风险呈反向关系,即重要性水平越低,审计风险就越高;反之,重要性水平越高,审计风险就越低

B. 账户余额或交易错报、漏报的可能性越高,其固有风险与控制风险的综合水平就越高

C. 账户余额或交易错报、漏报的可能性越高,其相应的重要性水平就越低,这样可以提高审计的效率

D. 对于不重要的财务报表项目,其错报、漏报的可能性越高,相应的重要性水平就可能越高,以便降低成本

5. 审计风险是指财务报表存在重大错报而注册会计师发表不恰当审计意见的可能性,可接受审计风险是会计师事务所确定的审计风险的最高上限。以下关于可接受审计风险的说法中,你不能认可的是(　　)。

A. 可接受审计风险取决于重大错报风险和检查风险

B. 可接受的审计风险的确定,需要考虑会计师事务所对审计风险的态度、审计失败对会计师事务所可能造成损失的大小

C. 审计失败对会计师事务所可能造成的损失大小又受所审计财务报表的用途、使用者的范围等因素的影响

D. 可接受的审计风险应当足够低,以使注册会计师能够合理保证所审计财务报表不含有重大错报

6. 关于审计风险模型中其各要素的下列说法中,不正确的是(　　)。

A. 审计风险是预先设定的

B. 重大错报风险是评估的

C. 审计风险是注册会计师审计前面临的

D. 检查风险是注册会计师通过实施实质性程序控制的

7. 当可接受的检查风险降低时，T 注册会计师可能采取的措施是（   ）。
   A. 缩小实质性程序的范围
   B. 将计划实施实质性程序的时间从期中移至期末
   C. 降低评估的重大错报风险
   D. 消除固有风险

8. 在审计风险模型中，"重大错报风险"是指（   ）。
   A. 评估的财务报表层次的重大错报风险
   B. 评估的认定层次的重大错报风险
   C. 评估的与控制环境相关的重大错报风险
   D. 评估的与财务报表存在广泛联系的重大错报风险

9. 注册会计师可以根据被审计单位的性质和环境来具体确定重要性的基准。以下说法中，你不认同的是（   ）。
   A. 对于以营利为目的的被审计单位而言，来自经常性业务的税前利润或税后净利润可能是一个适当的基准
   B. 而对于收益不稳定的被审计单位或非营利组织来说，选择费用作为判断重要性水平的基准可能比较合适
   C. 由于销售收入和总资产具有相对稳定性，注册会计师经常将其用作确定计划重要性水平的基准
   D. 对于资产管理公司来说，资产可能是一个适当的基准

10. 注册会计师应当根据被审计单位的具体情况，运用职业判断，考虑是否能够合理地预计这些项目的错报将影响使用者依据财务报表做出的经济决策（如有这种情况的话）。注册会计师在做出这一判断时，应当考虑的因素不包括（   ）。
    A. 会计准则、法律法规是否影响财务报表使用者对特定项目计量和披露的预期（如关联方交易、管理层及治理层的报酬）
    B. 与被审计单位所处行业及其环境相关的关键性披露（如制药业的研究与开发成本）
    C. 财务报表使用者是否特别关注财务报表中单独披露的特定业务分部（如新近购买的业务）的财务业绩
    D. 会计准则、法律法规是否影响被审计单位对特定项目计量和披露的预期

11. W 注册会计师在对财务报表进行分析后，确定资产负债表的重要性水平为 300 万元，利润表的重要性水平为 200 万元，则 W 注册会计师应确定的财务报表层次重要性水平为（   ）。
    A. 100 万元
    B. 150 万元
    C. 200 万元
    D. 300 万元

二、多项选择题

1. 注册会计师应当在下列环节开展初步业务活动（   ）。
   A. 针对保持客户关系和具体审计业务实施相应的质量控制程序

B. 了解被审计单位及其环境评估重大错报风险

C. 评价遵守职业道德规范的情况

D. 及时签订或修改审计业务约定书

2. 具体审计计划包括的内容有(　　)。

   A. 风险评估程序

   B. 审计范围、时间和方向

   C. 计划实施的进一步审计程序

   D. 计划其他审计程序

3. R注册会计师在签约前已经了解到客户Y公司前期可能存在收入的虚假确认问题。根据Y公司的特点,审计计划的下列各项内容中,R注册会计师无须修改的有(　　)。

   A. 在初步评估审计风险前,将Y公司的销售和收款循环列为重点审计领域

   B. 在进行存货监盘前,与Y公司讨论存货盘点计划和存货监盘计划,以提高监盘效率

   C. 在对应收账款函证前,向Y公司索取债务人联系方式,以便尽早实施函证

   D. 在外勤工作开始前,提请Y公司安排财务人员及其他相关人员做好审计配合工作

4. 注册会计师应当就对项目组成员工作的指导、监督与复核的性质、时间安排和范围制定计划。对项目组成员的指导、监督与复核的性质、时间安排和范围主要取决于下列因素(　　)。

   A. 被审计单位的规模和复杂程度

   B. 审计领域

   C. 重大错报风险

   D. 执行审计工作的项目组成员的素质和专业胜任能力

5. 对重要性的评估需要运用职业判断。在运用职业判断时,注册会计师能够合理地假定使用者(　　)。

   A. 对经营、经济活动和会计有合理的知识,并愿意以合理的勤勉研究财务报表中的信息

   B. 理解财务报表是根据重要性水平编制和审计的

   C. 承认根据所使用的估计、判断和对未来事项的考虑所计量的金额存在固有的不确定性

   D. 依据财务报表的信息做出合理的经济决策

6. 在实务中,有许多汇总性财务数据可以用做确定财务报表层次重要性水平的基准,在选择适当的基准时,注册会计师应当考虑的因素包括(　　)。

   A. 财务报表的要素,以及适用的会计准则和相关会计制度提出的其他具体要求

   B. 对某被审计单位而言,是否存在财务报表使用者特别关注的财务报表项目

   C. 被审计单位的性质及所在行业、基准的相对不稳定性

   D. 被审计单位的规模、所有权性质以及融资方式

7. 注册会计师在审查丙公司20×8年度财务报表的无形资产项目时,其以下的(　　)行为将导致本项目的审计风险上升。

   A. 将本项目的可容忍误差由原先确定的50万元提高到60万元

   B. 将本项目的控制风险由原先评估的20%提高到40%

   C. 将本项目所获取的审计证据数量由计划的30件提高到35件

   D. 将本项目的固有风险由原先评估的20%提高到现在的30%

8. 检查风险属于审计风险的要素之一。在以下有关检查风险的说法中,你认为正确的有( )。
   A. 注册会计师只能通过检查风险控制审计风险
   B. 重大错报风险的水平,决定了可接受的检查风险水平
   C. 可接受的检查风险水平影响了实质性程序的性质、时间安排和范围
   D. 注册会计师能否将重要账户的检查风险降低至可接受水平,将影响审计意见的类型

9. 注册会计师在确定审计程序后,如果注册会计师决定接受更低的重要性水平,审计风险将增加,注册会计师应当选用下列方法( )将审计风险降至可接受的低水平。
   A. 如有可能,通过扩大控制测试范围,降低评估的重大错报风险,并支持降低后的重大错报风险水平
   B. 如有可能,实施追加的控制测试,降低评估的重大错报风险,并支持降低后的重大错报风险水平
   C. 通过修改计划实施的实质性程序的性质、时间安排和范围,降低检查风险
   D. 更多依赖实质性分析程序提高审计程序的有效性

10. N公司2008年度未审资产总额为10 000万元,利润总额为400万元。注册会计师确定的N公司2008年度财务报表层次的重要性水平为100万元。在审计中发现的大部分错报都是通过高估资产或低估成本费用来虚增利润,这部分错报,导致对利润的高估金额为50万元,N公司只同意调整其中的10万元。注册会计师按照95%的可信赖程度运用变量抽样推断的通过高估资产而高估利润的错报金额为40万元,利用分析程序估计的通过低估直接材料成本而高估利润的错报金额为30万元。注册会计师正在基于这些结果考虑将要采取的进一步措施或程序。以下说法中正确的有( )。
    A. 注册会计师确定错报对财务报表的影响时应主要考虑对利润总额的影响
    B. 如N公司不做进一步调整,注册会计师可以根据现有结果出具审计报告
    C. 注册会计师应当扩大审计程序,将推断的错报查明,进而考虑对财务报表的影响
    D. 如果扩大审计程序后进一步查明了20万元错报,则应当追加其他审计程序

三、简答题

1. H会计师事务所的注册会计师A和B接受指派,审计X股份有限公司(以下简称X公司)2008年度财务报表。现正在编制审计计划。

   资料一:根据X公司的具体情况和审计质量控制的要求,H会计师事务所要求A和B注册会计师将X公司财务报表审计业务的可接受审计风险水平控制在5%的水平上。按H会计师事务所的业务指导手册,规定10%(含)以下的风险水平为低水平,10%~40%(含)的风险水平为中等水平,超过40%的风险水平为高水平。

   资料二:在编制具体审计计划时,为确定财务报表各主要项目的实质性程序,A和B注册会计师根据风险评估和控制测试结果,分别确定了各类交易、余额的固有风险和控制风险水平。下表列示了其中五个账户的情况。

风险要素	应收票据	应收账款	固定资产	存货	短期借款
固有风险	难以确定	20%	30%	30%	80%
控制风险	6%	25%	90%	40%	90%

【要求】

(1) 简要说明重要性水平与可接受的审计风险水平以及重要性水平与所需审计证据数量之间的关系。

(2) 针对资料一及二,请代 A 和 B 注册会计师确定表中所列的财务报表各项目的可接受审计风险水平和重大错报风险水平,并简要说明理由。

(3) 运用审计风险模型公式,计算表中所列各项目的可接受检查风险水平,列示计算过程,计算结果保留小数点后 1 位。

(4) 根据以上风险评估结果,请代 A 和 B 注册会计师确定所列各项目实质性程序的性质、时间安排和范围。其中,对于实质性程序的性质,请写明程序的具体名称(如实质性分析、计算、观察等);对于实施程序的时间,请写明是否可以在报表日前、报表日或报表日后;对于实质性程序的范围,按较大、较小或适中填写。

报表项目	主要实质性程序的性质	实质性程序的时间	实质性程序的范围
应收票据			
应收账款			
固定资产			
存货			
短期借款			

2. 简述注册会计师尚未更正错报的汇总数对审计程序或审计意见的影响。

参考答案

一、单项选择题

1. A 2. A 3. C 4. C 5. A 6. C 7. B 8. B 9. D 10. D 11. C

二、多项选择题

1. ACD 2. ACD 3. ACD 4. ABCD 5. ABCD 6. ABCD 7. BD 8. ABCD 9. ABC
10. AC

三、简答题

1. (1) 在审计证据一定的条件下,重要性水平与可接受审计风险水平成反向关系:重要性水平越高,可接受审计风险水平越低;重要性水平越低,可接受审计风险水平越高;在可接受审计风险水平一定的条件下,重要性水平与所需审计证据的数量之间成反向关系:重要性水平越低,所需的审计证据越多;重要性水平越高,所需的审计证据越少。

(2) 各项目的可接受审计风险水平均与财务报表层的审计风险水平一致,均为 5%。重大错报风险水平等于固有风险与控制风险的乘积。当固有风险未知时,基于谨慎性,应当视为 100%。据此得到应收票据、应收账款、固定资产、存货、短期借款的重大错报风险依次为 6%、5%、27%、12% 和 72%。

(3) 根据审计风险模型,各项目的可接受检查风险 = 可接受的审计风险 ÷ 重大错报风险,相应地,各项目的可接受检查风险分别为:

应收票据项目的可接受检查风险 = 5% ÷ 6% = 83.3% (高水平)

应收账款项目的可接受检查风险 = 5% ÷ 5% = 100% (高水平) 固定资产项目的可接

受检查风险 = 5% ÷ 27% = 18.5%（中等水平）

　　　　存货项目的可接受检查风险 = 5% ÷ 12% = 41.7%（高水平）

　　　　短期借款项目的可接受检查风险 = 5% ÷ 72% = 6.9%（较低水平）

（4）实质性程序的性质、时间安排和所需证据的数量如下：

报表项目	主要实质性程序的性质	实质性程序的时间	实质性程序的范围
应收票据	实质性分析、监盘	可以在报表日前	较小
应收账款	实质性分析、函证、检查	可以在报表日前	较小
固定资产	实质性分析、观察、检查、计算	报表日、日前、日后	适中
存货	实质性分析、监盘、计价	可以在报表日前	较小
短期借款	检查书面文件、重新计算、函证	报表日后	较大

2. 注册会计师在出具审计报告之前，评估尚未更正错报单独或累积的影响是否重大。具体地说：

（1）如果尚未更正错报汇总数低于重要性水平，对财务报表的影响不重大，注册会计师可以发表无保留意见的审计报告。

（2）如果尚未更正错报汇总数超过了重要性水平，对财务报表的影响可能是重大的，注册会计师应当考虑通过扩大审计程序的范围或要求管理层调整财务报表降低审计风险；除非错报金额非常小且性质不严重，注册会计师都应当要求管理层就已识别的错报调整财务报表；如果管理层拒绝调整财务报表，并且扩大审计程序范围的结果不能使注册会计师认为尚未更正错报的汇总数不重大，注册会计师应当考虑出具非无保留意见的审计报告；

（3）如果已识别但尚未更正错报的汇总数接近重要性水平，注册会计师应当考虑该汇总数连同尚未发现的错报是否可能超过重要性水平，并考虑通过实施追加的审计程序，或要求管理层调整财务报表降低审计风险。

第八章 审计证据

注册会计师应当获取充分、适当的审计证据,以得出合理的审计结论,作为形成审计意见的基础。因此,注册会计师需要确定什么构成审计证据,如何获取审计证据,如何确定已收集的证据是否充分适当,收集的审计证据如何支持审计意见。上述构成了注册会计师审计工作的基本要求。

第一节 审计证据的性质

一、审计证据的含义

审计证据是指注册会计师为了得出审计结论、形成审计意见而使用的所有信息,包括财务报表依据的会计记录中含有的信息和其他信息。注册会计师必须在每项审计工作中获取充分、适当的审计证据,以满足发表审计意见的要求。

(一)会计记录中含有的信息

依据会计记录编制财务报表是被审计单位管理层的责任,注册会计师应当测试会计记录以获取审计证据。会计记录主要包括原始凭证、记账凭证、总分类账和明细分类账、未在记账凭证中反映的对财务报表的其他调整,以及支持成本分配、计算、调节和披露的手工计算表和电子数据表。上述会计记录是编制财务报表的基础,构成注册会计师执行财务报表审计业务所需获取的审计证据的重要部分。这些会计记录通常是电子数据,因而要求注册会计师对内部控制予以充分关注,以获取这些记录的真实性、准确性和完整性。进一步说,电子形式的会计记录可能只在特定时间获取,如果不存在备份文件,特定期间之后有可能无法再获取这些记录。

会计记录取决于相关交易的性质,它既包括被审计单位内部生成的手工或电子形式的凭证,也包括从与被审计单位进行交易的其他企业收到的凭证。除此之外,会计记录还可能包括:

(1)销售发运单和发票、顾客对账单以及顾客的汇款通知单。
(2)附有验货单的订购单、购货发票和对账单。
(3)考勤卡和其他工时记录、工薪单、个别支付记录和人事档案。
(4)支票存根、电子转移支付记录(EFTS)、银行存款单和银行对账单。
(5)合同记录,例如,租赁合同和分期付款销售协议。
(6)记账凭证。
(7)分类账账户调节表。

将这些会计记录作为审计证据时,其来源和被审计单位内部控制的相关强度(对内部生成的证据而言)都会影响注册会计师对这些原始凭证的信赖程度。

(二)其他信息

会计记录中含有的信息本身并不足以提供充分的审计证据作为对财务报表发表审计意见的基础,注册会计师还应当获取用做审计证据的其他信息。可用作审计证据的其他信息包括注册会计师从被审计单位内部或外部获取的会计记录以外的信息,如被审计单位会议记录、内部控制手册、询证函的回函、分析师的报告、与竞争者的比较数据等;通过询问、观察和检查等审计程序获取的信息,如通过检查存货获取存货存在性的证据等;以及自身编制或获取的可以通过合理推断得出结论的信息,如注册会计师编制的各种计算表、分析表等。

财务报表依据的会计记录中包含的信息和其他信息共同构成了审计证据,两者缺一不可。如果没有前者,审计工作将无法进行;如果没有后者,可能无法识别重大错报风险。只有将两者结合在一起。才能将审计风险降至可接受的低水平,为注册会计师发表审计意见提供合理基础。

必要审计证据的性质与范围取决于注册会计师对何种证据与实现审计目标相关做出的职业判断。这种判断受到重要性评估水平、与特定认定相关的审计风险、总体规模以及影响账户余额的各类经常性或非经常性交易的影响。

二、审计证据的充分性与适当性

受到成本的约束,注册会计师不可能检查和评价所有可能获取的证据。因此,注册会计师应当保持职业怀疑态度,运用职业判断,评价审计证据的充分性和适当性。

(一)审计证据的充分性

审计证据的充分性是对审计证据数量的衡量,主要与注册会计师确定的样本量有关。例如,对某个审计项目实施某一选定的审计程序,从 200 个样本中获得的证据要比从 100 个样本中获得的证据更充分。获取的审计证据应当充分,足以将与每个重要认定相关的审计风险限制在可接受的水平。

注册会计师需要获取的审计证据的数量受错报风险的影响,并受到错报发生的可能性以及记录金额的重要性的影响。注册会计师通常从复核内部控制、控制测试和分析性复核获得一些保证。之后,注册会计师需要确定进一步实质性细节证据的性质和范围,以便将审计风险限制在可接受的水平。当被审计单位的重要性限制被设在 20 000 元而不是 50 000 元时,注册会计师需要更多的审计证据。同样,重要账户余额或交易被发现包含一定数量错报(例如,由于定价错误,销售和应收账款账户被高估)时,需要比那些关于错报和舞弊较低风险和没有发现错误账户(例如,资本公积和宣告发放的股利)更多的实质性证据。因此,错报风险越大,需要的审计证据可能越多。具体来说,在可接受的审计风险水平一定的情况下,重大错报风险越大,注册会计师就应实施越多的测试工作,将检查风险降至可接受水平,以将审计风险控制在可接受的低水平范围内。

例如,注册会计师对某电脑公司进行审计,经过分析认为,受被审计单位行业性质的影响,存货陈旧的可能性相当高,存货计价的错报可能性就比较大。为此,注册会计师在审计中,就要选取更多的存货样本进行测试,以确定存货陈旧的程度,从而确认存货的价值是否被高估。

（二）审计证据的适当性

审计证据的适当性是对审计证据质量的衡量,即审计证据在支持各类交易、账户余额、列报的相关认定,或发现其中存在错报方面具有相关性和可靠性。相关性和可靠性是审计证据适当性的核心内容,只有相关且可靠的审计证据才是高质量的。

1.审计证据的相关性

审计证据要有证明力,必须与注册会计师的审计目标相关。例如,注册会计师在审计过程中怀疑被审计单位发出存货却没有给顾客开具发票,需要确认销售是否完整。注册会计师应当从发货单中选取样本,追查与每张发货单相应的销售发票副本,以确定是否每张发货单均已开具发票。如果注册会计师从销售发票副本中选取样本,并追查至与每张发票相应的发货单,由此所获得的证据与完整性目标就不相关。

审计证据是否相关必须结合具体审计目标来考虑。在确定审计证据的相关性时,注册会计师应当考虑:

（1）特定的审计程序可能只为某些认定提供相关的审计证据,而与其他认定无关。例如,检查期后应收账款收回的记录和文件可以提供有关存在和计价的审计证据,但不一定与期末截止是否适当相关。

（2）针对同一项认定可以从不同来源获取审计证据或获取不同性质的审计证据。例如,注册会计师可以分析应收账款的账龄和应收账款的期后收款情况,以获取与坏账准备计价有关的审计证据。

（3）只与特定认定相关的审计证据并不能替代与其他认定相关的审计证据。例如,有关存货实物存在的审计证据并不能够替代与存货计价相关的审计证据。

2.审计证据的可靠性

审计证据的可靠性是指证据的可信程度。例如,注册会计师亲自检查存货所获得的证据,就比被审计单位管理层提供给注册会计师的存货数据更可靠。

审计证据的可靠性受其来源和性质的影响,并取决于获取审计证据的具体环境。注册会计师在判断审计证据的可靠性时,通常会考虑下列原则:

（1）从外部独立来源获取的审计证据比从其他来源获取的审计证据更可靠。从外部独立来源获取的审计证据未经被审计单位有关职员之手,从而减少了伪造、更改凭证或业务记录的可能性,因而其证明力最强。此类证据如银行询证函回函、应收账款询证函回函、保险公司等机构出具的证明等。

（2）内部控制有效时,内部生成的审计证据比内部控制薄弱时内部生成的审计证据更可靠。如果被审计单位有着健全的内部控制且在日常管理中得到一贯的执行,会计记录的可信赖程度将会增加。如果被审计单位的内部控制薄弱,甚至不存在任何内部控制,被审计单位内部凭证记录的可靠性就大为降低。

（3）直接获取的审计证据比间接获取或推论得出的审计证据更可靠。例如,注册会计师观察某项内部控制的运行得到的证据比询问被审计单位某项内部控制的运行得到的证据更可靠。间接获取的证据有被涂改及伪造的可能性,降低了可信赖程度。推论得出的审计证据,其主观性较强,人为因素较多,可信赖程度也受到影响。

（4）以文件、记录形式（无论是纸质、电子或其他介质）存在的审计证据比口头形式的审计证据更可靠。例如,会议的同步书面记录比对讨论事项事后的口头表述更可靠。口头证据本身并不足以证明事实的真相,仅仅提供一些重要线索,为进一步调查确认所用。在一般情况下,口头证据往往需要得到其他相应证据的支持。

(5)从原件获取的审计证据比从传真件或复印件获取的审计证据更可靠。注册会计师可审查原件是否有被涂改或伪造的迹象,排除伪证,提高证据的可信赖程度。而传真件或复印件容易是变造或伪造的结果,可靠性较低。

注册会计师在按照上述原则评价审计证据的可靠性时,还应当注意可能出现的重要例外情况。例如,审计证据虽然是从独立的外部来源获得,但如果该证据是由不知情者或不具备资格者提供,审计证据也可能是不可靠的。同样,如果注册会计师不具备评价证据的专业能力,那么即使是直接获取的证据,也可能不可靠。

3. 充分性和适当性之间的关系

充分性和适当性是审计证据的两个重要特征,两者缺一不可,只有充分且适当的审计证据才是有证明力的。

注册会计师需要获取的审计证据的数量也受审计证据质量的影响。审计证据质量越高,需要的审计证据数量可能越少。也就是说,审计证据的适当性会影响审计证据的充分性。例如,被审计单位内部控制健全时生成的审计证据更可靠,注册会计师只需获取适量的审计证据,就可以为发表审计意见提供合理的基础。

需要注意的是,尽管审计证据的充分性和适当性相关,但如果审计证据的质量存在缺陷,那么注册会计师仅靠获取更多的审计证据可能无法弥补其质量上的缺陷。例如,注册会计师应当获取与销售收入完整性相关的证据,实际获取到的却是有关销售收入真实性的证据,审计证据与完整性目标不相关,即使获取的证据再多,也证明不了收入的完整性。同样,如果注册会计师获取的证据不可靠,那么证据数量再多也难以起到证明作用。

4. 评价充分性和适当性时的特殊考虑

(1)对文件记录可靠性的考虑。审计工作通常不涉及鉴定文件记录的真伪,注册会计师也不是鉴定文件记录真伪的专家,但应当考虑用做审计证据的信息的可靠性,并考虑与这些信息生成和维护相关控制的有效性。

如果在审计过程中识别出的情况使其认为文件记录可能是伪造的,或文件记录中的某些条款已发生变动,注册会计师应当做出进一步调查,包括直接向第三方询证,或考虑利用专家的工作以评价文件记录的真伪。例如,如发现某银行询证函回函有伪造或篡改的迹象,注册会计师应当作进一步的调查,并考虑是否存在舞弊的可能性。必要时,应当通过适当方式聘请专家予以鉴定。

(2)使用被审计单位生成信息时的考虑。如果在实施审计程序时使用被审计单位生成的信息,注册会计师应当就这些信息的准确性和完整性获取审计证据。例如,在审计收入项目时,注册会计师应当考虑价格信息的准确性以及销售量数据的完整性和准确性。在某些情况下,注册会计师可能需要确定实施额外的审计程序,如利用计算机辅助审计技术(CAATS)来重新计算这些信息,测试与信息生成有关的控制等。

(3)证据相互矛盾时的考虑。如果针对某项认定从不同来源获取的审计证据或获取的不同性质的审计证据能够相互印证,与该项认定相关的审计证据则具有更强的说服力。例如,注册会计师通过检查委托加工协议发现被审计单位有委托加工材料,且委托加工材料占存货比重较大,经发函询证后证实委托加工材料确实存在。委托加工协议和询证函回函这两个不同来源的审计证据互相印证,证明委托加工材料真实存在。

如果从不同来源获取的审计证据或获取的不同性质的审计证据不一致,表明某项审计证据可能不可靠,注册会计师应当追加必要的审计程序。上例中,如果注册会计师发函询证后证实委托加工材料已加工完成并返回被审计单位,委托加工协议和询证函回函这两个不同来源的证据不一致,委托加工材料是否真实存在受到质疑。这时,注册会计师应追加审计程序,确认委托加工材料收回后是否未入库或被审计单位收回后予以销售而未入账。

(4)获取审计证据时对成本的考虑。注册会计师可以考虑获取审计证据的成本与所获取信息的有用性之间的关系,但不应以获取审计证据的困难和成本为由减少不可替代的审计程序。

在保证获取充分、适当的审计证据的前提下,控制审计成本也是会计师事务所增强竞争能力和获利能力所必需的。但为了保证得出的审计结论、形成的审计意见是恰当的,注册会计师不应将获取审计证据的成本高低和难易程度作为减少不可替代的审计程序的理由。例如,在某些情况下,存货监盘是证实存货存在性认定的不可替代的审计程序,注册会计师在审计中不得以检查成本高和难以实施为由而不执行该程序。

第二节 获取审计证据的审计程序

一、审计程序的作用

审计程序是指注册会计师在审计过程中的某个时间,对将要获取的某类审计证据如何进行收集的详细指令。注册会计师面临的主要决策之一,就是通过实施审计程序,获取充分、适当的审计证据,以满足对财务报表发表意见。

注册会计师利用审计程序获取审计证据涉及以下四个方面的决策:一是选用何种审计程序;二是对选定的审计程序,应当选取多大的样本规模;三是应当从总体中选取哪些项目;四是何时执行这些程序。

二、审计程序的种类

在审计过程中,注册会计师可根据需要单独或综合运用以下审计程序,以获取充分、适当的审计证据。

(一)检查记录或文件

检查记录或文件是指注册会计师对被审计单位内部或外部生成的,以纸质、电子或其他介质形式存在的记录或文件进行审查。

检查记录或文件的目的是对财务报表所包含或应包含的信息进行验证。例如,被审计单位通常对每一笔销售交易都保留一份客户订购单、一张发货单和一份销售发票副本。这些凭证对于注册会计师验证被审计单位记录的销售交易的正确性是有用的证据。

(二)检查有形资产

检查有形资产是指注册会计师对资产实物进行审查。检查有形资产程序主要适用于存货和现金,也适用于有价证券、应收票据和固定资产等。

检查有形资产可为其存在性提供可靠的审计证据,但不一定能够为权利和义务或计价认定提供可靠的审计证据。在某些情况下,它还是评价资产状况和质量的一种有用方法。但是,要验证存在的资产确实为客户所拥有,仅靠检查实物证据是不够的,并且在许多情况下,注册会计师也没有能力准确判断资产的质量状况。

(三)观察

观察是指注册会计师查看相关人员正在从事的活动或执行的程序。例如,对客户执行的存货盘点或控制活动进行观察。

观察提供的审计证据仅限于观察发生的时点,并且在相关人员已知被观察时,相关人员从事活动或执行程序可能与日常的做法不同,从而会影响注册会计师对真实情况的了解。因此,注册会计师有必要获取其他类型的佐证证据。

(四)询问

询问是指注册会计师以书面或口头方式,向被审计单位内部或外部的知情人员获取财务信息和非财务信息,并对答复进行评价的过程。

知情人员对询问的答复可能为注册会计师提供尚未获悉的信息或佐证证据,也可能提供与已获悉信息存在重大差异的信息,注册会计师应当根据询问结果考虑修改审计程序或实施追加的审计程序。询问本身不足以发现认定层次存在的重大错报,也不足以测试内部控制运行的有效性,注册会计师还应当实施其他审计程序以获取充分、适当的审计证据。

(五)函证

函证是指注册会计师为了获取影响财务报表或相关披露认定的项目的信息,通过直接来自第三方的对有关信息和现存状况的声明,获取和评价审计证据的过程。例如,对应收账款余额或银行存款的函证。

通过函证获取的证据可靠性较高,因此,函证是受到高度重视并经常被使用的一种重要程序。

(六)重新计算

重新计算是指注册会计师以人工方式或使用计算机辅助审计技术,对记录或文件中的数据计算的准确性进行核对。重新计算通常包括计算销售发票和存货的总金额、加总日记账和明细账、检查折旧费用和预付费用的计算、检查应纳税额的计算等。

(七)重新执行

重新执行是指注册会计师以人工方式或使用计算机辅助审计技术,重新独立执行作为被审计单位内部控制组成部分的程序或控制。例如,注册会计师利用被审计单位的银行存款日记账和银行对账单,重新编制银行存款余额调节表,并与被审计单位编制的银行存款余额调节表进行比较。

(八)分析程序

分析程序是指注册会计师通过研究不同财务数据之间以及财务数据与非财务数据之间的内在关系,对财务信息做出评价。分析程序还包括调查识别出的、与其他相关信息不一致或与预期数据严重偏离的波动和关系。它也称为分析性程序或分析性审计程序,是确定审计重点,获取审计证据和支持审计结论的一种审计方法。

上述审计程序单独或组合起来,可用做风险评估程序、控制测试和实质性程序。

第三节　函证

一、函证决策

注册会计师应当确定是否有必要实施函证以获取认定层次充分、适当的审计证据。在做出决策时,注册会计师应当考虑以下三个因素。

（一）评估的认定层次重大错报风险

评估的认定层次重大错报风险水平越高,注册会计师对通过实质性程序获取的审计证据的相关性和可靠性的要求越高。因此,随着评估的认定层次重大错报风险的增加,注册会计师就要设计实质性程序获取更加相关和可靠的审计证据,或者更具说服力的审计证据。在这种情况下,函证程序的运用对于提供充分、适当的审计证据可能是有效的。

评估的认定层次重大错报风险水平越低,注册会计师需要从实质性程序中获取的审计证据的相关性和可靠性的要求越低。例如,被审计单位可能有一笔正在按照商定还款计划时间表偿还的银行借款,假设注册会计师在以前年度已对其条款进行了函证。如果注册会计师实施的其他工作（包括必要时进行的控制测试）表明借款的条款没有改变,并且这些工作使得未偿还借款余额发生重大错报风险被评估为低水平时,注册会计师实施的实质性程序可能只限于测试还款的详细情况,而不必再次向债权人直接函证这笔借款的余额和条款。

如果认为某项风险属于特别风险,注册会计师需要考虑是否通过函证特定事项以降低检查风险。例如,与简单的交易相比,异常或复杂的交易可能导致更高的错报风险。如果被审计单位从事了异常的或复杂的容易导致较高重大错报风险的交易,除检查被审计单位持有的文件凭证外,注册会计师可能还需考虑是否向交易对方函证交易的真实性和详细条款。

（二）函证程序所审计的认定

函证可以为这些认定提供审计证据,但是对不同的认定,函证的证明力是不同的。在受托代销时,函证可能为存在性和权利与义务认定提供相关可靠的审计证据,但是不能为计价认定提供证据。

对特定认定函证的相关性受注册会计师选择函证信息目标的影响。例如,在审计应付账款完整性认定时,注册会计师需要获取没有重大未记录负债的证据。同时,向被审计单位主要供应商函证,即使记录显示应付金额为零,相对于选择大金额的应付账款进行函证,这在检查未记录负债方面通常更有效。

（三）实施其他审计程序获取的审计证据如何将检查风险降至可接受的水平

针对同一项认定可以从不同来源获取审计证据或获取不同性质的审计证据。这里的其他审计程序是指除函证程序以外的其他审计程序。

注册会计师应当考虑被审计单位的经营环境、内部控制的有效性、账户或交易的性质、被询证者处理询证函的习惯做法及回函的可能性等,以确定函证的内容、范围、时间和方式。例如,如果被审计单位与应收账款存在性有关的内部控制设计良好并有效运行,注册会计师可适当减少函证的样本量。

二、函证的内容

（一）银行存款、借款及与金融机构往来的其他重要信息

注册会计师应当对银行存款、借款（包括零余额账户和在本期内注销的账户）及与金融机构往来的其他重要信息实施函证。在对银行存款、借款及与金融机构往来的其他重要信息实施函证时,注册会计师应当了解被审计单位实际存在的银行存款余额、借款余额以及抵押、质押及担保情况;对于零余额账户和在本期内注销的账户,注册会计师也应当实施函证,以防止被审计单位隐瞒银行存款或借款。

（二）应收账款

除非存在下列两种情形之一,注册会计师应当对应收账款实施函证：

（1）根据审计重要性原则,有充分证据表明应收账款对财务报表不重要。

（2）注册会计师认为函证很可能无效。如果注册会计师认为被询证者很可能不回函或即使回函也不可信,可不对应收账款实施函证。注册会计师可能基于以前年度的审计经验或者类似工作经验,认为某被询证者的回函率很低或判断回函不可靠,并得出函证很可能无效的结论。如果不对应收账款函证,注册会计师应当在工作底稿中说明理由。

（三）函证的其他内容

注册会计师可以根据具体情况和实际需要对下列内容（包括但并不限于）实施函证：短期投资;应收票据;其他应收款;预付账款;由其他单位代为保管、加工或销售的存货;长期投资;委托贷款;应付账款;预收账款;保证、抵押或质押;或有事项;重大或异常的交易。

可见,函证通常适用于账户余额及其组成部分（如应收账款明细账）,但是不一定限于这些项目。例如,为确认合同条款没有发生变动及变化细节,注册会计师可以函证被审计单位与第三方签订的合同条款。注册会计师还可向第三方函证是否存在影响被审计单位收入确认的背后协议或某项重大交易的细节。

（四）函证程序实施的范围

如果采用审计抽样的方式确定函证程序的范围,无论采用统计抽样方法,还是非统计抽样方法,选取的样本应当足以代表总体。根据对被审计单位的了解、评估的重大错报风险以及所测试总体的特征等,注册会计师可以确定从总体中选取特定项目进行测试。选取的特定项目可能包括：金额较大的项目;账龄较长的项目;交易频繁但期末余额较小的项目;重大关联方交易;重大或异常的交易;可能存在争议以及产生重大舞弊或错误的交易。

（五）函证的时间

注册会计师通常以资产负债表日为截止日,在资产负债表日后适当时间内实施函证。如果重大错报风险评估为低水平,注册会计师可选择资产负债表日前适当日期为截止日实施函证,并对所函证项目自该截止日起至资产负债表日止发生的变动实施实质性程序。

根据评估的重大错报风险,注册会计师可能会决定函证非期末的某一日的账户余额,

例如,当审计工作将在资产负债表日之后很短的时间内完成时,可能会这么做。对于各类在年末之前完成的工作,注册会计师应当考虑是否有必要针对剩余期间获取进一步的审计证据。《中国注册会计师审计准则第1231号——针对评估的重大错报风险实施的程序》针对期中实施审计程序提供了进一步的指引。

以应收账款为例,注册会计师通常在资产负债日后某一天函证资产负债表日的应收账款余额。如果在资产负债表日前对应收账户余额实施函证程序,注册会计师应当针对询证函件指明的截止日期与资产负债表日期间实施进一步的实质性程序,或将实质性程序和控制测试结合使用,以将期中测试得出的结论合理延伸至期末。实质性程序包括测试该期间发生的影响应收账款余额的交易或实施分析程序等。控制测试包括测试销售交易、收款交易及与应收账款冲销有关的内部控制的有效性等。

(六)管理层要求不实施函证时的处理

当被审计单位管理层要求对拟函证的某些账户余额或其他信息不实施函证时,注册会计师应当考虑该项要求是否合理,并获取审计证据予以支持。如果认为管理层的要求合理,注册会计师应当实施替代审计程序,以获取与这些账户余额或其他信息相关的充分、适当的审计证据。如果认为管理层的要求不合理,且被其阻挠而无法实施函证,注册会计师应当视为审计范围受到限制,并考虑对审计报告可能产生的影响。

分析管理层要求不实施函证的原因时,注册会计师应当保持职业怀疑态度,并考虑:

(1)管理层是否诚信。

(2)是否可能存在重大的舞弊或错误。

(3)替代审计程序能否提供与这些账户余额或其他信息相关的充分、适当的审计证据。

如果认为管理层的要求可能显示存在舞弊,注册会计师应当遵循《中国注册会计师审计准则第1141号——财务报表审计中对舞弊的考虑》的有关规定。

三、询证函的设计

(一)设计询证函的总体要求

注册会计师应当根据特定审计目标设计询证函。询证函的设计服从于审计目标的需要。通常,在针对账户余额的存在性认定获取审计证据时,注册会计师应当在询证函中列明相关信息,要求对方核对确认。但在针对账户余额的完整性认定获取审计证据时,注册会计师则需要改变询证函的内容设计或者采用其他审计程序。

例如,在函证应收账款时,询证函中不列出账户余额,而是要求被询证者提供余额信息,这样才能发现应收账款低估错报。再如,在对应付账款的完整性获取审计证据时,根据被审计单位的供货商明细表向被审计单位的主要供货商发出询证函,就比从应付账款明细表中选择询证对象更容易发现未入账的负债。

(二)设计询证函需要考虑的因素

在设计询证函时,注册会计师应当考虑所审计的认定以及可能影响函证可靠性的因素。可能影响函证可靠性的因素主要包括:

1. 函证的方式

函证的方式有两种:积极式函证和消极式函证。不同的函证方式,其提供审计证据的可靠性不同。

2. 以往审计或类似业务的经验

在判断实施函证程序的可靠性时，注册会计师通常会考虑来自以前年度审计或类似审计业务的经验，包括回函率、以前年度审计中发现的错报以及回函所提供信息的准确程度等。当注册会计师根据以往经验认为，即使询证函设计恰当，回函率仍很低，应考虑从其他途径获取审计证据。

3. 拟函证信息的性质

信息的性质是指信息的内容和特点。注册会计师应当了解被审计单位与第三方之间交易的实质，以确定哪些信息需要进行函证。例如，对那些非常规合同或交易，注册会计师不仅应对账户余额或交易金额做出函证，还应当考虑对交易或合同的条款实施函证，以确定是否存在重大口头协议，客户是否有自由退货的权利，付款方式是否有特殊安排等。

4. 选择被询证者的适当性

注册会计师应当向对所询证信息知情的第三方发送询证函。例如，对短期投资和长期投资，注册会计师通常向股票、债券专门保管或登记机构发函询证或向接受投资的一方发函询证；对应收票据，通常向出票人或承兑人发函询证；对其他应收款，向形成其他应收款的有关方发函询证；对预付账款、应付账款，通常向供货单位发函询证；对委托贷款，通常向有关的金融机构发函询证；对预收账款，通常向购货单位发函询证；对保证、抵押或质押，通常向有关金融机构发函询证；对或有事项，通常向律师等发函询证；对重大或异常的交易，通常向有关的交易方发函询证。

函证所提供的审计证据的可靠性还受到被询证者的能力、独立性、客观性、回函者是否有权回函等因素的影响。注册会计师在设计询证函、评价函证结果以及确定是否需要实施其他审计程序时，应当考虑被函证的能力、知识、动机、回函意愿等方面的信息或有关回函者是否能够保持客观和公正的信息。当存在重大、异常、在期末前发生的、对财务报表产生重大影响的交易，而被询证者在经济上依赖于被审计单位时，注册会计师应当考虑被询证者可能被驱使提供不正确的回函。

5. 被询证者易于回函的信息类型

询证函所函证信息是否便于被询证者回答，影响到回函率和所获取审计证据的性质。例如，某些被询证者的信息系统可能便于对形成账户余额的每笔交易进行函证，而不是对账户余额本身进行函证。此外，被询证者可能并不总是能够证实特定类型的信息。例如应收账款总账余额，但是却可能能够证实总额当中的单笔发票的余额。

询证函通常应当包含被审计单位管理层的授权，授权被询证者向注册会计师提供有关信息。对获得被审计单位管理层授权的询证函，被询证者可能更愿意回函，在某些情况下，如果没有获得授权，被询证者甚至不能够回函。

(三) 积极与消极的函证方式

注册会计师可采用积极的或消极的函证方式实施函证，也可将两种方式结合使用。

1. 积极的函证方式

如果采用积极的函证方式，注册会计师应当要求被询证者在所有情况下必须回函，确认询证函所列示信息是否正确，或填列询证函要求的信息。积极的函证方式又分为两种：

一种是在询证函中列明拟函证的账户余额或其他信息,要求被询证者确认所函证的款项是否正确。通常认为,对这种询证函的回复能够提供可靠的审计证据。但是,其缺点是被询证者可能对所列示信息根本不加以验证就予以回函确认。注册会计师通常难以发觉是否发生了这种情形。为了避免这种风险,注册会计师可以采用另外一种询证函,即在询证函中不列明账户余额或其他信息,而要求被询证者填写有关信息或提供进一步信息。由于这种询证函要求被询证者做出更多的努力,可能会导致回函率降低,进而导致注册会计师执行更多的替代程序。

在采用积极的函证方式时,只有注册会计师收到回函,才能为财务报表认定提供审计证据。注册会计师没有收到回函,可能是由于被询证者根本不存在,或是由于被询证者没有收到询证函,也可能是由于询证者没有理会询证函,因此,无法证明所函证信息是否正确。

2. 消极的函证方式

如果采用消极的函证方式,注册会计师只要求被询证者仅在不同意询证函列示信息的情况下才予以回函。

在采用消极的函证方式时,如果收到回函,能够为财务报表认定提供说服力强的审计证据。未收到回函可能是因为被询证者已收到询证函且核对无误,也可能是因为被询证者根本就没有收到询证函。因此,采用积极的函证方式通常比消极的函证方式提供的审计证据可靠。因而在采用消极的方式函证时,注册会计师通常还需辅之以其他审计程序。

当同时存在下列情况时,注册会计师可考虑采用消极的函证方式:

(1)重大错报风险评估为低水平。

(2)涉及大量余额较小的账户。

(3)预期不存在大量的错误。

(4)没有理由相信被询证者不认真对待函证。

3. 两种方式的结合使用

在实务中,注册会计师也可将这两种方式结合使用。以应收账款为例,当应收账款的余额是由少量的大额应收账款和大量的小额应收账款构成时,注册会计师可以对所有的或抽取的大额应收账款样本采用积极的函证方式,而对抽取的小额应收账款样本采用消极的函证方式。

四、函证的实施与评价

(一)函证实施过程的控制

当实施函证时,注册会计师应当对选择被询证者、设计询证函以及发出和收回询证函保持控制。出于掩盖舞弊的目的,被审计单位可能想方设法拦截或更改询证函及回函的内容。如果注册会计师对函证程序控制不严密,就可能给被审计单位造成可乘之机,导致函证结果发生偏差和函证程序失效。

注册会计师应当采取下列措施对函证实施过程进行控制。

(1)将被询证者的名称、地址与被审计单位有关记录核对。

(2)将询证函中列示的账户余额或其他信息与被审计单位有关资料核对。

(3) 在询证函中指明直接向接受审计业务委托的会计师事务所回函。
(4) 询证函经被审计单位盖章后，由注册会计师直接发出。
(5) 将发出询证函的情况形成审计工作记录。
(6) 将收到的回函形成审计工作记录，并汇总统计函证结果。
此外，注册会计师还应当考虑回函是否来自所要求的回函人。

(二) 以传真、电子邮件等方式回函时的处理

被询证者以传真、电子邮件等方式回函确实能让注册会计师及时得到回函信息，但由于这些方式易被截留、篡改或难以确定回函者的真实身份，因此，如果被询证者以传真、电子邮件等方式回函，注册会计师应当直接接收，并要求被询证者寄回询证函原件。

另外，注册会计师还应将收到的口头答复记录于工作底稿。如果口头答复中的信息很重要，注册会计师应要求相关方就此重要信息直接提交书面确认文件。

(三) 积极式函证未收到回函的处理

如果采用积极的函证方式实施函证而未能收到回函的情况，注册会计师应当考虑与被询证者联系，要求对方做出回应或再次寄发询证函。如果未能得到被询证者的回应，注册会计师应当实施替代审计程序。所实施的替代程序因所涉及的账户和认定而异，但替代审计程序应当能够提供实施函证所能够提供的同样效果的审计证据。例如，对应付账款的存在性认定，替代审计程序可能包括检查期后付款记录、对方提供的对账单等；对完整性认定，替代审计程序可能包括检查收货单等入库记录和凭证。

(四) 评价审计证据的充分性和适当性时应考虑的因素

如果实施函证和替代审计程序都不能提供财务报表有关认定的充分、适当的审计证据，注册会计师应当实施追加的审计程序。在评价实施函证和替代审计程序获取的审计证据是否充分、适当时，注册会计师应当考虑：
(1) 函证和替代审计程序的可靠性。
(2) 不符事项的原因、频率、性质和金额。
(3) 实施其他审计程序获取的审计证据。
总之，注册会计师应当通过实施审计程序，获取财务报表有关认定的充分、适当的审计证据。

(五) 评价函证的可靠性

函证所获取的审计证据的可靠性主要取决于注册会计师设计询证函、实施函证程序和评价函证结果等程序的适当性。

在评价函证的可靠性时，注册会计师应当考虑：
(1) 对询证函的设计、发出及收回的控制情况。
(2) 被询证者的胜任能力、独立性、授权回函情况、对函证项目的了解及其客观性。
(3) 被审计单位施加的限制或回函中的限制。

因此，如果可行的话，注册会计师应当努力确保询证函被送交给适当的人员。例如，如果要证实被审计单位的某项长期借款合同已经被终止，注册会计师应当直接向了解这笔终止长期贷款事项和有权威提供这一信息的贷款方人员进行函证。

如果有迹象表明收回的询证函不可靠,注册会计师应当实施适当的审计程序予以证实或消除疑虑。例如,注册会计师可以通过直接打电话给被询证者等方式以验证回函的内容和来源。

需要特别注意的是,目前有些银行仍然没有严格执行实名开户的措施,企业有可能利用其员工或其他人的名义开具银行账户。在这种情况下,向银行寄发询证函并不能保证有关信息的完整性。另外,某些企业与银行或其他金融机构合谋,共同舞弊,提供虚假信息或其他证据,导致函证结果不可靠。因此,注册会计师应当在考虑舞弊导致的财务报表重大错报风险的基础上,适当选择函证的方式,谨慎分析和评价函证结果。

（六）对不符事项的处理

注册会计师应当考虑不符事项是否构成错报及其对财务报表可能产生的影响,并将结果形成审计工作记录。除此之外,注册会计师还应当考虑不符事项发生的原因和频率。

如果发现了不符事项,注册会计师应当首先提请被审计单位查明原因,并做进一步分析和核实。不符事项的原因可能是由于双方登记入账的时间不同,或是由于一方或双方记账错误,也可能是被审计单位的舞弊行为。

第四节　分析程序

一、分析程序的目的

注册会计师实施分析程序的目的包括:
(1)用作风险评估程序,以了解被审计单位及其环境。
(2)当使用分析程序比细节测试能更有效地将认定层次的检查风险降至可接受的水平时,分析程序可以用作实质性程序。
(3)在审计结束或临近结束时对财务报表进行总体复核。
分析程序运用的不同目的,决定了分析程序运用的具体方法和特点。

二、用做风险评估程序

（一）总体要求

注册会计师在实施风险评估程序时,应当运用分析程序,以了解被审计单位及其环境。如前所述,在实施风险评估程序时,运用分析程序的目的是了解被审计单位及其环境并评估重大错报风险,注册会计师应当围绕这一目的运用分析程序。在这个阶段运用分析程序是强制要求。

（二）在风险评估程序中的具体运用

注册会计师在将分析程序用作风险评估程序时,应当遵守《中国注册会计师审计准则第1211号——了解被审计单位及其环境并评估重大错报风险》的相关规定。注册会计师可以将分析程序与询问、检查和观察程序结合运用,以获取对被审计单位及其环境的了解,识别和评估财务报表层次及具体认定层次的重大错报风险。

在运用分析程序时,注册会计师应重点关注关键的账户余额、趋势和财务比率关系等方面,对其形成一个合理的预期,并与被审计单位记录的金额、依据记录金额计算的比率或趋势相比较。如果分析程序的结果显示的比率、比例或趋势与注册会计师对被审计单位及其环境的了解不一致,并且被审计单位管理层无法提出合理的解释,或者无法取得相关的支持性文件证据,注册会计师应当考虑其是否表明被审计单位的财务报表存在重大错报风险。

例如,注册会计师根据对被审计单位及其环境的了解,得知本期在生产成本中占较大比重的原材料成本大幅上升。因此,注册会计师预期在销售收入未有较大变化的情况下,由于销售成本的上升,毛利率应相应下降。但是,注册会计师通过分析程序发现,本期与上期的毛利率变化不大。注册会计师可能据此认为销售成本存在重大错报风险,应对其给予足够的关注。

需要注意的是,注册会计师无须在了解被审计单位及其环境的每一方面时都实施分析程序。例如,在对内部控制的了解中,注册会计师一般不会运用分析程序。

(三)风险评估过程中运用的分析程序的特点

风险评估程序中运用分析程序的主要目的在于识别那些可能表明财务报表存在重大错报风险的异常变化。因此,所使用的数据汇总性比较强,其对象主要是财务报表中账户余额及其相互之间的关系;所使用的分析程序通常包括对账户余额变化的分析,并辅之以趋势分析和比率分析。

与实质性分析程序相比,在风险评估过程中使用的分析程序所进行比较的性质、预期值的精确程度,以及所进行的分析和调查的范围都并不足以提供很高的保证水平。

三、用做实质性程序

(一)总体要求

注册会计师应当针对评估的认定层次重大错报风险设计和实施实质性程序。实质性程序包括对各类交易、账户余额、列报的细节测试以及实质性分析程序。

实质性分析程序是指用作实质性程序的分析程序,它与细节测试都可用于收集审计证据,以识别财务报表认定层次的重大错报风险。当使用分析程序比细节测试能更有效地将认定层次的检查风险降至可接受的水平时,注册会计师可以考虑单独或结合细节测试,运用实质性分析程序。实质性分析程序不仅仅是细节测试的一种补充,在某些审计领域,如果重大错报风险较低且数据之间具有稳定的预期关系,注册会计师可以单独使用实质性分析程序获取充分、适当的审计证据。

尽管分析程序有特定的作用,但并未要求注册会计师在实施实质性程序时必须使用分析程序。这是因为针对认定层次的重大错报风险,注册会计师实施细节测试而不实施分析程序,同样可能实现实质性程序的目的。另外,分析程序有其运用的前提和基础,它并不适用于所有的财务报表认定。

需要强调的是,相对于细节测试而言,实质性分析程序能够达到的精确度可能受到种种限制,所提供的证据在很大程度上是间接证据,证明力相对较弱。从审计过程整体来看,注册会计师不能仅依赖实质性分析程序,而忽略对细节测试的运用。

实质性分析程序的运用包括以下几个步骤:

(1)识别需要运用分析程序的账户余额或交易。
(2)确定期望值。
(3)确定可接受的差异额。
(4)识别需要进一步调查的差异。
(5)调查异常数据关系。
(6)评估分析程序的结果。

(二)确定实质性分析程序对特定认定的适用性

并非所有认定都适合使用实质性分析程序。研究不同财务数据之间以及财务数据与非财务数据之间的内在关系是运用分析程序的基础,如果数据之间不存在稳定的可预期关系,注册会计师将无法运用实质性分析程序,而只能考虑利用检查、函证等其他审计程序收集充分、适当的审计证据,作为发表审计意见的合理基础。

在信赖实质性分析程序的结果时,注册会计师应当考虑实质性分析程序存在的风险,即分析程序的结果显示数据之间存在预期关系而实际上却存在重大错报。例如,被审计单位的业绩落后于行业的平均水平,但管理层篡改了被审计单位的经营业绩,以使其看起来与行业平均水平接近。在这种情况下,使用行业数据进行分析程序可能会误导注册会计师。再如,被审计单位在行业内占有极重要的市场份额的时候,将行业统计资料用于分析程序,数据的独立性可能会受到损害,因为在这种情况下被审计单位的数据在很大程度上决定了行业数据。

在确定实质性分析程序对特定认定的适用性时,注册会计师应当考虑下列因素:

(1)评估的重大错报风险。鉴于实质性分析程序能够提供的精确度受到种种限制,评估的重大错报风险水平越高,注册会计师越应当谨慎使用实质性分析程序。如果针对特别风险仅实施实质性程序,注册会计师应当使用细节测试,或将细节测试和实质性分析程序结合使用,以获取充分、适当的审计证据。

(2)针对同一认定的细节测试。在对同一认定实施细节测试的同时,实施实质性分析程序可能是适当的。例如,注册会计师在考虑应收账款的可收回性时,除了对期后收到现金的情况进行细节测试之外,也可以针对应收账款的账龄实施实质性分析程序。

(三)数据的可靠性

注册会计师对已记录的金额或比率做出预期时,需要采用内部或外部的数据。

来自被审计单位内部的数据包括:前期数据,并根据当期的变化进行调整;当期的财务数据;预算或预测;非财务数据等。外部数据包括:政府及政府有关部门发布的信息,如通货膨胀率、利率、税率,有关部门确定的进出口配额等;行业监管者、贸易协会以及行业调查单位发布的信息,如行业平均增长率;经济预测组织,包括某些银行发布的预测消息,如某些行业的业绩指标等;公开出版的财务信息;证券交易所发布的信息等。

数据的可靠性直接影响根据数据形成的预期值。数据的可靠性愈高,预期的准确性也将越高,分析程序将更有效。注册会计师计划获取的保证水平越高,对数据可靠性的要求也就越高。

影响数据可靠性的因素很多。数据的可靠性受其来源及性质的影响,并有赖于获取该数据的环境。在确定实质性分析程序使用的数据是否可靠时,注册会计师应当考虑下列因素：

(1) 可获得信息的来源。数据来源的客观性或独立性越强，所获取数据的可靠性将越高；来源不同的数据相互印证时比单一来源的数据更可靠。

(2) 可获得信息的可比性。实施分析程序使用的相关数据必须具有可比性。通常，被审计单位所处行业的数据与被审计单位的相关数据具有一定的可比性。但应当注意，对于生产和销售专门产品的被审计单位，注册会计师应考虑获取广泛的相关行业数据，以增强信息的可比性，进而提高数据的可靠性。

(3) 可获得信息的性质和相关性。例如，被审计单位管理层制定预算时，是将该预算作为预期的结果还是作为将要达到的目标。若为预期的结果，则预算的相关程度较高；若仅为希望达到的目标，则预算的相关程度较低。此外，可获得的信息与审计目标越相关，数据就越可靠。

(4) 与信息编制相关的控制。与信息编制相关的控制越有效，该信息越可靠。

为了更全面地考虑数据的可靠性，当实施实质性分析程序时，如果使用被审计单位编制的信息，注册会计师应当考虑测试与信息编制相关的控制，以及这些信息是否在本期或前期经过审计。

上述测试的结果有助于注册会计师就该信息的准确性和完整性获取审计证据，以更好地判断分析程序使用的数据是否可靠。如果注册会计师通过测试获知与信息编制相关的控制运行有效，或信息在本期或前期经过审计，该信息的可靠性将更高。

（四）做出预期的准确程度

准确程度是对预期值与真实值之间接近程度的度量，也称精确度。分析程序的有效性很大程度上取决于注册会计师形成的预期值的准确性。预期值的准确性越高，注册会计师通过分析程序获取的保证水平将越高。

在评价做出预期的准确程度是否足以在计划的保证水平上识别重大错报时，注册会计师应当考虑下列主要因素：

(1) 对实质性分析程序的预期结果做出预测的准确性。例如，与各年度的研究开发和广告费用支出相比，注册会计师通常预期各期的毛利率更具有稳定性。

(2) 信息可分解的程度。信息可分解的程度是指用于分析程序的信息的详细程度，如按月份或地区分部分解的数据。通常，数据的可分解程度越高，预期值的准确性越高，注册会计师将相应获取较高的保证水平。当被审计单位经营复杂或多元化时，分解程度高的详细数据更为重要。

数据需要具体到哪个层次受被审计单位性质、规模、复杂程度及记录详细程度等因素的影响。如果被审计单位从事多个不同的行业，或者拥有非常重要的子公司，或者在多个地点进行经营活动，注册会计师可能需要考虑就每个重要的组成部分分别取得财务信息。但是，注册会计师也应当考虑分解程度高的数据的可靠性。例如，季度数据可能因为未经审计或相关控制相对较少，其可靠性将不如年度数据。

(3) 财务和非财务信息的可获得性。在设计实质性分析程序时，注册会计师应考虑是否可以获得财务信息（如预算和预测）以及非财务信息（如已生产或已销售产品的数量），以有助于运用分析程序。

（五）已记录金额与预期值之间可接受的差异额

预期值只是一个估计数据，大多数情况下与已记录金额并不一致。为此，在设计和实施实质性分析程序时，注册会计师应当确定已记录金额与预期值之间可接受的差异额。

可接受的差异额是指已记录金额与预期值之间的差额，注册会计师认为该差额无须做进一步调查。注册会计师应当将识别出的差异额与可接受的差异额进行比较，以确定差异是否重大，是否需要做进一步调查。

在确定可接受的差异额时，注册会计师应当主要考虑各类交易、账户余额、列报及相关认定的重要性和计划的保证水平。通常，可容忍错报越低，可接受的差异额越小；计划的保证水平越高，可接受的差异额越小。

注册会计师可以通过降低可接受的差异额应对重大错报风险的增加。可接受的差异额越低，注册会计师需要收集越多审计证据，以尽可能发现财务报表中的重大错报，获取计划的保证水平。

如果在期中实施实质性程序，并计划针对剩余期间实施实质性分析程序，注册会计师应当考虑实质性分析程序对特定认定的适用性、数据的可靠性、做出预期的准确程度以及可接受的差异额，并评估这些因素如何影响针对剩余期间获取充分、适当的审计证据的能力。注册会计师还应考虑某类交易的期末累计发生额或账户期末余额在金额、相对重要性及构成方面能否被合理预期。

如果认为仅实施实质性分析程序不足以收集充分、适当的审计证据，注册会计师还应测试剩余期间相关控制运行的有效性或针对期末实施细节测试。

四、用于总体复核

（一）总体要求

在审计结束或临近结束时，注册会计师运用分析程序的目的是确定财务报表整体是否与其对被审计单位的了解一致，注册会计师应当围绕这一目的运用分析程序。这时运用分析程序是强制要求，注册会计师在这个阶段应当运用分析程序。

（二）总体复核阶段分析程序的特点

在总体复核阶段执行分析程序，所进行的比较和使用的手段与风险评估程序中使用的分析程序基本相同，但两者的目的不同。在总体复核阶段实施的分析程序主要在于强调并解释财务报表项目自上个会计期间以来发生的重大变化，以证实财务报表中列报的所有信息与注册会计师对被审计单位及其环境的了解一致，与注册会计师取得的审计证据一致。因此，两者的主要差别在于实施分析程序的时间和重点不同，以及所取得的数据的数量和质量不同。另外，因为在总体复核阶段实施的分析程序并非为了对特定账户余额和披露提供实质性的保证水平，因此并不如实质性分析程序那样详细和具体，而往往集中在财务报表层次。

（三）再评估重大错报风险

在运用分析程序进行总体复核时，如果识别出以前未识别的重大错报风险，注册会计师应当重新考虑对全部或部分各类交易、账户余额、列报评估的风险是否恰当，并在此基础上重新评价之前计划的审计程序是否充分,是否有必要追加审计程序。

本章练习

一、单项选择题

1. 如果在实施审计程序时使用被审计单位生成的信息,注册会计师应当就这些信息的( )获取审计证据。

   A. 准确性和完整性

   B. 来源和完整性

   C. 准确性

   D. 完整性

2. 在确定审计证据相关性时,下列事项中不属于注册会计师应当考虑的是( )。

   A. 特定的审计程序可能只为某些认定提供相关的审计证据,而与其他认定无关

   B. 针对同一项认定可以从不同来源获取审计证据或获取不同性质的审计证据

   C. 从外部独立来源获取的审计证据比其他来源获取的审计证据更可靠

   D. 只与特定认定相关的审计证据并不能替代与其他认定相关的审计证据

3. 充分性和适当性是审计证据的两个重要特征,下列关于审计证据的充分性和适当性表述不正确的是( )。

   A. 充分性和适当性两者缺一不可,只有充分且适当的审计证据才是有证明力的

   B. 审计证据质量越高,需要的审计证据数量可能越少

   C. 如果审计证据的质量存在缺陷,仅靠获取更多的审计证据可能无法弥补其质量上的缺陷

   D. 如果审计证据的质量存在缺陷,注册会计师必须收集更多数量的审计证据,否则无法形成审计意见

4. 审查F公司200×年度财务报表的列示的应收账款项目时,注册会计师L发现其应收G公司的货款在应收账款总额中占有70%的比例,为此,决定对F公司与G公司的往来情况进行重点审查,以获取充分适当的审计证据。在以下获取的相关证据中,可靠性最高的是( )。

   A. 由前往G公司催款的小王带回的G公司总经理亲笔签名并在封口盖章的亲笔信

   B. 由G公司财务经理向L注册会计师发出、并由L亲自接收的有关该笔货款的电邮

   C. G公司财务经理对欠F公司的货款情况做了专门录音,制成光盘后直接快递给L

   D. F公司财务部门提供的财务资料,包括其与G公司签订的销售合同及产品出库单

5. 在审计过程中,注册会计师往往要选用恰当的审计程序,以最低的审计时间成本,完成特定的审计工作。一般情况下,下列各项审计程序中,审计时间成本最低的是( )。

   A. 对存货实施监盘

   B. 对货币资金项目实施控制测试

   C. 计算当年应计提的固定资产折旧

   D. 函证银行存款的余额

6. 下列关于注册会计师实施的审计程序的说法不恰当的是（　　）。
   A. 检查文件或记录的目的是对财务报表所包含信息或应包含的信息进行验证
   B. 检查有形资产主要是为了获取证据证明资产的存在认定和计价认定
   C. 函证获取的证据可靠性较高
   D. 重新计算主要是为了获取计价和分摊认定、准确性认定的审计证据

7. 在下列各项项目及其认定中，注册会计师最适宜采用函证程序加以证实的是（　　）。
   A. 应付账款的存在认定
   B. 应收账款的完整性认定
   C. 固定资产的存在认定
   D. 主营业务成本的计价认定

8. 对银行存款、借款及与金融机构往来的其他重要信息函证，下列说法不正确的是（　　）。
   A. 注册会计师应当了解被审计单位实际存在的银行存款余额
   B. 注册会计师应当了解被审计单位实际存在的借款余额
   C. 注册会计师应当了解被审计单位实际存在质押及担保情况
   D. 对于零余额账户和在本期内注销的账户，不实施函证

9. 如果注册会计师将资产负债表日前适当日期作为函证的截止日，则说明注册会计师评估的重大错报风险是（　　）。
   A. 高水平
   B. 低水平
   C. 特别风险
   D. 无法应对风险

10. 函证所获取的审计证据的可靠性主要取决于注册会计师设计询证函、实施函证程序和评价函证结果等程序的适当性。在评价函证的可靠性时，注册会计师不应当考虑（　　）。
    A. 对函证的设计、发出及收回的控制情况
    B. 被询证者的胜任能力、独立性、授权回函情况、对函证项目的了解及其客观性
    C. 被审计单位施加的限制或回函中的限制
    D. 函证和替代审计程序的可靠性

二、多项选择题

1. 必要审计证据的性质与范围取决于注册会计师对何种证据与实现审计目标相关做出的职业判断。这种判断受到（　　）的影响。
   A. 重要性评估水平
   B. 与特定认定相关的审计风险
   C. 总体规模
   D. 影响账户余额的各类经常性或非经常性交易的影响

2. 审计证据是否相关必须结合具体审计目标来考虑。在确定审计证据的相关性时，注册会计师应当考虑（　　）。

A. 特定的审计程序可能只为某些认定提供相关的审计证据,而与其他认定无关

B. 针对同一项认定可以从不同来源获取审计证据或获取不同性质的审计证据

C. 只与特定认定相关的审计证据并不能代替与其他认定相关的审计证据

D. 内部控制有效时内部生成的审计证据比内部控制薄弱时内部生成的审计证据更可靠

3. 注册会计师所需获取的审计证据数量受各种因素的影响。以下关于审计证据数量的说法中,正确的有(   )。

A. 错报风险越大,需要的审计证据可能越多

B. 审计证据质量越高,需要的审计证据可能越少

C. 证据的质量存在的缺陷越多,所需的证据越多

D. 获取的原件证据可能比获取的复印件证据少

4. 注册会计师为了证明四个问题,获取了四组不同的证据。在不考虑相关性的情况下,依据可靠性由强到弱排列不正确的有(   )。

A. 律师声明书、购货发票、销货发票、管理层声明书

B. 注册会计师自行编制的计算表、销货合同、明细账、支票存根

C. 发货凭证、销售发票、销售单、应收账款函证回函

D. 银行存款收款凭证、银行存款对账单、银行存款日记账、银行存款余额调节表

5. 注册会计师执行函证程序的时间可选择在资产负债表日(2008年12月31日)后任意时间,但通常受(   )的影响。

A. 审计完成时间

B. 审计证据的有效性

C. 审计项目组人力是否充足

D. 被审计单位的协助程度

6. 除非存在下列两种情形(   )之一,注册会计师应当对应收账款实施函证。

A. 根据审计重要性原则,有充分证据表明应收账款对财务报表不重要

B. 注册会计师认为函证很可能无效

C. 金额较小

D. 账龄较短

7. 以下函证内容的表述中恰当的有(   )。

A. 函证银行存款是为了了解银行存款余额正确与否

B. 对于零余额银行存款必须函证

C. 对于本期内注销的账户必须函证

D. 函证交易量大、交易频繁但余额较小的情形时可能发现银行存款或借款被隐瞒的事实

8. 根据对被审计单位的了解、评估的重大错报风险以及所测试总体的特征等,注册会计师可以确定从总体中选取特定项目进行测试。选取的特定项目可能包括(   )。

A. 金额较大、账龄较长的项目

B. 交易频繁但期末余额较小的项目

C. 重大关联方交易、重大或异常的交易

D. 可能存在争议以及产生重大舞弊或错误的交易

9. 如果实施函证和替代审计程序都不能提供财务报表有关认定的充分、适当的审计证据，注册会计师应当实施追加的审计程序。在评价实施函证和替代审计程序获取的审计证据是否充分、适当时，注册会计师应当考虑（　　）。

　　A. 函证和替代审计程序的可靠性

　　B. 不符事项的原因、频率、性质和金额

　　C. 实施其他审计程序获取的审计证据

　　D. 对询证函的设计、发出及收回的控制情况

10. 在实施函证程序时，注册会计师应当恰当确定函证的方式，以提高函证程序的有效性。以下有关函证方式的说法中，你认可的有（　　）。

　　A. 如果在询证函中列明拟函证的账户余额或其他信息，要求被询证者确认所函证的款项是否正确，难以避免被询证者对所列示信息不加核实就回函确认

　　B. 如果要求被询证者仅在不同意询证函列示信息的情况下才予以回函，收到的回函能够为财务报表认定层次提供说服力强的审计证据

　　C. 如果在询证函中不列明账户余额或者其他信息，要求被询证者填写有关信息或提供进一步信息，可能因被询证者需要做出更多的努力而导致回函率降低

　　D. 在采用积极的函证方式时，如果在合理的期限内没有收到回函，注册会计师应当再次寄发询证函，否则无法证明所函证信息是否正确

11. 分析程序按注册会计师实施的目的可分为（　　）。

　　A. 用做风险评估程序，以了解被审计单位及其环境

　　B. 用做风险评估程序，以了解被审计单位内部控制

　　C. 当使用分析程序比细节测试能更有效地将认定层次的检查风险降至可接受的水平时，分析程序可以用作实质性程序

　　D. 在审计结束或临近结束时对财务报表进行总体复核

12. 在确定实质性分析程序对特定认定的适用性时，注册会计师应当考虑下列因素（　　）。

　　A. 评估的重大错报风险

　　B. 针对同一认定的细节测试

　　C. 确定的检查风险

　　D. 预定的审计风险

三、简答题

W 会计师事务所指派以 L 注册会计师为项目经理的审计小组执行 ABC 上市公司的年度财务报表审计业务。L 注册会计师根据业务循环的特性和项目组成员的专业特长进行了适当的分工。其中，助理人员 K 负责对下表所列各账户的指定审计目标实施最恰当的审计程序，以获取充分、适当的审计证据。

L 注册会计师正在针对助理人员 K 所承担的各项工作拟定一项最恰当的审计程序和该程序所能获取的最关键的审计证据，并已完成应收账款账户的相关内容，但对下表所列的其他相关账户尚在考虑中。请针对下表所列的除应收账款账户以外的每个账户，代注册会计

师L指出对所列审计目标最恰当的一项审计程序和所能获取的最关键的审计证据,并将你的决策直接填入下表相应空格中。

账户	审计目标	最恰当的审计程序	获取的关键证据
应收账款	存在	向债务单位发函询证	债务人的函证回函
	计价和分摊	检查坏账准备的计提	账龄分析表
应付账款	分类和可理解性		
固定资产	存在		
	准确性		
	计价和分摊		
存货	存在		
	权利和义务		
银行存款	完整性		
	分类		

参考答案

一、单项选择题

1. A 2. C 3. D 4. A 5. B 6. B 7. A 8. D 9. B 10. D 11. D

二、多项选择题

1. ABCD 2. ABC 3. ABD 4. BCD 5. ABC 6. AB 7. BCD 8. ABCD 9. ABC 10. ABC 11. ACD 12. AB

三、简答题

账户	审计目标	最恰当的审计程序	获取的关键证据
应收账款	存在	向债务单位发函询证	债务人函证回函
	计价和分摊	检查坏账准备的计提	账龄分析表
应付账款	分类和可理解性	检查是否存在借方余额	应付账款明细账
固定资产	存在	从明细账中追查到实物	观察、询问记录
	准确性	将原始凭证与账簿记录核对	购货发票
	计价和分摊	检查减值准备与累计折旧的计提	账簿记录
存货	存在	从明细账追查到存货汇总表	存货汇总表
	权利和义务	向债权人询证担保抵押情况	函证回函
银行存款	完整性	追查银行已收、企业未收的账项	银行存款余额调节表
	分类	检查定期存款或限定用途存款	银行函证回函

第九章 审计抽样

第一节 审计抽样的基本概念

审计抽样是注册会计师从某一特定的审计对象(审计总体)中,按照一定的方式抽取一部分具有代表性的审查对象(样本)进行审查并用样本的审查结果推断审计总体特征的审计方法。

随着企业规模的扩大和经营复杂程度的不断上升,越来越多的企业建立了良好的内部控制系统,从而使得对每一笔交易进行审计日益变得既不可能又没有必要。同时,为了控制审计成本、提高审计效率和保证审计效果,也使得注册会计师在审计业务中使用审计抽样更加普遍。

一、选取全部项目测试

选取全部项目测试是指对总体中的全部项目进行检查。总体是指注册会计师从中选取样本并希望对其得出结论的整套数据。某类交易中的所有项目(如全年薪酬)、某个(或某组)账户余额(如期末应收账款账户余额)均可构成一个总体。总体可分为多个层或子总体,每一层或子总体可分别予以检查。"总体"包含了"层"的概念。对全部项目进行检查,通常更适用于细节测试,而不适合控制测试。实施细节测试时,在某些情况下,基于重要性水平或风险的考虑,注册会计师可能认为需要测试总体中的全部项目。总体可以包括构成某类交易或账户余额的所有项目,也可以是其中的一层,同一层中的项目具有某一共同特征。例如,在截止测试中,注册会计师通常对截止日前后一段时期的所有交易进行检查。

当存在下列情形之一时,注册会计师应当考虑选取全部项目进行测试:

(1)总体由少量的大额项目构成。某类交易或账户余额中每个项目的金额都较大时,注册会计师可能需要测试所有项目。

(2)存在特别风险且其他方法未提供充分、适当的审计证据。如果某类交易或账户余额中每个项目虽然金额不大但存在特别风险,注册会计师也可能需要测试所有项目。存在特别风险的项目主要包括:(1)管理层高度参与的,或错报可能性较大的交易事项或账户余额;(2)非常规的交易事项或账户余额,特别是与关联方有关的交易或余额;(3)长期不变的账户余额,如滞销的存货余额或账龄较长的应收账款余额;(4)可疑的或非正常的项目,或明显不规范的项目;(5)以前发生过错误的项目;(6)期末人为调整的项目;(7)其他存在特别风险的项目。

(3)由于信息系统自动执行的计算或其他程序具有重复性,对全部项目进行检查符合成本效益原则。注册会计师通常使用计算机辅助审计技术选取全部项目进行测试。

二、选取特定项目测试

选取特定项目测试是指对总体中的特定项目进行针对性测试。根据对被审计单位的了解、重大错报风险评估结果以及所测试总体的特征等,注册会计师可以从总体中选取特定项目进行测试。选取的特定项目通常包括:大额或关键项目;超过某一金额的全部项目;被用于获取某些信息的项目;被用于测试控制活动的项目。

选取特定项目时,注册会计师只对审计对象总体中的部分项目进行测试。注册会计师通常按照覆盖率或风险因素选取测试项目,或将这两种方法结合使用。按照覆盖率选取测试项目是指注册会计师选取少量金额较大的项目进行测试,从而使测试项目的金额占审计对象总体金额很大的百分比。例如,如果 8 个金额较大的项目占审计对象总体金额的 85%,那么测试这 8 个项目就可对审计对象总体的存在性和准确性获得较高程度保证。注册会计师也可以抽取超过某一设定金额的所有项目,从而验证某类交易或账户余额的大部分金额。按照风险因素选取测试项目是指注册会计师选取具有某种较高风险特征的项目进行测试,如可疑的项目、异常的项目、特别具有风险倾向的项目,或者以前发生过错误的项目等。

有时,注册会计师可能选择部分项目进行检查,以获取与被审计单位的性质、交易的性质以及内部控制等事项有关的信息,或确定某一控制活动是否得到执行。对这些项目进行测试实际上是风险评估程序,主要目的是获取与被审计单位及其环境有关的信息。

选取特定项目实施测试通常是获取审计证据的有效手段,但并不构成审计抽样。这种方法下对选取项目实施审计程序的结果不能推断至整个总体。其原因在于,虽然选取特定项目测试只对某类交易或账户余额中的部分项目实施审计程序,但它与审计抽样不同之处在于,并非所有抽样单元,(抽样单元是指构成总体的个体项目)都有被选取的机会,不符合注册会计师选择标准的项目将没有机会被选取。因为选取的特定项目不能代表审计对象总体(或某一子总体)中全部项目的特征,所以,与审计抽样不同,选取特定项目测试不能根据所测试项目中发现的误差推断审计对象总体的误差。

三、审计抽样

审计抽样是指注册会计师对某类交易或账户余额中低于百分之百的项目实施审计程序,且所有项目都有机会被选取。审计抽样使注册会计师通过获取与被选取项目某一特征有关的审计证据,以形成或帮助形成对总体的结论。

审计抽样应当具备三个基本特征:对某类交易或账户余额中低于百分之百的项目实施审计程序;所有抽样单元都有被选取的机会;审计测试的目的是为了评价该账户余额或交易类型的某一特征。

审计抽样并非在所有审计程序中都可使用。注册会计师拟实施的审计程序将对运用审计抽样产生重要影响。在风险评估程序、控制测试和实质性程序中,有些审计程序可以使用审计抽样,有些审计程序则不宜使用审计抽样。

风险评估程序通常不涉及审计抽样。如果注册会计师在了解控制的设计和确定控制是否得到执行的同时计划和实施控制测试,则可能涉及审计抽样,但此时审计抽样仅适用于控制测试。

当控制的运行留下轨迹时,注册会计师可以考虑使用审计抽样实施控制测试。对于未留下运行轨迹的控制,注册会计师通常实施询问、观察等审计程序,以获取有关控制运行有效性的审计证据,此时不宜使用审计抽样。

实质性程序包括对各类交易、账户余额、列报的细节测试,以及实质性分析程序。在实施细节测试时,注册会计师可以使用审计抽样获取审计证据,以验证有关财务报表金额的一项或多项认定(如应收账款的存在性),或对某些金额做出独立估计如陈旧存货的价值。在实施实质性分析程序时,注册会计师不宜使用审计抽样。

四、抽样风险和非抽样风险

在获取审计证据时,注册会计师应当运用职业判断,评估重大错报风险,并设计进一步审计程序,以确保将审计风险降至可接受的低水平。在使用审计抽样时,审计风险既可能受到抽样风险的影响,又可能受到非抽样风险的影响。抽样风险和非抽样风险通过影响重大错报风险的评估和检查风险的确定而影响审计风险。

(一)抽样风险

抽样风险是指注册会计师根据样本得出的结论和对总体全部项目实施与样本同样的审计程序得出的结论存在差异的可能性,也就是抽出的样本不能代表总体的风险。

控制测试中的抽样风险包括信赖过度风险和信赖不足风险。信赖过度风险是指推断的控制有效性高于其实际有效性的风险,也可以说,尽管样本结果支持注册会计师计划信赖内部控制的程度,但实际偏差率不支持该信赖程度的风险。信赖过度风险与审计的效果有关。如果注册会计师评估的控制有效性高于其实际有效性,从而导致评估的重大错报风险水平偏低,注册会计师可能不适当地减少从实质性程序中获取的证据,因此审计的有效性下降。对于注册会计师而言,信赖过度风险更容易导致注册会计师发表不恰当的审计意见,因而更应予以关注。相反,信赖不足风险是指推断的控制有效性低于其实际有效性的风险,也可以说,尽管样本结果不支持注册会计师计划信赖内部控制的程度,但实际偏差率支持该信赖程度的风险。信赖不足风险与审计的效率有关。当注册会计师评估的控制有效性低于其实际有效性时,评估的重大错报风险水平高于实际水平,注册会计师可能会增加不必要的实质性程序。在这种情况下,审计效率可能降低。控制测试中的抽样风险类型参见表9.1。

表9.1 控制测试中的抽样风险类型

		被审计单位控制活动、政策或程序的实际运行有效性	
		控制风险初步评估结果适当	控制风险初步评估结果不适当
注册会计师根据样本结果得出的结论	支持初步评估的控制风险水平	正确结论	信赖过度风险:评估的控制风险太低(审计无效)
	不支持初步评估的控制风险水平	信赖不足风险:评估的控制风险太高(审计效率低)	正确结论

在实施细节测试时,注册会计师也要关注两类抽样风险:误受风险和误拒风险。误受风险是指注册会计师推断某一重大错报不存在而实际上存在的风险。如果账面金额实际

上存在重大错报而注册会计师认为其不存在重大错报,注册会计师通常会停止对该账面金额继续进行测试,并根据样本结果得出账面金额无重大错报的结论。与信赖过度风险类似,误受风险影响审计效果,容易导致注册会计师发表不恰当的审计意见,因此注册会计师更应予以关注。误拒风险是指注册会计师推断某一重大错报存在而实际上不存在的风险。与信赖不足风险类似,误拒风险影响审计效率。如果账面金额不存在重大错报而注册会计师认为其存在重大错报,注册会计师会扩大细节测试的范围并考虑获取其他审计证据,最终注册会计师会得出恰当的结论。在这种情况下,审计效率可能降低。细节测试中的抽样风险类型参见表9.2。

表9.2 细节测试中的抽样风险类型

		被审计单位交易或账户余额记录的实际情况	
		不存在重大错报	存在重大错报
注册会计师根据样本结果得出的结论	交易或账户余额记录不存在重大错报	正确结论	误受风险(审计无效)
	交易或账户余额记录存在重大错报	误拒风险(审计效率低)	正确结论

也就是说,无论在控制测试还是在细节测试中,抽样风险都可以分为两种类型:一类是影响审计效果的抽样风险,包括控制测试中的信赖过度风险和细节测试中的误受风险;另一类是影响审计效率的抽样风险,包括控制测试中的信赖不足风险和细节测试中的误拒风险。

只要使用了审计抽样,抽样风险总会存在。在使用统计抽样时,注册会计师可以准确地计量和控制抽样风险。在使用非统计抽样时,注册会计师无法量化抽样风险,只能根据职业判断对其进行定性的评价和控制。抽样风险与样本规模反方向变动:样本规模越小,抽样风险越大;样本规模越大,抽样风险越小。无论是控制测试还是细节测试,注册会计师都可以通过扩大样本规模降低抽样风险。如果对总体中的所有项目都实施检查,就不存在抽样风险,此时审计风险完全由非抽样风险产生。

(二)非抽样风险

非抽样风险是指由于某些与样本规模无关的因素而导致注册会计师得出错误结论的可能性。注册会计师即使对某类交易或账户余额的所有项目实施审计程序,也可能仍未能发现重大错报或控制失效。

在审计过程中,可能导致非抽样风险的原因包括下列情况:

(1)注册会计师选择的总体不适合于测试目标。例如,注册会计师在测试应收账款销售的完整性认定时选择主营业务收入日记账作为总体。

(2)注册会计师未能适当地定义误差(包括控制偏差或错报),导致注册会计师未能发现样本中存在的偏差或错报。例如,注册会计师在测试现金支付授权控制的有效性时,未将签字人未得到适当授权的情况界定为控制偏差。

(3)注册会计师选择了不适于实现特定目标的审计程序。例如,注册会计师依赖应收账款函证来揭露未入账的应收账款。

(4)注册会计师未能适当地评价审计发现的情况。例如,注册会计师错误解读审计证据可能导致没有发现误差。注册会计师对所发现误差的重要性的判断有误,从而忽略了性质十分重要的误差,也可能导致得出不恰当的结论。

(5)其他原因。非抽样风险是由人为错误造成的,因而可以降低、消除或防范。虽然在任何一种抽样方法中注册会计师都不能量化非抽样风险,但通过采取适当的质量控制政策和程序,对审计工作进行适当的指导、监督和复核,以及对注册会计师实务的适当改进,可以将非抽样风险降至可以接受的水平。注册会计师也可以通过仔细设计其审计程序尽量降低非抽样风险。

五、统计抽样和非统计抽样

在对某类交易或账户余额使用审计抽样时,注册会计师可以使用统计抽样方法,也可以使用非统计抽样方法。统计抽样是指同时具备下列特征的抽样方法:

(1)随机选取样本。
(2)运用概率论评价样本结果,包括计量抽样风险。

统计抽样的样本必须同时具备上述两个特征,不同时具备上述两个特征的抽样方法为非统计抽样。一方面,即使注册会计师严格按照随机原则选取样本,如果没有对样本结果进行统计评估,就不能认为使用了统计抽样;另一方面,基于非随机选样的统计评估也是无效的。

注册会计师应当根据具体情况并运用职业判断,确定使用统计抽样或非统计抽样方法,以最有效率地获取审计证据。例如,在控制测试中,与仅仅对偏差的发生进行定量分析相比,对偏差的性质和原因进行定性分析通常更为重要。在这种情况下,使用非统计抽样可能更为适当。

注册会计师在统计抽样与非统计抽样方法之间进行选择时主要考虑成本效益。统计抽样的优点在于能够客观地计量抽样风险,并通过调整样本规模精确地控制风险,这是与非统计抽样最重要的区别。另外,统计抽样还有助于注册会计师高效地设计样本,计量所获取证据的充分性,以及定量评价样本结果。

但统计抽样又可能发生额外的成本。首先,统计抽样需要特殊的专业技能,因此使用统计抽样需要增加额外的支出对注册会计师进行培训。其次,统计抽样要求单个样本项目符合统计要求,这些也可能需要支出额外的费用。非统计抽样如果设计适当,也能提供与设计适当的统计抽样方法同样有效的结果。注册会计师使用非统计抽样时,也必须考虑抽样风险并将其降至可接受水平,但不能精确地测定出抽样风险。

不管统计抽样还是非统计抽样,两种方法都要求注册会计师在设计、实施和评价样本时运用职业判断。另外,对选取的样本项目实施的审计程序通常也与使用的抽样方法无关。

六、统计抽样的方法

(一)属性抽样

属性抽样是一种用来对总体中某一事件发生率得出结论的统计抽样方法。属性抽样在审计中最常见的用途是测试某一控制的偏差率,以支持注册会计师评估的控制有效性。在属性抽样中,设定控制的每一次发生或偏离都被赋予同样的权重,而不管交易金额的大小。

(二)变量抽样

变量抽样是一种用来对总体金额得出结论的统计抽样方法。变量抽样通常回答下列问题:金额是多少?账户是否存在错报?变量抽样在审计中的主要用途是进行细节测试,以确定记录金额是否合理。

一般而言,属性抽样得出的结论与总体发生率有关,而变量抽样得出的结论与总体的金额有关。但有一个例外,即统计抽样中的概率比例规模抽样(PPS抽样),却运用属性抽样的原理得出以金额表示的结论。

第二节 审计抽样的基本原理

注册会计师在控制测试和细节测试中使用审计抽样方法,主要分为三个阶段进行。第一阶段是样本设计阶段,旨在根据测试的目标和抽样总体,制定选取样本的计划。第二阶段是选取样本阶段,旨在按照适当的方法从相应的抽样总体中选取所需的样本,并对其实施检查,以确定是否存在误差。第三阶段是评价样本结果阶段,旨在根据对误差的性质和原因的分析,将样本结果推断至总体,形成对总体的结论。

一、样本设计阶段

在设计审计样本时,注册会计师应当考虑审计程序的目标和抽样总体的属性。也就是说,注册会计师首先应考虑拟实现的具体目标,并根据目标和总体的特点确定能够最好地实现该目标的审计程序组合,以及如何在实施审计程序时运用审计抽样。审计抽样中样本设计阶段的工作主要包括以下几个步骤

(一)确定测试目标

审计抽样必须紧紧围绕审计测试的目标展开,因此确定测试目标是样本设计阶段的第一项工作。一般而言,控制测试是为了获取关于某项控制的设计或运行是否有效的证据,而细节测试的目的是确定某类交易或账户余额的金额是否正确,获取与存在的错报有关的证据。

(二)定义总体与抽样单元

1. 总体

在实施抽样之前,注册会计师必须仔细定义总体,确定抽样总体的范围。总体可以包括构成某类交易或账户余额的所有项目,也可以只包括某类交易或账户余额中的部分项目。例如,如果应收账款中没有单个重大项目,注册会计师直接对应收账款账面余额进行抽样,则总体包括构成应收账款期末余额的所有项目。如果注册会计师已使用选取特定项目的方法将应收账款中的单个重大项目挑选出来单独测试,只对剩余的应收账款余额进行抽样,则总体只包括构成应收账款期末余额的部分项目。

注册会计师应当确保总体的适当性和完整性。也就是说,注册会计师所定义的总体应

具备下列两个特征：

(1) 适当性。注册会计师应确定总体适合于特定的审计目标，包括适合于测试的方向。例如，在控制测试中，如果要测试用以保证所有发运商品都已开单的控制是否有效运行，注册会计师从已开单的项目中抽取样本不能发现误差，因为该总体不包含那些已发运但未开单的项目。为发现这种误差，将所有已发运的项目作为总体通常比较适当。又如，在细节测试中，如果注册会计师的目标是测试应付账款的高估，总体可以定义为应付账款清单。但在测试应付账款的低估时，总体就不是应付账款清单，而是后来支付的证明、未付款的发票、供货商的对账单、没有销售发票对应的收货报告，或能提供低估应付账款的审计证据的其他总体。

(2) 完整性。注册会计师应当从总体项目内容和涉及时间等方面确定总体的完整性。例如，如果注册会计师从档案中选取付款证明，除非确信所有的付款证明都已归档，否则注册会计师不能对该期间的所有付款证明做出结论。又如，如果注册会计师对某一控制活动在财务报告期间是否有效运行做出结论，总体应包括来自整个报告期间的所有相关项目。注册会计师也可采用其他方法，如对总体进行分层，然后只对一年中前10个月的控制活动使用审计抽样做出结论，对剩余的两个月则使用替代审计程序或单独选取样本。

2. 定义抽样单元

在定义抽样单元时，注册会计师应使其与审计测试目标保持一致。注册会计师在定义总体时通常都指明了适当的抽样单元。在控制测试中，抽样单元通常是能够提供控制运行证据的文件资料，而在细节测试中，抽样单元可能是一个账户余额、一笔交易或交易中的一项记录，甚至每个货币单元。

3. 分层

如果总体项目存在重大的变异性，注册会计师应当考虑分层。分层是指将一个总体划分为多个子总体的过程，每个子总体由一组具有相同特征（通常指金额）的抽样单元组成。分层可以降低每一层中项目的变异性，从而在抽样风险没有成比例增加的前提下减小样本规模。注册会计师可以考虑将总体分为若干个离散的具有识别特征的子总体（层），以提高审计效率。注册会计师应当仔细界定子总体，以使每一抽样单元只能属于一个层。

当实施细节测试时，注册会计师通常按照金额对某类交易或账户余额进行分层，以将更多的审计资源投入到大额项目中。例如，在对被审计单位的财务报表进行审计时，为了函证应收账款，注册会计师可以将应收账款账户按其金额大小分为三层，即账户金额在10 000元以上的；账户金额为5 000~10 000元的；账户金额在5 000元以下的。然后，根据各层的重要性分别采取不同的选样方法。对于金额在10 000元以上的应收账款账户，应进行全部函证；对于金额在5 000~10 000元以及5 000元以下的应收账款账户，则可采用适当的选样方法选取进行函证的样本。注册会计师也可以按照显示较高误差风险的某一特定特征对总体进行分层。例如，在测试应收账款估价时，余额可以根据账龄分层。

分层后的每层构成一个子总体且可以单独检查。对某一层中的样本项目实施审计程序的结果，只能用于推断构成该层的项目。如果对整个总体做出结论，注册会计师应当考虑与构成整个总体的其他层有关的重大错报风险。例如，在对某一账户余额进行测试时，占总体数量20%的项目，其金额可能占该账户余额的90%。注册会计师只能根据该样本的结果推断至上述90%的金额。对于剩余100%的金额，注册会计师可以抽取另一个样本

(三) 定义误差构成条件

注册会计师必须事先准确定义构成误差的条件,否则执行审计程序时就没有识别误差的标准。在控制测试中,误差是指控制偏差,注册会计师要仔细定义所要测试的控制及可能出现偏差的情况;在细节测试中,误差是指错报,注册会计师要确定哪些情况构成错报。

注册会计师定义误差构成条件时要考虑审计程序的目标。清楚地了解误差构成条件,对于确保在推断误差时将且仅将所有与审计目标相关的条件包括在内至关重要。例如,在对应收账款存在性的细节测试中(如函证),客户在函证日之前支付、被审计单位在函证日之后不久收到的款项(未达账项)不构成误差。而且,被审计单位在不同客户之间误登明细账也不构成误差,因其并不影响应收账款账户的总额。即使这种情况可能对审计的其他方面(如对舞弊的可能性或坏账准备的适当性的评估)产生重要影响,在评价该审计程序的样本结果时将其判定为误差也是不适当的。

(四) 确定审计程序

注册会计师必须确定能够最好地实现测试目标的审计程序组合。例如,如果注册会计师的审计目标是通过测试某一阶段的适当授权证实交易的有效性,审计程序就是检查特定人员已在某文件上签字以示授权的书面证据。注册会计师预计样本中每一张该文件上都有适当的签名。

注册会计师应当将交易类型、账户余额,以及列报和披露的认定与重大错报风险的评估和进一步审计程序的设计及实施相联系。通常注册会计师在获取关于财务报表中列报和披露的审计证据时不采用抽样方法,因而审计测试目标通常与获取关于某类交易或账户余额的财务报表认定的审计证据有关,如表9.3 所示。

表9.3 注册会计师获取审计证据时使用认定

关于被审计期间交易和事项类型的认定	关于期末账户余额的认定
发生	存在
完整	权利与义务
准确	完整
截止	计价与分摊

二、选取样本阶段

(一) 确定样本规模

样本规模是指从总体中选取样本项目的数量。在审计抽样中,如果样本规模过小,就不能反映出审计对象总体的特征,注册会计师就无法获取充分的审计证据,其审计结论的可靠性就会大打折扣,甚至可能得出错误的审计结论;相反,如果样本规模过大,则会增加审计工作量,造成不必要的时间和人力上的浪费,加大审计成本,降低审计效率,就会失去审计抽样的意义。

影响样本规模的因素主要包括:

1. 可接受的抽样风险

在确定样本规模时,注册会计师应当考虑能否将抽样风险降至可接受的低水平。可接受的抽样风险与样本规模成反比。注册会计师愿意接受的抽样风险越低,样本规模通常越大。注册会计师愿意接受的抽样风险越高,样本规模越小。

2. 可容忍误差

可容忍误差是指注册会计师在认为测试目标已实现的情况下准备接受的总体最大误差。在控制测试中,它指注册会计师能够接受的最大偏差数量;如果偏差超过这一数量则减少或取消对控制程序的信赖。在细节测试中,它与在审计计划阶段设定的重要性金额有关。保证程度一定时,注册会计师运用职业判断确定该因素。可容忍误差越小,为实现同样的保证程度所需的样本规模越大。

3. 预计总体误差

预计总体误差是指注册会计师根据以前对被审计单位的经验或实施风险评估程序的结果而估计总体中可能存在的误差。预计总体误差越大,可容忍误差也应当越大;但预计总体误差不应超过可容忍误差。在既定的可容忍误差下,当预计总体误差增加时,所需的样本规模更大。

4. 总体变异性

总体变异性是指总体的某一特征(如金额)在各项目之间的差异程度。在控制测试中,注册会计师在确定样本规模时一般不考虑总体变异性。在细节测试中,注册会计师确定适当的样本规模时要考虑特征的变异性。总体项目的变异性越低,通常样本规模越小。注册会计师可以通过分层,将总体分为相对同质的组,以尽可能降低每一组中变异性的影响,从而减小样本规模。未分层总体具有高度变异性,其样本规模通常很大。最有效率的方法是根据预期会降低变异性的总体项目特征进行分层。在细节测试中分层的依据通常包括项目的账面金额,与项目处理有关的控制的性质,或与特定项目(如更可能包含错报的那部分总体项目)有关的特殊考虑等。分组后的每一组总体被称为一层,每层分别独立选取样本。

5. 总体规模

除非总体非常小,一般而言,总体规模对样本规模的影响几乎为零。注册会计师通常将抽样单元超过5000个的总体视为大规模总体。对大规模总体而言,总体的实际容量对样本规模几乎没有影响。对小规模总体而言,审计抽样比其他选择测试项目的方法的效率低。

表9.4列示了审计抽样中影响样本规模的因素,并分别说明了这些影响因素在控制测试和细节测试中的表现形式。

表9.4 影响样本规模的因素

影响因素	控制测试	细节测试	与样本规模的关系
可接受的抽样风险	可接受的信赖过度风险	可接受的误受风险	反向变动
可容忍误差	可容忍偏差率	可容忍错报	反向变动
预计总体误差	预计总体偏差率	预计总体错报	同向变动
总体变异性		总体变异性	同向变动
总体规模	总体规模	总体规模	影响很小

使用统计抽样方法时,注册会计师必须对影响样本规模的因素进行量化,并利用根据

统计公式开发的专门的计算机程序或专门的样本量表来确定样本规模。在非统计抽样中，注册会计师可以只对影响样本规模的因素进行定性的估计，并运用职业判断确定样本规模。

（二）选取样本

不管使用统计抽样或非统计抽样，在选取样本项目时，注册会计师都应当使总体中的所有抽样单元均有被选取的机会。使所有抽样单元都有被选取的机会是审计抽样的基本特征之一，否则，就无法根据样本结果推断总体。

选取样本的基本方法，包括使用随机数表或计算机辅助审计技术选样、系统选样和随意选样。

1. 使用随机数表或计算机辅助审计技术选样

使用随机数表或计算机辅助审计技术选样又称随机数选样。使用随机数选样需以总体中的每一项目都有不同的编号为前提。注册会计师可以使用计算机生成的随机数，如电子表格程序、随机数码生成程序、通用审计软件程序等计算机程序产生的随机数，也可以使用随机数表获得所需的随机数。

随机数是一组从长期来看出现概率相同的数码，且不会产生可识别的模式。随机数表也称乱数表，它是由随机生成的从 0~9 共 10 个数字所组成的数表，每个数字在表中出现的次数是大致相同的，它们出现在表上的顺序是随机的。表9.5 就是 5 位随机数表的一部分。

表9.5　随机数表

列行	1	2	3	4	5	6	7	8	9	10
1	32044	69037	29655	92114	81034	40582	1584	77184	85762	46505
2	23821	96070	82592	81642	8971	7411	9037	81530	56195	98425
3	82383	94987	66441	28677	95961	78346	37916	9416	42438	48432
4	68310	21792	71635	86089	38157	95620	96718	79554	50209	17705
5	94856	76940	22165	1414	1413	37231	5509	37489	56459	52983
6	95000	61958	83430	98250	70030	5436	74814	45978	9277	13827
7	20764	64638	11359	32556	89822	2713	81293	52970	25080	33555
8	71401	17964	50940	95753	34905	93566	36318	79530	51105	26952
9	38464	75707	16750	61371	1523	69205	32122	3436	14489	2086
10	59442	59247	74955	82835	98378	83513	47870	20795	1352	89906

应用随机数表选样的步骤如下：

（1）对总体项目进行编号，建立总体中的项目与表中数字的一一对应关系。一般情况下，编号可利用总体项目中原有的某些编号，如凭证号、支票号、发票号等。在没有事先编号的情况下，注册会计师需按一定的方法进行编号。

如由 40 页、每页 50 行组成的应收账款明细表，可采用 4 位数字编号，前两位由 01~40

的整数组成,表示该记录在明细表中的页数,后两位数字由 01~50 的整数组成,表示该记录的行次。这样,编号 0534 表示第 5 页第 34 行的记录。所需使用的随机数的位数一般由总体项目数或编号位数决定。如前例中可采用 4 位随机数表,也可以使用 5 位随机数表的前 4 位数字或后 4 位数字。

(2)确定连续选取随机数的方法。即从随机数表中选择一个随机起点和一个选号路线,随机起点和选号路线可以任意选择,但一经选定就不得改变。从随机数表中任选一行或任何一栏开始,按照一定的方向(上下左右均可)依次查找,符合总体项目编号要求的数字,即为选中的号码,与此号码相对应的总体项目即为选取的样本项目,一直到选足所需的样本量为止。例如,从前述应收账款明细表的 2 000 个记录中选择 10 个样本,总体编号规则如前所述,即前两位数字不能超过 40,后两位数字不能超过 50。如从表 9.5 第一行第一列开始,使用前 4 位随机数,逐行向右查找,则选中的样本为编号 3204、0741、0903、0941、3815、2216、0141、3723、0550、3748 的 10 个记录。

2. 系统选样

系统选样也称等距选样,是指按照相同的间隔从审计对象总体中等距离地选取样本的一种选样方法。采用系统选样法,首先要计算选样间距,确定选样起点,然后再根据间距顺序地选取样本。选样间距的计算公式为

$$选样间距 = 总体规模 \div 样本规模$$

例如,如果销售发票的总体范围是 652~3 151,设定的样本量是 125,那么选样间距为 20[(3152-652)÷125]。注册会计师必须从 0~19 中选取一个随机数作为抽样起点。如果随机选择的数码是 9,那么第一个样本项目是发票号为 661(652+9)的那一张,其余的 124 个项目是 681(661+20),701(681+20)……依此类推,直至第 3141 号。

系统选样方法的主要优点是使用方便,比其他选样方法节省时间,并可用于无限总体。此外,使用这种方法时,对总体中的项目不需要编号,注册会计师只要简单数出每一个间距即可。但是,使用系统选样方法要求总体必须是随机排列的,否则容易发生较大的偏差,造成非随机的、不具代表性的样本。如果测试项目的特征在总体内的分布具有某种规律性,则选择样本的代表性就可能较差。为克服系统选样法的这一缺点,可采用两种办法:一是增加随机起点的个数;二是在确定选样方法之前对总体特征的分布进行观察。如发现总体特征的分布呈随机分布,则采用系统选样法;否则,可考虑使用其他选样方法。

系统选样可以在非统计抽样中使用,在总体随机分布时也可适用于统计抽样。

3. 随意选样

随意选样也叫任意选样,是指注册会计师不带任何偏见地选取样本,即注册会计师不考虑样本项目的性质、大小、外观、位置或其他特征而选取总体项目。随意选样的主要缺点在于很难完全无偏见地选取样本项目,即这种方法难以彻底排除注册会计师的个人偏好对选取样本的影响,因而很可能使样本失去代表性。由于文化背景和所受训练等的不同,每个注册会计师都可能无意识地带有某种偏好。

三种基本方法均可选出代表性样本。但随机数选样和系统选样属于随机基础选样方法,即对总体的所有项目按随机规则选取样本,因而可以在统计抽样中使用,当然也可以在非统计抽样中使用。而随意选样虽然也可以选出代表性样本,但它属于非随机基础选样方法,因而不能在统计抽样中使用,只能在非统计抽样中使用。

(三)对样本实施审计程序

注册会计师应当针对选取的每个项目,实施适合于具体审计目标的审计程序。对选取的样本项目实施审计程序旨在发现并记录样本中存在的误差。

如果选取的项目不适合实施审计程序,注册会计师通常使用替代项目。例如,注册会计师在测试付款是否得到授权时选取的付款单据中可能包括一个空白的付款单。如果注册会计师确信该空白付款单是合理的且不构成误差,可以适当选择一个替代项目进行检查。

注册会计师通常对每一样本项目实施适合于特定审计目标的审计程序。有时,注册会计师可能无法对选取的抽样单元实施计划的审计程序(如由于原始单据丢失等原因)。注册会计师对未检查项目的处理取决于未检查项目对评价样本结果的影响。如果注册会计师对样本结果的评价不会因为未检查项目可能存在错报而改变,就不需对这些项目进行检查。如果未检查项目可能存在的错报会导致该类交易或账户余额存在重大错报,注册会计师就要考虑实施替代程序,为形成结论提供充分的证据。例如,对应收账款的积极式函证没有收到回函时,注册会计师必须审查期后收款的情况,以证实应收账款的余额。注册会计师也要考虑无法对这些项目实施检查的原因是否会影响计划的重大错报风险评估水平或对舞弊风险的评估。如果注册会计师无法或者没有执行替代审计程序,则应将该项目视为一项误差。

三、评价样本结果

(一)分析样本误差

注册会计师应当考虑样本的结果、已识别的所有误差的性质和原因及其对具体审计目标和审计的其他方面可能产生的影响。

无论是统计抽样还是非统计抽样,对样本结果的定性评估和定量评估一样重要。即使样本的统计评价结果在可以接受的范围内,注册会计师也应对样本中的所有误差(包括控制测试中的控制偏差和细节测试中的金额错报)进行定性分析。

(二)推断总体误差

在实施控制测试时,注册会计师将样本中发现的偏差数量除以样本规模,就计算出样本偏差率。由于样本的误差率就是整个总体的推断误差率,注册会计师无须推断总体误差率。

在控制测试中,无论使用统计抽样或非统计抽样方法,样本偏差率都是注册会计师对总体偏差率的最佳估计,但注册会计师必须考虑抽样风险。

当实施细节测试时,注册会计师应当根据样本中发现的误差金额推断总体误差金额,并考虑推断误差对特定审计目标及审计的其他方面的影响。

(三)形成审计结论

注册会计师应当评价样本结果,以确定对总体相关特征的评估是否得到证实或需要修正。

1. 控制测试中的样本结果评价

在控制测试中,注册会计师应当将总体偏差率与可容忍偏差率比较,但必须考虑抽样风险。

(1)统计抽样。在统计抽样中,注册会计师通常使用表格或计算机程序计算抽样风险。

用以评价抽样结果的大多数计算机程序都能根据样本规模、样本结果,计算在注册会计师确定的信赖过度风险条件下可能发生的偏差率上限的估计值。该偏差率上限的估计值即总体偏差率与抽样风险允许限度之和。

如果估计的总体偏差率上限低于可容忍偏差率,则总体可以接受。这时注册会计师对总体做出结论,样本结果支持计划评估的控制有效性,从而支持计划的重大错报风险评估水平。

如果估计的总体偏差率上限大于或等于可容忍偏差率,则总体不能接受。这时注册会计师对总体做出结论,样本结果不支持计划评估的控制有效性,从而不支持计划的重大错报风险评估水平。此时注册会计师应当修正重大错报风险评估水平,并增加实质性程序的数量。注册会计师也可以对影响重大错报风险评估水平的其他控制进行测试,以支持计划的重大错报风险评估水平。

如果估计的总体偏差率上限低于但接近可容忍偏差率,注册会计师应当结合其他审计程序的结果,考虑是否接受总体,并考虑是否需要扩大测试范围,以进一步证实计划评估的控制有效性和重大错报风险水平。

(2)非统计抽样。在非统计抽样中,抽样风险无法直接计量。注册会计师通常将样本偏差率(即估计的总体偏差率)与可容忍偏差率相比较,以判断总体是否可以接受。

如果样本偏差率大于可容忍偏差率,则总体不能接受。这时注册会计师对总体做出结论,样本结果不支持计划评估的控制有效性,从而不支持计划的重大错报风险评估水平。因此,注册会计师应当修正重大错报风险评估水平,并增加实质性程序的数量。注册会计师也可以对影响重大错报风险评估水平的其他控制进行测试,以支持计划的重大错报风险评估水平。

如果样本偏差率低于总体的可容忍偏差率,注册会计师要考虑即使总体实际偏差率高于可容忍偏差率时仍会出现这种结果的风险。如果样本偏差率大大低于可容忍偏差率,注册会计师通常认为总体可以接受。如果样本偏差率虽然低于可容忍偏差率,但两者很接近,注册会计师通常认为总体实际偏差率高于可容忍偏差率的抽样风险很高,因而总体不可接受。如果样本偏差率与可容忍偏差率之间的差额不是很大也不是很小,以至于不能认定总体是否可以接受时,注册会计师则要考虑扩大样本规模,以进一步收集证据。

2.细节测试中样本结果评价

在细节测试中,注册会计师首先必须根据样本中发现的实际错报要求被审计单位调整账面记录金额。将被审计单位已更正的错报从推断的总体错报金额中减掉后,注册会计师应当将调整后的推断总体错报与该类交易或账户余额的可容忍错报相比较,但必须考虑抽样风险。

(1)统计抽样。在统计抽样中,注册会计师利用计算机程序或数学公式计算出总体错报上限,并将计算的总体错报上限与可容忍错报比较。计算的总体错报上限等于推断的总体错报(调整后)与抽样风险允许限度之和。

如果计算的总体错报上限大于或等于可容忍错报,则总体不能接受。这时注册会计师对总体做出结论,所测试的交易或账户余额存在重大错报。在评价财务报表整体是否存在重大错报时,注册会计师应将该类交易或账户余额的错报与其他审计证据一起考虑。通常,注册会计师会建议被审计单位对错报进行调查,且在必要时调整账面记录。

(2)非统计抽样。在非统计抽样中,注册会计师运用其经验和职业判断评价抽样结果。如果调整后的总体错报大于可容忍错报,或虽小于可容忍错报但两者很接近,注册会计师通常做出总体实际错报大于可容忍错报的结论。也就是说,该类交易或账户余额存在重大错报,因而总体不能接受。如果对样本结果的评价显示,对总体相关特征的评估需要修正,注册会计师可以单独或综合采取下列措施:提请管理层对已识别的误差和存在更多误差的可能性进行调查,并在必要时予以调整;修改进一步审计程序的性质、时间安排和范围;考虑对审计报告的影响。

如果调整后的总体错报远远小于可容忍错报,注册会计师可以做出总体实际错报小于可容忍错报的结论,即该类交易或账户余额不存在重大错报,因而总体可以接受。

如果调整后的总体错报虽然小于可容忍错报,但两者之间的差距很接近(既不很小又不很大),注册会计师必须特别仔细地考虑,总体实际错报超过可容忍错报的风险是否能够接受,并考虑是否需要扩大细节测试的范围,以获取进一步的证据。

综上所述,审计抽样流程可以用图9.1表示。

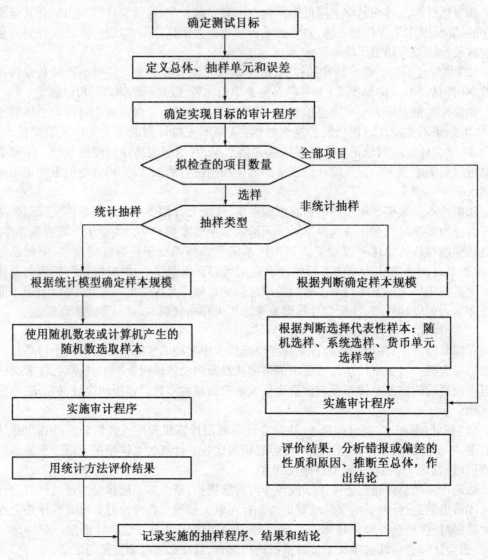

图9.1 审计抽样流程

第三节 审计抽样在控制测试中的应用

在控制测试中应用审计抽样有两种方法。一种是发现抽样,在注册会计师预计控制高度有效时可以使用,以证实控制的有效性。在发现抽样中,注册会计师使用的预计总体偏差率是0。在检查样本时,一旦发现一个偏差就立即停止抽样。如果在样本中没有发现偏差,则可以得出总体偏差率可以接受的结论。另一种是属性估计抽样,用以估计被测试控制程序中的偏差发生率,或控制程序未有效运行的频率。本节以第二种方法为主。

在控制测试中使用审计抽样可以分为样本设计、选取样本和评价样本结果三个阶段。

一、样本设计阶段

(一)确定测试目标

注册会计师实施控制测试的目标是提供关于控制运行有效性的审计证据,以支持计划的重大错报风险评估水平。只有认为控制设计合理、能够防止或发现并纠正认定层次的重大错报时,注册会计师才有必要对控制运行的有效性实施测试。如果对控制运行有效性的定性评价可以分为最高、高、中等和低四个层次,注册会计师只有在初步评估控制运行有效性在中等或以上水平时,才会实施控制测试。注册会计师必须首先针对某项认定详细了解控制目标和内部控制政策与程序之后,方可确定从哪些方面获取关于控制是否有效运行的审计证据。

例如,注册会计师实施控制测试的目标是确认现金支付授权控制的运行有效性,以支持对现金账户确定的重大错报风险评估水平。

(二)定义总体和抽样单元

1. 定义总体

在控制测试中,注册会计师必须考虑总体的同质性。同质性是指总体中的所有项目应该具有同样的特征。例如,如果被审计单位的出口和内销业务的处理方式不同,注册会计师应分别评价两种不同的控制情况,因而出现两个独立的总体。又如,虽然被审计单位的所有分支机构的经营可能都相同,但每个分支机构是由不同的人运行的。如果注册会计师对每个分支机构的内部控制和员工感兴趣,可以将每个分支机构作为一个独立的总体对待。另外,如果注册会计师关心的不是单个分支机构而是被审计单位整体的经营,且各分支机构的控制具有足够的相同之处,就可以将被审计单位视为一个单独的总体。

注册会计师在定义总体时,应当确保总体的适当性和完整性。首先,总体应适合于特定的审计目标。例如,要测试现金支付授权控制是否有效运行,如果从已得到授权的项目中抽取样本,注册会计师不能发现控制偏差,因为该总体不包含那些已支付但未得到授权的项目。因此在本例中,为发现未得到授权的现金支付,注册会计师应当将所有已支付现金的项目作为总体。其次,注册会计师还应考虑总体的完整性,包括代表总体的实物的完整性。例如,如果注册会计师将总体定义为特定时期的所有现金支付,代表总体的实物就是该时期的所有现金支付单据。

2. 定义抽样单元

注册会计师定义的抽样单元应与审计测试目标相适应。在控制测试中,注册会计师应根据被测试的控制定义抽样单元。抽样单元通常是能够提供控制运行证据的一份文件资料、一个记录或其中一行。例如,如果测试目标是确定付款是否得到授权,且设定的控制要求付款之前授权人在付款单据上签字,抽样单元可能被定义为每一张付款单据。如果一张付款单据包含了对几张发票的付款,且设定的控制要求每张发票分别得到授权,那么付款单据上与发票对应的一行就可能被定义为抽样单元。

对抽样单元的定义过于宽泛可能导致缺乏效率。例如,如果注册会计师将发票作为抽样单元,就必须对发票上的所有项目进行测试。如果注册会计师将发票上的每一行作为抽样单元,则只需对被选取的行所代表的项目进行测试。如果定义抽样单元的两种方法都适合于测试目标,将每一行的项目作为抽样单元可能效率更高。

(三)定义偏差

注册会计师必须事先准确定义构成误差的条件,否则执行审计程序时就没有识别误差的标准。在定义误差构成条件时,注册会计师应考虑审计程序的目标。

在控制测试中,误差是指控制偏差。注册会计师应仔细定义所要测试的控制及可能出现偏差的情况。注册会计师应根据对内部控制的理解,确定哪些特征能够显示被测试控制的运行情况,然后据此定义误差构成条件。在评估控制运行的有效性时,注册会计师应当考虑其认为必要的所有环节。例如,设定的控制要求每笔支付都应附有发票、收据、验收报告和订购单等证明文件,且均盖上"已付"戳记。注册会计师认为盖上"已付"戳记的发票和验收报告足以显示控制的适当运行。在这种情况下,误差可能被定义为缺乏盖有"已付"戳记的发票和验收报告等证明文件的款项支付。

(四)定义测试期间

注册会计师通常在期中实施控制测试。由于期中测试获取的证据只与控制在期中的运行有关,注册会计师需要确定如何获取关于剩余期间的证据。

1. 将总体定义为整个被审计期间的交易

在设计控制测试的审计样本时,注册会计师通常将测试扩展至在剩余期间发生的交易,以获取额外的证据。在这些情况下,总体由整个被审计期间的交易组成。

(1)初始测试。注册会计师可能将总体定义为包括整个被审计期间的交易,但在期中实施初始测试。在这种情况下,注册会计师可能估计总体中剩余期间将发生的交易的数量,并在期末审计时对所有发生在期中测试之后的被选取交易进行检查。例如,如果被审计单位在当年的前十个月开具了编号从1到10 000的发票,注册会计师可能估计,根据企业的经营周期,剩下两个月中将开具2 500张发票;因此注册会计师在选取所需的样本时用1到12 500作为编号。所选取的发票中,编号小于或等于10 000的样本项目在期中审计时进行检查,剩余的样本项目将在期末审计时进行检查。

(2)估计总体。在估计总体规模时,注册会计师可能考虑上年同期的实际情况、变化趋势以及经营性质等因素。在实务中,一方面注册会计师可能高估剩余项目的数量。年底,如果部分被选取的编号对应的交易没有发生(由于实际发生的交易数量低于预计数量),可以用其他交易代替。考虑到这种可能性,注册会计师可能希望稍多选取一些项目,对多余的项目只在需要作为替代项目时才进行检查。另一方面,注册会计师也可能低估剩余项目的数量。如果剩余项目的数量被低估,一些交易将没有被选取的机会,因此,样本不能代表注册会计师所定义的总体。在这种情况下,注册会计师可以重新定义总体,以将样本中未包含的项目排除在外。对未包含在重新定义总体中的项目,注册会计师可以实施替代程序,例如,将这些项目作为一个独立的样本进行测试,或对其进行百分之百的检查,或询问剩余期间的情况。注册会计师应判断各种替代程序的效率和效果,并据此选择适合于具体情况的方法。

2. 将总体定义为从年初到期中测试日为止的交易

将整个被审计期间的所有交易包括在抽样总体中通常效率不高,有时使用替代方法测试剩余期间的控制有效性也许效率更高。在这种情况下,注册会计师将总体定义为从年初到期中测试日为止的交易,并在确定是否需要针对剩余期间获取额外证据以及获取哪些证据时考虑下列因素:所涉及的认定的重要性;期中进行测试的特定控制;自期中以来控制发生的任何变化;控制改变实质性程序的程度;期中实施控制测试的结果;剩余期间的长短;对剩余期间实施实质性程序所产生的,与控制的运行有关的证据。

二、选取样本阶段

(一)确定样本规模

1. 影响样本规模的因素

在控制测试中影响样本规模的因素如下:

(1)可接受的信赖过度风险。在实施控制测试时,注册会计师主要关注抽样风险中的信赖过度风险。可接受的信赖过度风险与样本规模反向变动。控制测试中选取的样本旨在提供关于控制运行有效性的证据。由于控制测试是控制是否有效运行的主要证据来源,因此,可接受的信赖过度风险应确定在相对较低的水平上。通常,相对较低的水平在数量上是指5%或10%的信赖过度风险。注册会计师一般将信赖过度风险确定为10%,特别重要的测试则可以将信赖过度风险确定为5%。在实务中,注册会计师通常对所有控制测试确定一个统一的可接受信赖过度风险水平,然后对每一测试根据计划的重大错报风险评估水平和控制有效性分别确定其可容忍偏差率。本例中,注册会计师确定的可接受信赖过度风险为10%。

(2)可容忍偏差率。可容忍偏差率是指注册会计师在不改变其计划评估的控制有效性,从而不改变其计划评估的重大错报风险水平的前提下,愿意接受的对于设定控制的最大偏差率。可容忍偏差率与样本规模反向变动。在确定可容忍偏差率时,注册会计师应考虑计划评估的控制有效性。计划评估的控制有效性越低,注册会计师确定的可容忍偏差率通常越高,所需的样本规模就越小。一个很高的可容忍偏差率通常意味着,控制的运行不会大大降低相关实质性程序的程度。在这种情况下,由于注册会计师预期控制运行的有效性很低,特定的控制测试可能不需进行。反之,如果注册会计师在评估认定层次重大错报风险时预期控制的运行是有效的,注册会计师必须实施控制测试。换言之,注册会计师在风险评估时越依赖控制运行的有效性,确定的可容忍偏差率越低,进行控制测试的范围越大,因而样本规模增加。

在实务中,注册会计师通常认为,当偏差率为 3%~7% 时,控制有效性的估计水平较高;可容忍偏差率最高为 20%,偏差率超过 20% 时,由于估计控制运行无效,注册会计师不需进行控制测试。当估计控制运行有效时,如果注册会计师确定的可容忍偏差率较高就被认为不恰当。表 9.6 列示了可容忍偏差率与计划评估的控制有效性之间的关系。本例中注册会计师预期现金支付授权控制运行有效,确定的可容忍偏差率为 7%。

表 9.6 可容忍偏差率和计划评估的控制有效性之间的关系

计划评估的控制有效性	可容忍偏差率(近似值,%)
高	3~7
中	6~12
低	11~20
最低	不进行控制测试

(3)预计总体偏差率,《中国注册会计师审计准则第 1314 号——审计抽样和其他选取测试项目的方法》第二十四条第二款规定,在实施控制测试时,注册会计师通常根据对相关控制的设计和执行情况的了解,或根据从总体中抽取少量项目进行检查的结果,对拟测试总体的预计误差率进行评估。注册会计师可以根据上年测试结果和控制环境等因素对预计总体偏差率进行估计。考虑上年测试结果时,应考虑被审计单位内部控制和人员的变化。在实务中,如果以前年度的审计结果无法取得或认为不可靠,注册会计师可以在抽样总体中选取一个较小的初始样本,以初始样本的偏差率作为预计总体偏差率的估计值。如果预计总体偏差率很高,意味着控制有效性很低,这时注册会计师应考虑不进行控制测试,而实施更多的实质性程序。本例中,注册会计师根据上年测试结果和对控制的初步了解,预计总体的偏差率为 1.75%。

(4)总体规模。在本例中,现金支付业务数量很大,因而注册会计师认为总体规模对样本规模的影响可以忽略。

2.确定样本规模

实施控制测试时,注册会计师可能使用统计抽样,也可能使用非统计抽样。在统计抽样中,注册会计师可以使用样本量表确定样本规模。表 9.7 和表 9.8 分别提供了在控制测试中确定的可接受信赖过度风险为 5% 和 10% 时所使用的样本量表。如果注册会计师需要其他信赖过度风险水平的抽样规模,必须使用统计抽样参考资料中的其他表格或计算机程序。

注册会计师根据可接受的信赖过度风险选择相应的抽样规模表,然后读取预计总体偏差率栏找到适当的比率。接下来注册会计师确定与可容忍偏差率对应的列。可容忍偏差率所在列与预计总体偏差率所在行的交点就是所需的样本规模。本例中,如前所述,注册会计师确定的可接受信赖过度风险为10%,可容忍偏差率为7%,预计总体偏差率为1.75%。在信赖过度风险为10%时所使用的表9.8中,7%可容忍偏差率与1.75%预计总体偏差率的交叉处为55,即所需的样本规模为55。

表9.7 控制测试统计抽样样本规模——信赖过度风险5%

预计总体偏差率/%	可容忍偏差率									
	2%	3%	4%	5%	6%	7%	8%	9%	10%	15%	20%
0	149	99(0)	74(0)	59(0)	49(0)	42(0)	36(0)	32(0)	29(0)	19(0)	14(0)
0.25	236	157	117	93(1)	78(1)	66(1)	58(1)	51(1)	46(1)	30(1)	22(1)
0.5	*	157	117	93(1)	78(1)	66(1)	58(1)	51(1)	46(1)	30(1)	22(1)
0.75	*	208	117	93(1)	78(1)	66(1)	58(1)	51(1)	46(1)	30(1)	22(1)
1	*	*	156	93(1)	78(1)	66(1)	58(1)	51(1)	46(1)	30(1)	22(1)
1.25	*	*	156	124	78(1)	66(1)	58(1)	51(1)	46(1)	30(1)	22(1)
1.5	*	*	192	124	103	66(1)	58(1)	51(1)	46(1)	30(1)	22(1)
1.75	*	*	227	153	103	88(2)	77(2)	51(1)	46(1)	30(1)	22(1)
2	*	*	*	181	127	88(2)	77(2)	68(2)	46(1)	30(1)	22(1)
2.25	*	*	*	208	127	88(2)	77(2)	68(2)	61(2)	30(1)	22(1)
2.5	*	*	*	*	150	109	77(2)	68(2)	61(2)	30(1)	22(1)
2.75	*	*	*	*	173	109	95(3)	68(2)	61(2)	30(1)	22(1)
3	*	*	*	*	195	129	95(3)	84(3)	61(2)	30(1)	22(1)
3.25	*	*	*	*	*	148	112	61(2)	30(1)	22(1)	22(1)
3.5	*	*	*	*	*	167	112	76(3)	40(2)	22(1)	22(1)
3.75	*	*	*	*	*	185	129	100	76(3)	40(2)	22(1)
4	*	*	*	*	*	*	146	100	89(4)	40(2)	22(1)
5	*	*	*	*	*	*	*	158	116	40(2)	30(2)
6	*	*	*	*	*	*	*	*	179	50(3)	30(2)
7	*	*	*	*	*	*	*	*	*	68(3)	37(3)

注1:*表示样本规模太大,因而在多数情况下不符合成本效益原则。
注2:本表假设总体为大总体。
注3:括号内是可接受的偏差数

表 9.8　控制测试统计抽样样本规模——信赖过度风险 10%

预计总体偏差率/%	可容忍偏差率										
	0.02	0.03	0.04	0.05	0.06	0.07	0.08	0.09	0.1	0.15	0.2
0	114(0)	76(0)	57(0)	45(0)	38(0)	32(0)	28(0)	25(0)	22(0)	15(0)	11(0)
0.25	194(1)	129(1)	96(1)	77(1)	64(1)	55(1)	48(1)	42(1)	38(1)	25(1)	18(1)
0.5	194(1)	129(1)	96(1)	77(1)	64(1)	55(1)	48(1)	42(1)	38(1)	25(1)	18(1)
0.75	265(2)	129(1)	96(1)	77(1)	64(1)	55(1)	48(1)	42(1)	38(1)	25(1)	18(1)
1	*	176(2)	96(1)	77(1)	64(1)	55(1)	48(1)	42(1)	38(1)	25(1)	18(1)
1.25	*	221(3)	132(2)	77(1)	64(1)	55(1)	48(1)	42(1)	38(1)	25(1)	18(1)
1.5	*	*	132(2)	105(5)	64(1)	55(1)	48(1)	42(1)	38(1)	25(1)	18(1)
1.75	*	*	166(3)	105(2)	88(2)	55(1)	48(1)	42(1)	38(1)	25(1)	18(1)
2	*	*	198(4)	132(3)	88(2)	75(2)	48(1)	42(1)	38(1)	25(1)	18(1)
2.25	*	*	*	132(3)	88(2)	75(2)	65(2)	42(1)	38(1)	25(1)	18(1)
2.5	*	*	*	158(4)	110(3)	75(2)	65(2)	58(2)	38(1)	25(1)	18(1)
2.75	*	*	*	209(6)	132(4)	94(3)	65(2)	58(2)	52(2)	25(1)	18(1)
3	*	*	*	*	132(4)	94(3)	65(2)	58(2)	52(2)	25(1)	18(1)
3.25	*	*	*	*	153(5)	113(4)	82(3)	58(2)	52(2)	25(1)	18(1)
3.5	*	*	*	*	194(7)	113(4)	82(3)	73(3)	52(2)	25(1)	18(1)
3.75	*	*	*	*	*	131(5)	98(4)	73(3)	52(2)	25(1)	18(1)
4	*	*	*	*	*	149(6)	98(4)	73(3)	65(3)	25(1)	18(1)
5	*	*	*	*	*	*	160(8)	115(6)	78(4)	34(2)	18(1)
6	*	*	*	*	*	*	*	182(11)	116(7)	43(3)	25(2)
7	*	*	*	*	*	*	*	*	199(14)	52(4)	25(2)

注1：*表示样本规模太大，因而在大多数情况下不符合成本效益原则。
注2：本表假设总体为大总体。
注3：括号内是可接受的偏差数

（二）选取样本

在控制测试中使用统计抽样方法时，注册会计师必须在上节所述的使用随机数表或计算机辅助审计技术选样和系统选样中选择一种方法。

（三）实施审计程序

在对选取的样本项目实施审计程序时可能出现以下几种情况：

1. 无效单据

注册会计师选取的样本中可能包含无效的项目。例如，在测试与被审计单位的收据（发票）有关的控制时，注册会计师可能将随机数与总体中收据的编号对应。但是，某一随机数对应的收据可能是无效的（比如空白收据）。如果注册会计师能够合理确信该收据的无效是正常的且不构成对设定控制的偏差,就要用另外的收据替代。

2. 未使用或不适用的单据

注册会计师对未使用或不适用单据的考虑与无效单据类似。例如,一组使用的收据号码中可能包含未使用的号码或有意遗漏的号码。如果注册会计师选择了一个未使用号码,就应合理确信该收据号码实际上代表一张未使用收据且不构成控制偏差。然后注册会计师用一个额外的收据号码替换该未使用的收据号码。有时选取的项目不适用于事先定义的偏差。例如,如果偏差被定义为没有验收报告支持的交易,选取的样本中包含的电话费可能没有相应的验收报告。如果合理确信该交易不适用且不构成控制偏差,注册会计师要用另一笔交易替代该项目,以测试相关的控制。

3. 对总体的估计出现错误

如果注册会计师使用随机数选样方法选取样本项目,在控制运行之前可能需要估计总体规模和编号范围。当注册会计师将总体定义为整个被审计期间的交易,但计划在期中实施部分抽样程序时,这种情况最常发生。如果注册会计师高估了总体规模和编号范围,选取的样本中超出实际编号的所有数字都被视为未使用单据。在这种情况下,注册会计师要用额外的随机数代替这些数字,以确定对应的适当单据。

4. 在结束之前停止测试

有时注册会计师可能在对样本的第一部分进行测试时发现大量偏差。其结果是,注册会计师可能认为,即使在剩余样本中没有发现更多的偏差,样本的结果也不支持计划的重大错报风险评估水平。在这种情况下,注册会计师要重估重大错报风险并考虑是否有必要继续进行测试。

5. 无法对选取的项目实施检查

注册会计师应当针对选取的每个项目,实施适合于具体审计目标的审计程序。有时,被测试的控制只在部分样本单据上留下了运行证据。如果找不到该单据,或由于其他原因注册会计师无法对选取的项目实施检查,注册会计师可能无法使用替代程序测试控制是否适当运行。对此,就要考虑在评价样本时将该样本项目视为控制偏差。另外,注册会计师要考虑造成该限制的原因,以及该限制可能对其了解内部控制和评估重大错报风险产生的影响。

三、评价样本结果阶段

(一)计算总体偏差率

将样本中发现的偏差数量除以样本规模,就可以计算出样本偏差率。样本偏差率就是注册会计师对总体偏差率的最佳估计,因而在控制测试中无须另外推断总体偏差率。但注册会计师还必须考虑抽样风险。

(二)分析偏差的性质和原因

除了评价偏差发生的频率之外,注册会计师还要对偏差进行定性分析,即分析偏差的性质和原因。

注册会计师对偏差的性质和原因的分析包括:是有意的还是无意的?是误解了规定还是粗心大意?是经常发生还是偶然发生?是系统的还是随机的?如果对偏差的分析表明是故意违背了既定的内部控制政策或程序,注册会计师应考虑存在重大舞弊的可能性。

如果注册会计师发现许多误差具有相同的特征,如交易类型、地点、生产线或时期等,则应考虑该特征是不是引起误差的原因,是否存在其他尚未发现的具有相同特征的误差。此时,注册会计师应将具有该共同特征的全部项目划分为一层,并对层中的所有项目实施审计程序,以发现潜在的系统误差。同时,注册会计师仍需分析误差的性质和原因,考虑存在舞弊的可能性。如果将某一误差视为异常误差,注册会计师应当实施追加的审计程序,以高度确信该误差对总体误差不具有代表性。

在控制测试中考虑已识别的误差对财务报表的直接影响时,注册会计师应当注意,控制偏差并不一定导致财务报表中的金额错报。控制偏差虽然增加了金额错报的风险,但两者不是一一对应的关系。如果某项控制偏差更容易导致金额错报,该项控制偏差就更加重要。例如,与被审计单位没有定期对信用限额进行检查相比,如果被审计单位的销售发票出现错误,则注册会计师对后者的容忍度较低。这是因为,被审计单位即使没有对客户的信用限额进行定期检查,其销售收入和应收账款的账面金额也不一定发生错报,但如果销售发票出现错误,通常会导致被审计单位确认的销售收入和其他相关账户金额出现错报。

(三)得出总体结论

在实务中,注册会计师使用统计抽样方法时通常使用公式、表格或计算机程序直接计算在确定的信赖过度风险水平下可能发生的偏差率上限,即估计的总体偏差率与抽样风险允许限度之和。

1. 使用统计公式评价样本结果

假定本例中,注册会计师对 56 个项目实施了既定的审计程序,且未发现偏差,则在既定的可接受信赖过度风险下,根据样本结果计算总体最大偏差率为

$$总体偏差率上限(MDR) = \frac{R}{n} = \frac{风险系数}{样本量} = \frac{2.3}{56} = 4.1\%$$

其中的风险系数根据可接受的信赖过度风险为 10%,且偏差数量为 0,在表 9.9 中查得为 2.3。表 9.9 列示了在控制测试中常用的风险系数。

表 9.9 控制测试中常用的风险系数表

样本中发现偏差的数量	信赖过度风险	
	5%	10%
0	3	2.3
1	4.8	3.9
2	6.3	5.3
3	7.8	6.7
4	9.2	8
5	10.5	9.3
6	11.9	10.6
7	13.2	11.8
8	14.5	13
9	15.7	14.2
10	17	15.4

这意味着,如果样本量为 56 且无一例偏差,总体实际偏差率超过 4.1% 的风险为 10%,即有 90% 的把握保证总体实际偏差率不超过 4.1%。由于注册会计师确定的可容忍偏差率为 7%,因此可以得出结论,总体的实际偏差率超过可容忍偏差率的风险很小,总体可以接受。也就是说,样本结果证实注册会计师对控制运行有效性的估计和评估的重大错报风险水平是适当的。

如果在 56 个样本中有两个偏差,则在既定的可接受信赖过度风险下,按照公式计算的总体偏差率上限为

$$\text{总体偏差率上限(MDR)} = \frac{R}{n} = \frac{\text{风险系数}}{\text{样本量}} = \frac{5.3}{56} = 9.5\%$$

这意味着,如果样本量为 56 且有两个偏差,总体实际偏差率超过 9.5% 的风险为 10%。在可容忍偏差率为 7% 的情况下,注册会计师可以做出结论,总体的实际偏差率超过可容忍偏差率的风险很大,因而不能接受总体。也就是说,样本结果不支持注册会计师对控制运行有效性的估计和评估的重大错报风险水平。注册会计师应当扩大控制测试范围,以证实初步评估结果,或提高重大错报风险评估水平,并增加实质性程序的数量,或者对影响重大错报风险评估水平的其他控制进行测试,以支持计划的重大错报风险评估水平。

2. 使用样本结果评价表

注册会计师也可以使用样本结果评价表评价统计抽样的结果。表 9.10 和表 9.11 分别列示了可接受的信赖过度风险为 5% 和 10% 时的总体偏差率上限。

本例中,注册会计师应当选择可接受的信赖过度风险为 10% 的表(表 9.10)评价样本结果。样本规模为 56,注册会计师可以选择样本规模为 55 的那一行。当样本中未发现偏差时,应选择偏差数为零的那一列,两者交叉处的 4.1% 即为总体的偏差率上限,与利用公式计算的结果 4.1% 相等。此时,由于总体偏差率上限小于本例中的可容忍偏差率 7%,总体可以接受。也就是说,样本结果证实注册会计师对控制运行有效性的估计和评估的重大错报风险水平是适当的。

表 9.10　控制测试中统计抽样结果评价——信赖过度风险 5% 时的偏差率上限

样本规模	实际发现的偏差数										
	0	1	2	3	4	5	6	7	8	9	10
25	11.3	17.6	*	*	*	*	*	*	*	*	*
30	9.5	14.9	19.6	*	*	*	*	*	*	*	*
35	8.3	12.9	17	*	*	*	*	*	*	*	*
40	7.3	11.4	15	18.3	*	*	*	*	*	*	*
45	6.5	10.2	13.4	16.4	19.2	*	*	*	*	*	*
50	5.9	9.2	12.1	14.8	17.4	19.9	*	*	*	*	*
55	5.4	8.4	11.1	13.5	15.9	18.2	*	*	*	*	*
60	4.9	7.7	10.2	12.5	14.7	16.8	18.8	*	*	*	*

续表9.10

样本规模	\multicolumn{11}{c}{实际发现的偏差数}
	0	1	2	3	4	5	6	7	8	9	10
65	4.6	7.1	9.4	11.5	13.6	15.5	17.4	19.3	*	*	*
70	4.2	6.6	8.8	10.8	12.6	14.5	16.3	18	19.7	*	*
75	4	6.2	8.2	10.1	11.8	13.6	15.2	16.9	18.5	20	*
80	3.7	5.8	7.7	9.5	11.1	12.7	14.3	15.9	17.4	18.9	*
90	3.3	5.2	6.9	8.4	9.9	11.4	12.8	14.2	15.5	16.8	18.2
100	3	4.7	6.2	7.6	9	10.3	11.5	12.8	14	15.2	16.4
125	2.4	3.8	5	6.1	7.2	8.3	9.3	10.3	11.3	12.3	13.2
150	2	3.2	4.2	5.1	6	6.9	7.8	8.6	9.5	10.3	11.1
200	1.5	2.4	3.2	3.9	4.6	5.2	5.9	6.5	7.2	7.8	8.4

注1：*表示超过20%。

注2：本表以百分比表示偏差率上限；本表假设总体足够大。

表9.11 控制测试中统计抽样结果评价——信赖过度风险10%时的偏差率上限

样本规模	\multicolumn{11}{c}{实际发现的偏差数}
	0	1	2	3	4	5	6	7	8	9	10
20	10.9	18.1	*	*	*	*	*	*	*	*	*
25	8.8	14.7	19.9	*	*	*	*	*	*	*	*
30	7.4	12.4	16.8	*	*	*	*	*	*	*	*
35	6.4	10.7	14.5	18.1	*	*	*	*	*	*	*
40	5.6	9.4	12.8	16	19	*	*	*	*	*	*
45	5	8.4	11.4	14.3	17	19.7	*	*	*	*	*
50	4.6	7.6	10.3	12.9	15.4	17.8	*	*	*	*	*
55	4.1	6.9	9.4	11.8	14.1	16.3	18.4	*	*	*	*
60	3.8	6.4	8.7	10.8	12.9	15	16.9	18.9	*	*	*
70	3.3	5.5	7.5	9.3	11.1	12.9	14.6	16.3	17.9	19.6	*
80	2.9	4.8	6.6	8.2	9.8	11.3	12.8	14.3	15.8	17.2	18.6
90	2.6	4.3	5.9	7.3	8.7	10.1	11.5	12.8	14.1	15.4	16.6
100	2.3	3.9	5.3	6.6	7.9	9.1	10.3	11.5	12.7	13.9	15
120	2	3.3	4.4	5.5	6.6	7.6	8.7	9.7	10.7	11.6	12.6
160	1.5	2.5	3.3	4.2	5	5.8	6.5	7.3	8	8.8	9.5
200	1.2	2	2.7	3.4	4	4.6	5.3	5.9	6.5	7.1	7.6

注1：*表示超过20%。

注2：本表以百分比表示偏差率上限；本表假设总体足够大。

当样本中发现两个偏差时,应选择偏差数为2的那一列,两者交叉处的9.4%即为总体的偏差率上限,与利用公式计算的结果9.5%相近。此时,总体偏差率上限大于可容忍偏差率,因此不能接受总体。也就是说,样本结果不支持注册会计师对控制运行有效性的估计和评估的重大错报风险水平。注册会计师应当扩大控制测试范围,以证实初步评估结果,或提高重大错报风险评估水平,并增加实质性程序的数量,或者对影响重大错报风险评估水平的其他控制进行测试,以支持计划的重大错报风险评估水平。

四、在控制测试中使用非统计抽样

在控制测试中使用非统计抽样时,抽样的基本流程和主要步骤与使用统计抽样时相同。注册会计师首先必须确定测试目标和审计程序,然后根据测试目标定义总体、抽样单元、偏差和测试期间。通常注册会计师还应识别与拟测试控制相关的交易和账户及其认定,为之后的实质性程序做准备。例如,注册会计师的测试目标是确认"采购订购单须经总经理签字确认"这一控制在被审计期间是否运行有效,将总体定义为20x8年发生的所有采购(用20x8年签订的所有采购订购单代表),将抽样单元定义为每份采购订购单,将偏差定义为"采购订购单上没有总经理或其授权人的签字"。

注册会计师应当根据对被审计单位的初步了解,运用职业判断确定样本规模。在非统计抽样中,注册会计师也必须考虑可接受抽样风险、可容忍偏差率、预计总体偏差率以及总体规模等,但可以不对其量化,而只进行定性的估计。

在控制测试中,影响注册会计师可以接受的信赖过度风险的因素包括:该控制所针对的风险的重要性;控制环境的评估结果;针对风险的控制程序的重要性;证明该控制能够防止、发现和改正认定层次重大错报风险的审计证据的相关性和可靠性;在与某认定有关的其他控制的测试中获取的证据的范围;控制的叠加程度;对控制的观察和询问所获得的答复可能不能准确反映该控制得以持续适当运行的风险。

在控制测试中使用非统计抽样时,注册会计师可以根据表9.12确定所需的样本规模。表9.12是在预计没有控制偏差的情况下对人工控制进行测试的最低样本数量。考虑到前述因素,注册会计师往往可能需要测试比表中所列更多的样本。例如,对全年共发生500次的采购批准控制,如果初步评估控制运行有效,注册会计师至少要测试25个样本。如果25个样本中没有发现偏差,样本结果支持初步风险评估结果。如果25个样本中发现了偏差,样本结果不支持初步风险评估结果;此时注册会计师可以得出控制无效的结论,或考虑扩大样本量(通常是再检查25个样本)。如果拟测试的控制是针对相关认定的唯一控制时,注册会计师应考虑更大的样本量。

表9.12 人工控制最低样本规模表

控制执行频率	控制发生总次数	最低样本数量
1次/年度	1次	1
1次/季度	4次	2
1次/月度	12次	3
1次/周	52次	5
1次/日	250次	20
每日数次	大于250次	25

有些控制可能执行次数很多,但不是每天都执行。例如,如果某公司实施一种按月执行的控制,该控制针对多个事项(某人每月对该公司的所有50个银行账户编制银行余额调节表)。在此情况下,首先把信息换算成对应的控制发生总次数,也就是12个月乘以50个等于600个,然后从表格中选择对应的行。此时,600是个大规模的抽样总体,应采用"每日数次"这一行来确定样本规模。

在确定被审计单位自动控制的测试范围时,如果支持其运行的信息技术一般控制有效,注册会计师测试一次应用程序控制便可能足以获得对控制有效运行的较高的保证水平。

在非统计抽样方法中,注册会计师可以使用随机数表或计算机辅助审计技术选样、系统选样,也可以使用随意选样。非统计抽样只要求选出的样本具有代表性,并不要求必须是随机样本。

与统计抽样相同,在非统计抽样中也应当对选取的样本项目实施审计程序,并对发现的偏差进行定性分析。在非统计抽样中,注册会计师同样将样本的偏差率作为总体偏差率的最佳估计。但在非统计抽样中,抽样风险无法直接计量。注册会计师通常将样本偏差率(估计的总体偏差率)与可容忍偏差率相比较,以判断总体是否可以接受。

假设被审计单位20×8年发生了500笔采购交易,注册会计师初步评估该控制运行有效,那么所需的样本数量至少是25。如果25个样本中没有发现偏差,那么控制测试的样本结果支持计划的控制运行有效性和重大错报风险的评估水平。如果25个样本中发现了1个偏差,注册会计师有两种处理办法:其一,认为控制没有有效运行,控制测试样本结果不支持计划的控制运行有效性和重大错报风险的评估水平,因而提高重大错报风险评估水平,增加对相关账户的实质性程序;其二,再测试25个样本,如果其中没有再发现偏差,也可以得出样本结果支持控制运行有效性和重大错报风险的初步评估结果,反之则证明控制无效。

五、记录抽样程序

注册会计师应当记录所实施的审计程序,以形成审计工作底稿。在控制测试中使用审计抽样时,注册会计师通常记录下列内容:

(1)对所测试的设定控制的描述。
(2)抽样的目标,包括与重大错报风险评估的关系。
(3)对总体和抽样单元的定义,包括注册会计师如何考虑总体的完整性。
(4)对偏差的构成条件的定义。
(5)信赖过度风险,可容忍偏差率,以及在抽样中使用的预计总体偏差率。
(6)确定样本规模的方法。
(7)选样方法。
(8)对如何实施抽样程序的描述,以及样本中发现的偏差清单。
(9)对样本的评价及总体结论摘要。

对样本的评价和总体结论摘要可能包含样本中发现的偏差数量、对注册会计师如何考虑抽样风险的解释,以及关于样本结果是否支持计划的重大错报风险评估水平的结论。工作底稿中还可能记录偏差的性质、注册会计师对偏差的定性分析,以及样本评价结果对其他审计程序的影响。

第四节　审计抽样在细节测试中的运用

在细节测试中进行审计抽样,可能使用统计抽样,也可能使用非统计抽样。两种抽样方法的基本流程和主要步骤相同,但在部分环节所用的具体方法有所差别。以下分述之。

一、在细节测试中使用非统计抽样方法

(一)样本设计阶段

实施细节测试时,注册会计师在样本设计阶段必须完成的工作包括四个环节:确定测试目标、定义总体、定义抽样单元,界定错报。

1. 明确测试目标

在细节测试中,抽样通常用来为有关财务报表金额的一项或多项认定提供特定水平的合理保证(如应收账款的存在性)。因而细节测试旨在对各类交易、账户余额、列报的相关认定进行测试,尤其是对存在或发生、计价认定的测试。注册会计师实施审计程序的目标就是确定相关认定是否存在重大错报。通过在账户余额中选取项目进行测试,注册会计师可以检查出那些虚构项目、余额中不应包含的项目(分类错误的项目)以及估价错误的项目。

2. 定义总体

(1)考虑总体的适当性和完整性。注册会计师应确信抽样总体适合于特定的审计目标。例如,注册会计师如果对已记录的项目进行抽样,就无法发现由于某些项目被隐瞒而导致的金额低估。为发现这类低估错报,注册会计师应从包含被隐瞒项目的来源选取样本。例如,注册会计师可能对随后的现金支付进行抽样,以测试由隐瞒采购所导致的应付账款账面金额低估;或者对装运单据进行抽样,以发现由已装运但未确认为销售的交易所导致的低估销售收入问题。

注册会计师实际上是从代表总体的实物中选取样本项目。如果注册会计师将总体定义为特定日期的所有应收账款余额,那么代表总体的实物则可能就是该日的应收账款明细账。注册会计师要考虑代表总体的实物是否包括了所有总体项目。

(2)识别单个重大项目(超过可容忍错报应该单独测试的项目)和极不重要的项目。在细节测试中计划抽样时,注册会计师应当运用职业判断,判断某账户余额或交易类型中是否存在及存在哪些应该单独测试而不能放在抽样总体中的项目。某一项目可能由于存在特别风险或者金额较大而应被视为单个重大项目。注册会计师应当对单个重大项目逐一实施检查,以将抽样风险控制在合理的范围内。

3. 定义抽样单元

在细节测试中,注册会计师应根据审计目标和所实施审计程序的性质,定义抽样单元。抽样单元可能是一个账户余额、一笔交易或交易中的一个记录(如销售发票中的单个项目),甚至是每个货币单元。例如,如果抽样的目标是测试应收账款是否存在,注册会计师可能选择各应收账款明细账余额、发票或发票上的单个项目作为抽样单元。

注册会计师定义抽样单元时也应考虑实施计划的审计程序或替代程序的难易程度。如果将抽样单元界定为客户明细账余额,当某客户没有回函证实该余额时,注册会计师可能需要对构成该余额的每一笔交易进行测试。因此,如果将抽样单元界定为构成应收账款余额的每笔交易,审计抽样的效率可能更高。

4. 界定错报

在细节测试中,误差是指错报,注册会计师应根据审计目标,确定什么构成错报。例如,在对应收账款存在性的细节测试中(如函证),客户在函证日之前支付、被审计单位在函证日之后不久收到的款项不构成误差。而且,被审计单位在不同客户之间误登明细账也不影响应收账款总账余额。即使在不同客户之间误登明细账可能对审计的其他方面(如对舞弊的可能性或坏账准备的适当性的评估)产生重要影响,注册会计师在评价应收账款函证程序的样本结果时也不宜将其判定为误差。在审计抽样中,注册会计师应根据审计目标界定错报。如果错报定义为账面金额与注册会计师审定金额之间的差异,不符合相关特征的差异就不是错报。

(二) 选取样本阶段

1. 确定样本规模

(1) 影响样本规模的因素。如果在细节测试中使用非统计抽样,注册会计师在确定适当的样本规模时,也需要考虑相关的影响因素。例如,总体变异性、可接受抽样风险、可容忍错报、预计总体错报,以及总体规模等,即使注册会计师无法明确地量化这些因素。

① 总体的变异性。总体项目的某一特征(如金额)经常存在重大的变异性。在细节测试中确定适当的样本规模时,注册会计师应考虑特征的变异性。注册会计师通常根据项目账面金额的变异性估计总体项目审定金额的变异性。衡量这种变异或分散程度的指标是标准差。注册会计师在使用非统计抽样时,不需量化期望的总体标准差,但要用"大"或"小"等定性指标来估计总体的变异性。总体项目的变异性越低,通常样本规模越小。

② 可接受的抽样风险。细节测试中的抽样风险分为两类:误受风险和误拒风险。在细节测试中使用非统计抽样方法时,注册会计师主要关注误受风险。

在确定可接受的误受风险水平时,注册会计师需要考虑下列因素:

a. 注册会计师愿意接受的审计风险水平。

b. 评估的重大错报风险水平。

c. 针对同一审计目标(财务报表认定)的其他实质性程序的检查风险,包括分析程序。

在实务中,注册会计师愿意承担的审计风险通常为5%~10%。当审计风险既定时,如果注册会计师将重大错报风险评估为低水平,就可以在实质性程序中接受较高的误受风险。当可接受的误受风险增加时,实质性程序所需的样本规模降低。相反,如果注册会计师评估的重大错报风险水平较高,可接受的误受风险降低,所需的样本规模就增加。

③ 可容忍错报。可容忍错报与注册会计师计划的重要性水平有关。某账户的可容忍错报实际上就是该账户的重要性水平。对特定的账户余额或交易类型而言,当误受风险一定时,如果注册会计师确定的可容忍错报降低,为实现审计目标所需的样本规模就增加。

④ 预计总体错报。在确定细节测试所需的样本规模时,注册会计师还需要考虑预计在账户余额或交易中存在的错报金额和频率。预计总体错报的规模或频率降低,所需的样本

规模也降低。相反,预计总体错报的规模或频率增加,所需的样本规模也增加。

注册会计师在运用职业判断确定预计错报额时,应当考虑被审计单位的经营状况,以前年度对账户余额或交易类型进行测试的结果,初始样本的结果,相关实质性程序的结果,以及相关控制测试的结果等因素。

⑤总体规模。总体中的项目数量在细节测试中对样本规模的影响很小。因此,按总体的固定百分比确定样本规模通常缺乏效率。

(2)利用模型确定样本规模。注册会计师在细节测试中可以用来确定样本规模的模型为

$$样本规模 = \frac{总体账面金额}{可容忍错报} \times 保证系数$$

使用本模型时确定样本规模的步骤如下:
①考虑重大错报风险,将其评估为最高、高、中和低四个等级。
②确定可容忍错报。
③评估用于测试相同认定的其他实质性程序(如分析程序)未能发现该认定中重大错报的风险。

a. 最高——没有实施其他实质性程序测试相同认定
b. 高——预计用于测试相同认定的其他实质性程序不能有效地发现该认定中的重大错报
c. 中——预计用于测试相同认定的其他实质性程序发现该认定中重大错报的有效程度适中
d. 低——预计用于测试相同认定的其他实质性程序能有效地发现该认定中的重大错报
④剔除百分之百检查的所有项目后估计总体的账面金额。
⑤从表9.13中选择适当的保证系数,并适用下列公式估计样本规模为

$$样本规模 = \frac{总体账面金额}{可容忍错报} \times 保证系数$$

表9.13 保证系数表

评估的重大错报风险	其他实质性程序未能发现重大错报风险			
	最高	高	中	低
最高	3.00	2.7	2.30	2.00
高	2.70	2.4	2.00	1.60
中	2.30	2.1	1.60	1.20
低	2.00	1.6	1.20	1.00

⑥调整估计的样本规模,以反映非统计方法与本模型使用的统计方法在效率上的差异。在实务中,如果样本不是以统计有效的方式选取,注册会计师调整样本规模的幅度通常在10%-50%。

2. 选取样本并对其实施审计程序

在非统计抽样方法中,注册会计师可以使用随机数表或计算机辅助审计技术选样、系统选样,也可以使用随意选样。注册会计师应当仔细选取样本,以使样本能够代表抽样总

体的特征。在选取样本之前,注册会计师通常先识别单个重大项目。然后,从剩余项目中选取样本,或者对剩余项目分层,并将样本规模相应分配给各层。注册会计师从每一层中选取样本,但选取的方法应当能使样本具有代表性。注册会计师应对选取的每一个样本实施计划的审计程序。

分层使具有相同特征的个体样本被包含在一个层中,从而降低了样本个体的可变性,同时,对于既定的抽样风险,样本规模能够最小化。因此,必须对总体分层进行评估,否则可能会因为样本太小而不能有效控制抽样风险。利用总体金额来评估是否应对总体进行分层的方法通常非常简便。为了进行评估,注册会计师通常应按照金额升序或降序的方式对总体项目进行排序,将总体分为金额大约相等的两个部分。如果各部分中存在明显不成比例的项目数,那么应对其进行分层。

(三)评价样本结果阶段

1. 考虑错报的性质和原因

除了评价错报的频率和金额之外,注册会计师还要对错报进行定性分析,分析错报的性质和原因,判断其对财务报表重大错报的影响。

2. 推断总体错报

当实施细节测试时,注册会计师应当根据样本中发现的错报推断总体错报。在非统计抽样中,根据样本中发现的错报金额推断总体错报金额的方法有多种,注册会计师可以从中选择其一。本节介绍两种常用的方法。

第一种方法是比率法,即用样本中的错报金额除以该样本中包含的账面金额占总体账面总金额的比例。例如,注册会计师选取的样本可能包含了应收账款账户账面金额的10%。如果注册会计师在样本中发现了100元的错报,其对总体错报的最佳估计为1000元(100元÷10%)。这种方法不需使用总体规模。比率估计法在错报金额与抽样单元金额相关时最为适用,是大多数审计抽样中注册会计师首选的总体推断方法。

第二种方法是差异法,即计算样本中所有项目审定金额和账面金额的平均差异,并推断至总体的全部项目。例如,注册会计师选取的非统计抽样样本为100个项目。如果注册会计师在样本中发现的错报为200元,样本项目审定金额和账面金额的平均差异则为2元(200元÷100)。然后注册会计师可以用总体规模(本例中为5 000)乘以样本项目的平均差异2元,以估计总体的错报金额。注册会计师估计的总体错报则为10 000元(5 000×2元)。差异估计法通常更适用于错报金额与抽样单元本身而不是与其金额相关的情况。

如果注册会计师在设计样本时将进行抽样的项目分为几组,则要在每组分别推断错报,然后将各组推断的金额加总,计算估计总体错报。注册会计师还要将在进行百分之百检查的个别重大项目中发现的所有错报与推断的错报金额汇总。

3. 考虑抽样风险并得出总体结论

注册会计师应当将推断的总体错报额与百分之百检查的项目中所发现的错报加总,并要求被审计单位调整已经发现的错报。依据被审计单位已更正的错报对推断的总体错报额进行调整后,注册会计师要将其与该类交易或账户余额的可容忍错报相比较,并适当考虑抽样风险,以评价样本结果。如果推断的错报总额低于账户余额或交易类型的可容忍错报,注册会计师要考虑即使总体的实际错报金额超过可容忍错报,仍可能出现这一情况的风险。例如,如果1 000 000元的某账户余额的可容忍错报为50 000元,根据适当的样本推断的总体错报为10 000元,由于推断的总体错报远远低于可容忍错报,注册会计师可能合理确信,总体实际错报金额超过可容忍错报的抽样风险很低,因而可以接受。另外,如果推断的错报总额接近或超过可容忍错报,注册会计师通常得出总体实际错报超过可容忍错报的结论。

（四）记录抽样程序

注册会计师要记录所实施的审计程序,以形成审计工作底稿。在实质性程序中使用审计抽样时,注册会计师通常记录下列内容:测试目标和对与此目标相关的其他审计程序的描述;总体和抽样单元的定义,包括注册会计师如何确定总体的完整性;错报的定义;误受风险、误拒风险和可容忍错报;使用的审计抽样方法;选样方法;描述抽样程序的实施,以及样本中发现的错报清单;对样本的评价和总体结论摘要。

二、在细节测试中使用统计抽样

统计抽样和非统计抽样的流程和步骤完全一样,只是在确定样本规模、选取样本和推断总体的具体方法上有所差别。注册会计师在细节测试中使用的统计抽样方法主要包括传统变量抽样和概率比例规模抽样法（以下简称PPS抽样）。两种统计抽样方法的区别主要体现在确定样本规模和推断总体两个方面。

（一）传统变量抽样

根据推断总体的方法不同,传统变量抽样又可以分为三种具体的方法:均值估计抽样、差额估计抽样和比率估计抽样。

1. 均值估计抽样

均值估计抽样是指通过抽样审查确定样本的平均值,再根据样本平均值推断总体的平均值和总值的一种变量抽样方法。使用这种方法时,注册会计师先计算样本中所有项目审定金额的平均值,然后用这个样本平均值乘以总体规模,得出总体金额的估计值。总体估计金额和总体账面金额之间的差额就是推断的总体错报。例如,注册会计师从总体规模为1 000、账面金额为1 000 000元的存货项目中选择了200个项目作为样本。在确定了正确的采购价格并重新计算了价格与数量的乘积之后,注册会计师将200个样本项目的审定金额加总后除以200,确定样本项目的平均审定金额为980元,然后计算估计的存货余额为980 000元（980×1000）。推断的总体错报就是20 000元（1 000 000~980 000）。

2. 差额估计抽样

差额估计抽样是以样本实际金额与账面金额的平均差额来估计总体实际金额与账面金额的平均差额,然后再以这个平均差额乘以总体规模,从而求出总体的实际金额与账面金额的差额（即总体错报）的一种方法。差额估计抽样的计算公式为

$$平均错报 = \frac{样本审定金额与账面金额的差额}{样本规模}$$

推断的总体错报 = 平均错报 × 总体规模

使用这种方法时,注册会计师先计算样本项目的平均错报,然后根据这个样本平均错报推断总体。例如,注册会计师从总体规模为 1 000 的存货项目中选取了 200 个项目进行检查。总体的账面金额总额为 1 040 000 元。注册会计师逐一比较 200 个样本项目的审定金额和账面金额并将账面金额(208 000 元)和审定金额(196 000 元)之间的差异加总,本例中为 12 000 元。12 000 元的差额除以样本项目个数 200,得到样本平均错报 60 元。然后注册会计师用这个平均错报乘以总体规模,计算出总体错报为 60 000 元(60 元 × 1 000)。

3. 比率估计抽样

比率估计抽样是指以样本的实际金额与账面金额之间的比率关系来估计总体实际金额与账面金额之间的比率关系,然后再以这个比率去乘总体的账面金额,从而求出估计的总体实际金额的一种抽样方法。比率估计抽样法的计算公式为

$$比率 = \frac{样本审定金额}{样本账面金额}$$

估计的总体实际金额 = 总体账面金额 × 比率

推断的总体错报 = 估计的总体实际金额 - 总体账面金额

如果上例中注册会计师使用比率估计抽样,样本审定金额合计与样本账面金额的比例则为 0.94(196 000 ÷ 208 000)。注册会计师用总体的账面金额乘以该比例 0.94,得到估计的存货余额 977600 元(1 040 000 × 0.94)。推断的总体错报则为 62 400 元(1 040 000 - 977 600)。

(二)概率比例规模抽样(PPS 抽样)

细节测试中运用的两种统计抽样方法,即传统变量抽样和 PPS 抽样,都能为注册会计师实现审计目标提供充分的证据。但在有些情况下,PPS 抽样比传统变量抽样更实用。

1. PPS 抽样的概念

PPS 抽样是一种运用属性抽样原理对货币金额而不是对发生率得出结论的统计抽样方法。PPS 抽样以货币单元作为抽样单元,有时也被称为金额加权抽样、货币单元抽样、累计货币金额抽样,以及综合属性变量抽样等。在该方法下总体中的每个货币单元被选中的机会相同,所以总体中某一项目被选中的概率等于该项目的金额与总体金额的比率。项目金额越大,被选中的概率就越大。但实际上注册会计师并不是对总体中的货币单元实施检查,而是对包含被选取货币单元的余额或交易实施检查。注册会计师检查的余额或交易被称为逻辑单元或实物单元。PPS 抽样有助于注册会计师将审计重点放在较大的余额或交易。此抽样方法之所以得名,是因为总体中每一余额或交易被选取的概率与其账面金额(规模)成比例。

注册会计师进行 PPS 抽样必须满足两个条件:第一,总体的错报率很低(低于 10%),且总体规模在 2 000 以上。这是 PPS 抽样使用的泊松分布的要求。第二,总体中任一项目的错报不能超过该项目的账面金额。这就是说,如果某账户的账面金额是 100 元,其错报金额不能超过 100 元。

2. PPS抽样的优缺点

除了具备统计抽样的一般优点之外,PPS抽样还具有一些特殊之处。了解PPS抽样的优点和不足有助于注册会计师确定在测试中是否使用PPS抽样。

PPS抽样的优点包括下列方面:

(1)PPS抽样一般比传统变量抽样更易于使用。由于PPS抽样以属性抽样原理为基础,注册会计师可以很方便地计算样本规模,手工或使用量表评价样本结果。样本的选取可以在计算机程序或计算器的协助下进行。

(2)PPS抽样可以如同大海捞针一样发现极少量的大额错报,原因在于它通过将少量的大额实物单元拆成数量众多、金额很小的货币单元,从而赋予大额项目更多的机会被选入样本。

(3)PPS抽样的样本规模无须考虑被审计金额的预计变异性。传统变量抽样的样本规模是在总体项目共有特征的变异性或标准差的基础上计算的。PPS抽样在确定所需的样本规模时不需要直接考虑货币金额的标准差。

(4)PPS抽样中项目被选取的概率与其货币金额大小成比例,因而生成的样本自动分层。如果使用传统变量抽样,注册会计师通常需要对总体进行分层,以减小样本规模。在PPS抽样中,如果项目金额超过选样间距,PPS系统选样将自动识别所有单个重大项目。

(5)如果注册会计师预计错报不存在或很小,PPS抽样的样本规模通常比传统变量抽样方法更小。

(6)PPS抽样的样本更容易设计,且可在能够获得完整的总体之前开始选取样本。

PPS抽样的缺点包括下列方面:

(1)PPS抽样要求总体每一实物单元的错报金额不能超出其账面金额。

(2)在PPS抽样中,被低估的实物单元被选取的概率更低。PPS抽样不适用于测试低估。如果注册会计师在PPS抽样的样本中发现低估,在评价样本时需要特别考虑。

(3)对零余额或负余额的选取需要在设计时特别考虑。例如,如果准备对应收账款进行抽样,注册会计师可能需要将贷方余额分离出去,作为一个单独的总体。如果检查零余额的项目对审计目标非常重要,注册会计师需要单独对其进行测试,因为零余额在PPS抽样中不会被选取。

(4)当总体中错报数量增加时,PPS抽样所需的样本规模也会增加。在这些情况下,PPS抽样的样本规模可能大于传统变量抽样所需的规模。

(5)当发现错报时,如果风险水平一定,PPS抽样在评价样本时可能高估抽样风险的影响,从而导致注册会计师更可能拒绝一个可接受的总体账面金额。

(6)在PPS抽样中注册会计师通常需要逐个累计总体金额。但如果相关的会计数据以电子形式储存,就不会额外增加大量的审计成本。

本章练习

一、单项选择题

1.下列属于误拒风险是(　　)。

A. 根据抽样结果对实际存在重大错误的账户余额得出不存在重大错误的结论

B. 根据抽样结果对实际不存在重大错误的账户余额得出存在重大错误的结论

C. 根据抽样结果对内控制度的信赖程度低于其实际应信赖的程度

D. 根据抽样结果对内控制度的信赖程度高于其实际应信赖的程度

2. 下列各项风险中,对审计工作的效率和效果都产生影响的是(   )。

A. 误拒风险

B. 信赖不足风险

C. 非抽样风险

D. 误受风险

3. 下列抽样风险中,属于注册会计师在细节测试时,最容易导致其发表不恰当审计意见的是(   )。

A. 信赖过度风险

B. 误拒风险

C. 信赖不足风险

D. 误受风险

4. 存货总金额为500万元,重要性水平为10万元,根据抽样结果推断的差错额为6.5万元,而账户的实际差错额为12万元,这时,注册会计师承受了(   )。

A. 误拒风险

B. 信赖不足风险

C. 误受风险

D. 信赖过度风险

5. 信赖过度风险和误受风险影响的是(   )。

A. 审计的效率

B. 审计的效果

C. 初步判断的重要性水平

D. 可接受的审计风险水平

6. 注册会计师由于专业判断的失误造成审计结论与客户的客观事实不符,这种可能性属于(   )。

A. 非抽样风险

B. 抽样风险

C. 误拒风险

D. 信赖过度风险

7. 在控制测试的统计抽样中,注册会计师对总体做出的结论可以接受的是(   )。

A. 估计的总体偏差率上限低于可容忍偏差率

B. 样本偏差率大大低于可容忍偏差率

C. 计算的总体错报上限低于可容忍错报

D. 调整后的总体错报远远小于可容忍错报

第九章　审计抽样　169

8. 在可容忍误差率为5%,预计误差率为3%,允许的抽样风险为2%的情况下,当注册会计师对200个文档进行检查时发现8个文档有错误,此时可以得到的结论是(　　)。

　A. 不接受降低对控制风险的评估,因为样本的实际误差率加上允许的抽样风险大于预计的误差率

　B. 接受降低对控制风险的评估的样本结果,因为样本的实际误差率加上允许的抽样风险大于可容忍误差率

　C. 不接受降低对控制风险的评估,因为样本的实际误差率加上允许的抽样风险大于可容忍误差率

　D. 接受降低对控制风险的评估的样本结果,因为可容忍误差率减去允许的抽样风险等于预计的误差率

9. 可容忍误差在控制测试中表现为可容忍偏差率,注册会计师在确定可容忍偏差率时,主要考虑的因素是(　　)。

　A. 重大错报风险的初步评估水平

　B. 对被审单位及其环境的了解程度

　C. 计划估计的控制有效性

　D. 控制风险的高低

10. PPS抽样中,预计没有错报时,如果注册会计师确定的可容忍错报为10 000元,误受风险是7%,计算的选样间距是3 000元。如果总体账面金额为1 800 000元,抽样规模则是(　　)。

　A. 10 000

　B. 700

　C. 600

　D. 3 000

11. 注册会计师在细节测试中运用统计抽样时,下列有关评价样本结果的说法中正确的是(　　)。

　A. 如果计算的总体错报上限低于但接近可容忍错报,则总体不能接受

　B. 如果计算的总体错报上限等于可容忍错报,则总体可以接受

　C. 如果计算的总体错报上限等于或者大于可容忍错报,则总体不能接受,注册会计师对总体得出的结论是所测试的交易或账户余额存在重大错报

　D. 如果计算的总体错报上限远远小于可容忍错报,则总体不可以接受

12. 在审计抽样中,注册会计师选取的样本包含了存货账面金额的20%,同时在样本中发现了300元的错报,则注册会计师运用比率法得出的总体错报最佳估计值是(　　)元。

　A. 320

　B. 1 500

　C. 280

　D. 15 000

13. 在总体较大的情况下,与确定样本规模无关的是(　　)。

A. 预计总体误差

B. 总体变异性

C. 总体规模

D. 可接受的抽样风险

14. 注册会计师将统计抽样运用于下列( )项目属于变量抽样。

A. 未经批准而赊销的金额

B. 赊销是否经过严格审批

C. 赊销单上是否均有主管人员的签字

D. 购货付款环节的职责分工是否合理

15. 注册会计师获取审计证据时可能使用三种目的的审计程序：风险评估程序、控制测试和实质性程序，下列属于注册会计师拟实施的审计程序中通常可以使用审计抽样的是( )。

A. 当控制的运行未留下轨迹时的控制测试

B. 实质性分析程序

C. 风险评估程序

D. 当控制的运行留下轨迹时的控制测试

16. 如果抽样结果有95%的可信赖程度，则( )。

A. 抽样结果有5%的可容忍误差

B. 抽样结果有5%的抽样风险

C. 抽样结果有5%的可容忍偏差率

D. 抽样结果有5%的预计总体偏差率

17. 关于PPS抽样的说法不正确的是( )。

A. PPS抽样一般比传统变量抽样更易于使用

B. PPS抽样的样本规模需考虑被审计金额的预计变异性

C. 对零余额或负余额的选取需要在设计时特别考虑

D. PPS抽样的样本更容易设计，且可在能够获得完整的总体之前开始选取样本

18. 注册会计师从总体规模为1 000、账面金额为1 000 000元的存货项目中选择了200个项目作为样本。在确定了正确的采购价格并重新计算了价格与数量的乘积之后，注册会计师将200个样本项目的审定金额加总后除以200，确定样本项目的平均审定金额为980元。那么，运用均值估计抽样推断的总体错报就是( )元。

A. 980

B. 980 000

C. 40 000

D. 20 000

二、多项选择题

1. PPS抽样的优点体现在( )。

A. PPS抽样可以发现极少量的大额错报

B. 在PPS抽样中注册会计师通常需要逐个累计总体金额

C. PPS抽样的样本更容易设计,且可在能够获得完整的总体之前开始选取样本

D. 对零余额或负余额的选取需要在设计时特别考虑

2. 下列有关PPS抽样的说法中,不恰当的有(　　)。

A. 运用PPS抽样时,在未获得完整的总体之前,不能开始选取样本

B. 运用PPS抽样时,在未获得完整的总体之前,可以开始选取样本

C. 在PPS抽样下,总体中的每个项目被选中的概率是均等的

D. 在PPS抽样下,注册会计师无需对总体进行分层

3. 在实质性程序中,注册会计师在确定可接受的误受风险水平时应考虑的因素包括(　　)。

A. 注册会计师愿意接受的审计风险水平

B. 评估的重大错报风险水平

C. 针对同一审计目标(财务报表认定)的分析程序的检查风险

D. 可接受的误拒风险水平

4. 注册会计师在进行审计时,要记录所实施的审计程序,以形成审计工作底稿,下列属于注册会计师在实质性程序中使用审计抽样时,通常记录的内容有(　　)。

A. 使用的审计抽样方法

B. 描述抽样程序的实施,以及样本中发现的错报清单

C. 对偏差构成条件的定义

D. 测试目标和对与此目标相关的其他审计程序的描述

5. 在细节测试中使用非统计抽样方法时,注册会计师需要确定可接受的误受风险,为此考虑的因素有(　　)。

A. 控制测试的结果

B. 评估的重大错报风险水平

C. 针对同一审计目标的其他实质性程序的检查风险,包括分析程序

D. 注册会计师愿意接受的审计风险水平

6. 如果注册会计师决定在对应收账款实施实质性程序时使用统计抽样方法,而且预计将会发现少量的差异,则会考虑使用的统计抽样方法有(　　)。

A. 比率估计抽样

B. 均值估计抽样

C. 差额估计抽样

D. 概率比例规模抽样法

7. 在对控制测试抽样结果评价时,如果总体偏差率上限大于可容忍偏差率,注册会计师则(　　)。

A. 不能接受总体

B. 应当扩大控制测试范围

C. 提高重大错报风险评估水平,并增加实质性程序的数量

D. 对影响重大错报风险评估水平的其他控制进行测试,以支持计划的重大错报风险评估水平

8. 统计抽样与非统计抽样具有各自不同的用途。以下控制测试适宜采用统计抽样的有（　　）。

   A. 通过抽样查找内部控制偏差率下降的幅度

   B. 通过调整样本规模精确地控制抽样风险

   C. 分析被测试的内部控制偏差率是否与上年相同

   D. 分析被测试的内部控制偏差率比上年下降的原因

9. 选取样本的基本方法有（　　）。

   A. 随机选样

   B. 固定选样

   C. 等距选样

   D. 随意选样

10. 在细节测试中,下列项目与样本量呈反向变动关系的有（　　）。

    A. 可接受的误受风险

    B. 可容忍错报

    C. 预计总体偏差率

    D. 总体变异性

11. 下列各项中,与注册会计师设计样本时所确定的样本量存在反向变动关系的有（　　）。

    A. 可接受的抽样风险

    B. 可信赖程度

    C. 可容忍误差

    D. 预期总体误差

12. 下面有关样本规模提法正确的有（　　）。

    A. 在控制测试中,注册会计师确定的总体项目的变异性越低,样本规模就越小

    B. 对于小规模总体,总体规模越大则需选取的样本越多

    C. 注册会计师愿意接受的抽样风险越低,样本规模就越大

    D. 预计总体误差越大,则样本规模越大

13. 使用随机数表选取样本时,需要确定选号的（　　）。

    A. 范围,即所选号码是否落入抽样单位的编号范围之内

    B. 路线,即按照何种方向作为选取样本的顺序

    C. 位数,即选用随机数表中每个数的哪几位与抽样单位相对应

    D. 起点,即以随机数表中的哪个数作为所选样本的首个号码

三、简答题

1. ABC 会计师事务所的甲和乙注册会计师接受委派,对 A 公司 2009 年度财务报表进行审计。确定财务报表可容忍错报为 10 000 元。在实质性程序中甲和乙注册会计师运用统计抽样,发现一些样本存在误差,在分析样本误差时,履行了以下程序：

（1）对某项目无法或没有执行替代审计程序，视该项目为一项误差。

（2）某些样本误差项目具有共同的特征，作为一个整体，实施相应的审计程序，并根据审计结果，进行单独的评价。

（3）在分析抽样中所发现的误差时，还应考虑误差的质的方面，包括误差的性质、原因及其对其他相关审计工作的影响。

要求：

（1）根据样本误差推断总体错报上限如果小于、大于或等于可容忍错报，甲和乙注册会计师应如何处理？

（2）甲和乙注册会计师在分析样本误差时，履行的程序是否合适？

2. 甲和乙注册会计师负责对 A 公司 2009 年度财务报表进行审计，审计 A 公司 2009 年度营业收入时，为了确定 A 公司销售业务是否真实、完整，会计处理是否正确，甲和乙注册会计师拟从 A 公司 2009 年开具的销售发票的存根中选取若干张，核对销售合同和发运单，并检查会计处理是否符合规定。A 公司 2009 年共开具连续编号的销售发票 4 000 张，销售发票号码为第 2001 号至第 6000 号，甲和乙注册会计师计划从中选取 10 张销售发票样本。

随机数表（部分）

	（1）	（2）	（3）	（4）	（5）
（1）	10480	15011	01536	02011	81647
（2）	22368	46573	25595	85313	30995
（3）	24130	48360	22527	97265	76393
（4）	42167	93093	06243	61680	07856
（5）	37570	39975	81837	16656	06121
（6）	77921	06907	11008	42751	27756
（7）	99562	72905	56420	69994	98872
（8）	96301	91977	05463	07972	18876
（9）	89759	14342	63661	10281	17453
（10）	85475	36857	53342	53988	53060

要求：

（1）针对资料二，假定甲和乙注册会计师以随机数表所列数字的后 4 位数与销售发票号码一一对应，确定第（2）列第（4）行为起点，选号路线为自上而下、自左而右。请代甲和乙注册会计师确定选取的 10 张销售发票样本的发票号码分别为多少？

（2）如果上述 10 笔销售业务的账面价值为 1 000 000 元，审计后认定的价值为 1 002 700 元，假定 A 公司 2009 年度营业收入账面价值为 150 000 000 元，并假定误差与账面价值不成比例关系，请运用差额估计抽样法推断 A 公司 2009 年度营业收入的总体实际价值（要求列示计算过程）。

参考答案

一、单项选择题

1. B 2. C 3. D 4. C 5. B 6. A 7. A 8. C 9. C 10. C 11. C 12. B 13. C 14. A 15. D 16. B 17. B 18. D

二、多项选择题

1. AC 2. AC 3. ABC 4. ABD 5. BCD 6. BD 7. ABCD 8. ABC 9. ACD 10. AB 11. AC 12. BCD 13. ABCD

三、简答题

1. (1) 甲和乙注册会计师在实质性程序中运用审计抽样,推断总体误差后,应将推断的总体错报与可容忍错报进行比较。如果推断的总体错报上限＜可容忍错报,说明总体可以接受,注册会计师对总体做出结论是所测试的交易或账户余额不存在重大错报;如果推断的总体错报上限＞或＝可容忍错报,说明总体不能接受,所测试的交易或账户余额存在重大错报。在评价财务报表整体是否存在重大错报时,注册会计师应将该类交易或账户余额的错报与其他审计证据一起考虑。通常,注册会计师会建议被审计单位对错报进行调查,且在必要时调整账面记录。

    (2) 甲和乙注册会计师在分析样本误差时,应首先根据预先确定的构成误差的条件,确定某一有问题的项目是否为一项误差,然后再履行上述程序。

2. (1) 选取的10张销售发票样本的发票号码分别为3093、2905、4342、5595、2527、5463、3661、3342、2011、5313。

    (2) 平均差额＝(1 002 700 − 1 000 000)/10＝270(元)

    估计的总体差额＝270×4 000＝1 080 000(元)

    估计的总体价值＝150 000 000＋1 080 000＝151 080 000(元)

第十章 审计工作底稿

第一节 审计工作底稿概述

一、审计工作底稿的含义

审计工作底稿,是指注册会计师对制定的审计计划、实施的审计程序、获取的相关审计证据,以及得出的审计结论做出的记录。审计工作底稿是审计证据的载体,是注册会计师在审计过程中形成的审计工作记录和获取的资料。它形成于审计过程,也反映整个审计过程。

二、审计工作底稿的编制目的

审计工作底稿在计划和执行审计工作中发挥着关键作用。它提供了审计工作实际执行情况的记录,并形成审计报告的基础。审计工作底稿也可用于质量控制复核、监督会计师事务所对审计准则的遵循情况以及第三方的检查等。因此,注册会计师应当及时编制审计工作底稿,以实现下列目的:

(1)提供充分、适当的记录,作为审计报告的基础。
(2)提供证据,证明其按照审计准则的规定执行了审计工作。

除上述目的外,编制审计工作底稿还可以实现下列目的:

(1)有助于项目组计划和实施审计工作。
(2)有助于项目组成员对是否按照《中国注册会计师审计准则第1121号——历史财务信息审计的质量控制》的要求,履行其指导、监督与复核审计工作的责任进行监督。
(3)使项目组对其工作负责。
(4)为以后的审计提供相关资料。
(5)便于有经验的注册会计师根据《会计师事务所质量控制准则第5101号——业务质量控制》的规定实施质量控制复核与检查。
(6)便于有经验的注册会计师根据适当的法律法规或其他要求实施外部检查。

三、审计工作底稿的编制要求

注册会计师编制的审计工作底稿,应当使未曾接触该项审计工作的有经验的专业人士清楚地了解:按照审计准则的规定实施的审计程序的性质、时间安排和范围;实施审计程序的结果和获取的审计证据;就重大事项得出的结论。

有经验的专业人士,是指对下列方面有合理了解的人士:审计过程;相关法律法规和审计准则的规定;被审计单位所处的经营环境;与被审计单位所处行业相关的会计和审计问题。

四、审计工作底稿的性质

(一)审计工作底稿的存在形式

审计工作底稿可以以纸质、电子或其他介质形式存在。

为便于会计师事务所内部进行质量控制和外部执业质量检查或调查,以电子或其他介质形式存在的审计工作底稿,应与其他纸质形式的审计工作底稿一并归档,并应能通过打印等方式,转换成纸质形式的审计工作底稿。

在实务中,为便于复核,注册会计师可以将以电子或其他介质形式存在的审计工作底稿通过打印等方式,转换成纸质形式的审计工作底稿,并与其他纸质形式的审计工作底稿一并归档,同时,单独保存这些以电子或其他介质形式存在的审计工作底稿。

(二)审计工作底稿通常包括的内容

审计工作底稿通常包括总体审计策略、具体审计计划、分析表、问题备忘录、重大事项概要、询证函回函、管理层声明书、核对表、有关重大事项的往来信件(包括电子邮件),以及对被审计单位文件记录的摘要或复印件等。

此外,审计工作底稿通常还包括业务约定书、管理建议书、项目组内部或项目组与被审计单位举行的会议记录、与其他人士(、如其他注册会计师、律师、专家等)的沟通文件及错报汇总表等。但是,审计工作底稿并不能代替被审计单位的会计记录。

(三)审计工作底稿通常不包括的内容

审计工作底稿通常不包括已被取代的审计工作底稿的草稿或财务报表的草稿、对不全面或初步思考的记录、存在印刷错误或其他错误而作废的文本,以及重复的文件记录等。由于这些草稿、错误的文本或重复的文件记录不直接构成审计结论和审计意见的支持性证据,因此,注册会计师通常无须保留这些记录。

第二节 审计工作底稿的格式、要素和范围

一、确定审计工作底稿的格式、要素和范围时考虑的因素

在确定审计工作底稿的格式、要素和范围时,注册会计师应当考虑下列因素:

(1)实施审计程序的性质。通常,不同的审计程序会使得注册会计师获取不同性质的审计证据,由此注册会计师可能会编制不同的审计工作底稿。

(2)已识别的重大错报风险。识别和评估的重大错报风险水平的不同可能导致注册会计师实施的审计程序和获取的审计证据不尽相同。

(3)在执行审计工作和评价审计结果时需要做出判断的程度。审计程序的选择和实施及审计结果的评价通常需要不同程度的职业判断。

(4)已获取审计证据的重要程度。注册会计师通过执行多项审计程序可能会获取不同的审计证据,有些审计证据的相关性和可靠性较高,有些质量则较差,注册会计师可能区分不同的审计证据进行有选择性的记录。因此,审计证据的重要程度也会影响审计工作底稿的格式、内容和范围。

(5)已识别的例外事项的性质和范围。有时注册会计师在执行审计程序时会发现例外事项,由此可能导致审计工作底稿在格式、内容和范围方面的不同。

(6)当从已执行审计工作或获取审计证据的记录中不易确定结论或结论的基础时,记录结论或结论基础的必要性。在某些情况下,特别是在涉及复杂的事项时,注册会计师仅将已执行的审计工作或获取的审计证据记录下来,并不容易使其他有经验的注册会计师通过合理的分析,得出审计结论或结论的基础。此时注册会计师应当考虑是否需要进一步说明并记录得出结论的基础(即得出结论的过程)及该事项的结论。

(7)使用的审计方法和工具。使用的审计方法和工具可能影响审计工作底稿的格式、内容和范围。

考虑以上因素有助于注册会计师确定审计工作底稿的格式、内容和范围是否恰当。注册会计师在考虑以上因素时需注意,根据不同情况确定审计工作底稿的格式、内容和范围均是为达到执业准则中所述的编制审计工作底稿的目的,特别是提供证据的目的。

二、审计工作底稿的要素

通常,审计工作底稿包括下列全部或部分要素:审计工作底稿的标题;审计过程记录;审计结论;审计标识及其说明;索引号及编号;编制者姓名及编制日期;复核者姓名及复核日期;其他应说明事项。

(一)审计工作底稿的标题

每张底稿应当包括被审计单位的名称、审计项目的名称以及资产负债表日或底稿覆盖的会计期间(如果与交易相关)。

(二)审计过程记录

在记录审计过程时,应当特别注意以下几个重点方面。

(1)特定项目或事项的识别特征

在记录实施审计程序的性质、时间安排和范围时,注册会计师应当记录测试的特定项目或事项的识别特征。记录特定项目或事项的识别特征可以实现多种目的。例如,便于对例外事项或不符事项进行检查,以及对测试的项目或事项进行复核。

识别特征是指被测试的项目或事项表现出的征象或标志。识别特征因审计程序的性质和所测试的项目或事项不同而不同。对某一个具体项目或事项而言,其识别特征通常具有唯一性,这种特性可以使其他人员根据识别特征在总体中识别该项目或事项并重新执行该测试。为帮助理解,以下列举部分审计程序中所测试的样本的识别特征。

例如,在对被审计单位生成的订购单进行细节测试时,注册会计师可能以订购单的日期或编号作为测试订购单的识别特征。需要注意的是,在以日期或编号作为识别特征时,注册会计师需要同时考虑被审计单位对订购单编号的方式。例如,若被审计单位按年对订购单依次编号,则识别特征是××年的××号;若被审计单位仅以序列号进行编号,则可以直接将该号码作为识别特征。

对于需要选取或复核既定总体内一定金额以上的所有项目的审计程序,注册会计师可能会以实施审计程序的范围作为识别特征。

对于观察程序,注册会计师可能会以观察的对象或观察过程、观察的地点和时间作为识别特征。

(2) 重大事项

注册会计师应当根据具体情况判断某一事项是否属于重大事项。重大事项通常包括：引起特别风险的事项；实施审计程序的结果，该结果表明财务信息可能存在重大错报，或需要修正以前对重大错报风险的评估和针对这些风险拟采取的应对措施；导致注册会计师难以实施必要审计程序的情形；导致出具非标准审计报告的事项。

注册会计师应当及时记录与管理层、治理层和其他人员对重大事项的讨论，包括讨论的内容、时间、地点和参加人员。

有关重大事项的记录可能分散在审计工作底稿的不同部分。将这些分散在审计工作底稿中的有关重大事项的记录汇总在重大事项概要中，不仅可以帮助注册会计师集中考虑重大事项对审计工作的影响，还便于审计工作的复核人员全面、快速地了解重大事项，从而提高复核工作的效率。对于大型、复杂的审计项目，重大事项概要的作用尤为重要。因此，注册会计师应当考虑编制重大事项概要，将其作为审计工作底稿的组成部分，以有效地复核和检查审计工作底稿，并评价重大事项的影响。

重大事项概要包括审计过程中识别的重大事项及其如何得到解决，或对其他支持性审计工作底稿的交叉索引。

(3) 针对重大事项如何处理矛盾或不一致的情况

如果识别出的信息与针对某重大事项得出的最终结论相矛盾或不一致，注册会计师应当记录形成最终结论时如何处理该矛盾或不一致的情况。

上述情况包括但不限于注册会计师针对该信息执行的审计程序、项目组成员对某事项的职业判断不同而向专业技术部门咨询的情况，以及项目组成员和被咨询人员不同意见（如项目组与专业技术部门的不同意见）的解决情况。

(三) 审计结论

审计工作的每一部分都应包含与已实施审计程序的结果及其是否实现既定审计目标相关的结论，这还应包括审计程序识别出的例外情况和重大事项如何得到解决的结论。注册会计师恰当地记录审计结论非常重要。注册会计师需要根据所实施的审计程序及获取的审计证据得出结论，并以此作为对财务报表发表审计意见的基础。在记录审计结论时需注意，在审计工作底稿中记录的审计程序和审计证据是否足以支持所得出的审计结论。

(四) 审计标识及其说明

审计标识被用于与已实施审计程序相关的底稿。每张底稿都应包含对已实施程序的性质和范围所做的解释，以支持每一个标识的含义。审计工作底稿中可使用各种审计标识，但应说明其含义，并保持前后一致。

(五) 索引号及编号

通常，审计工作底稿需要注明索引号及顺序编号，相关审计工作底稿之间需要保持清晰的钩稽关系。为了汇总及便于交叉索引和复核，每个会计师事务所都会制定特定的审计工作底稿归档流程。

(六) 编制者和复核者姓名及执行日期

为了明确责任，在各自完成与特定工作底稿相关的任务之后，编制者和复核者都应在工作底稿上签名并注明编制日期和复核日期。在记录实施审计程序的性质、时间安排和范围时,注册会计师应当记录:审计工作的执行人员及完成该项审计工作的日期;审计工作的复核人员及复核的日期和范围。

在需要项目质量控制复核的情况下,还需要注明项目质量控制复核人员及复核的日期。

通常,需要在每一张审计工作底稿上注明执行审计工作的人员和复核人员、完成该项审计工作的日期以及完成复核的日期。

第三节 审计工作底稿的归档

《会计师事务所质量控制准则第5101号——业务质量控制》和《中国注册会计师审计准则第1131号——审计工作底稿》对审计工作底稿的归档做出了具体规定,涉及归档工作的性质和期限、审计工作底稿保管期限等方面。

一、审计工作底稿归档工作的性质

《会计师事务所质量控制准则5101号——业务质量控制》和《中国注册会计师审计准则第1131号——审计工作底稿》对审计工作底稿的归档做出了具体规定,涉及归档工作的性质和期限、审计工作底稿保管期限等方面。

一、审计工作底稿归档的性质

在出具审计报告前,注册会计师应完成所有必要的审计程序,取得充分、适当的审计证据并得出适当的审计结论。由此,在审计报告日后将审计工作底稿归档为最终审计档案是一项事务性的工作,不涉及实施新的程序或得出新的结论。

如果在归档期间对审计工作底稿做出的变动属于事务性质,注册会计师可以做出变动,主要包括:

(1)删除或废弃被取代的审计工作底稿。
(2)对审计工作底稿进行分类、整理和交叉索引。
(3)对审计档案归整工作的完成和对表签字认可。
(4)纪录在审计报告之前获取的、与审计项目组相关成员进行讨论并取得一致意见的审计证据。

二、审计档案的结构

对每项具体审计业务,注册会计师应当将审计工作底稿归整为审计档案。

在实务中,审计档案可以分为永久性档案和当期档案。这一分类主要是基于具体实务中对审计档案使用的时间而划分。

(一)永久性档案

永久性档案是指那些记录内容相对稳定,具有长期使用价值,并对以后审计工作具有重要影响和直接作用的审计档案。例如,被审计单位的组织结构、批准证书、营业执照、章程、重要资产的所有权或使用权的证明文件复印件等。若永久性档案中的某些内容已发生变化,注册会计师应当及时予以更新。为保持资料的完整性以便满足日后查阅历史资料的需要,永久性档案中被替换下来的资料一般也需保留。例如,被审计单位因增加注册资本而变更了营业执照等法律文件,被替换的旧营业执照等文件可以汇总在一起,与其他有效的资料分开,作为单独部分归整在永久性档案中。

(二) 当期档案

当期档案是指那些记录内容经常变化,主要供当期和下期审计使用的审计档案。例如,总体审计策略和具体审计计划。目前,一些大型国际会计师事务所不再区分永久性档案和当期档案。这主要是以电子形式保留审计工作底稿的使用,尽管大部分会计师事务所仍然既保留电子版又保留纸质的审计档案。

以下是典型的审计档案结构。

(1) 沟通和报告相关工作底稿:审计报告和经审计的财务报表;与主审注册会计师的沟通和报告;与治理层的沟通和报告;与管理层的沟通和报告;管理建议书。

(2) 审计完成阶段工作底稿:审计工作完成情况核对表;管理层声明书原件;重大事项概要;错报汇总表;被审计单位财务报表和试算平衡表;有关列报的工作底稿(如现金流量表、关联方和关联交易的披露等);财务报表所属期间的董事会会议纪要;总结会会议纪要。

(3) 审计计划阶段工作底稿:总体审计策略和具体审计计划;对内部审计职能的评价;对外部专家的评价;对服务机构的评价;被审计单位提交的资料清单;主审注册会计师的指示;前期审计报告和经审计的财务报表;预备会会议纪要。

(4) 特定项目审计程序表:舞弊;持续经营;对法律法规的考虑;关联方。

(5) 进一步审计程序工作底稿:有关控制测试工作底稿;有关实质性程序工作底稿(包括实质性分析程序和细节测试)。

三、审计工作底稿归档的期限

注册会计师应当按照会计师事务所质量控制政策和程序的规定,及时将审计工作底稿归整为最终审计档案。审计工作底稿的归档期限为审计报告日后60天内。如果注册会计师未能完成审计业务,审计工作底稿的归档期限为审计业务中止后的60天内。

如果针对客户的同一财务信息执行不同的委托业务,出具两个或多个不同的报告,会计师事务所应当将其视为不同的业务,根据会计师事务所内部制定的政策和程序,在规定的归档期限内分别将审计工作底稿归整为最终审计档案。

四、审计工作底稿归档后的变动

在完成最终审计档案的归整工作后,注册会计师不得在规定的保存期限届满前删除或废弃审计工作底稿。

(一) 需要变动审计工作底稿的情形

注册会计师发现有必要修改现有审计工作底稿或增加新的审计工作底稿的情形主要有以下两种:

(1) 注册会计师已实施了必要的审计程序,取得了充分、适当的审计证据并得出了恰当的审计结论,但审计工作底稿的记录不够充分。

(2)审计报告日后,发现例外情况要求注册会计师实施新的或追加审计程序,或导致注册会计师得出新的结论。例外情况主要是指审计报告日后发现与已审计财务信息相关且在审计报告日已经存在的事实,该事实如果被注册会计师在审计报告日前获知,可能影响审计报告。例如,注册会计师在审计报告日后才获知法院在审计报告日前已对被审计单位的诉讼、索赔事项做出最终判决结果。例外情况可能在审计报告日后发现,也可能在财务报表报出日后发现,注册会计师应当按照《中国注册会计师审计准则第1332号——期后事项》有关"财务报表报出后发现的事实"的相关规定,对例外事项实施新的或追加的审计程序。

(二)变动审计工作底稿时的记录要求

在完成最终审计档案的归整工作后,如果发现有必要修改现有审计工作底稿或增加新的审计工作底稿,无论修改或增加的性质如何,注册会计师均应当记录下列事项:

(1)修改或增加审计工作底稿的时间和人员,以及复核的时间和人员。

(2)修改或增加审计工作底稿的具体理由。

(3)修改或增加审计工作底稿对审计结论产生的影响。

五、审计工作底稿的保存期限

会计师事务所应当自审计报告日起,对审计工作底稿至少保存10年。如果注册会计师未能完成审计业务,会计师事务所应当自审计业务中止日起,对审计工作底稿至少保存10年。值得注意的是,对于连续审计的情况,当期归整的永久性档案可能包括以前年度获取的资料(有可能是10年以前)。这些资料虽然是在以前年度获取,但由于其作为本期档案的一部分,并作为支持审计结论的基础,因此,注册会计师对于这些对当期有效的档案,应视为当期取得并保存10年。如果这些资料在某一个审计期间被替换,被替换资料应该从被替换的年度起至少保存10年。

在完成最终审计档案的归整工作后,注册会计师不得在规定的保存期届满前删除或废弃审计工作底稿。

六、审计工作底稿的复核

(一)项目组成员实施的复核

《中国注册会计师审计准则第1121号——历史财务信息审计的质量控制》规定,由项目组内经验较多的人员(包括项目负责人)复核经验较少人员的工作时,复核人员应当考虑:

(1)审计工作是否已按照法律法规、职业道德规范和审计准则的规定执行。

(2)重大事项是否已提请进一步考虑。

(3)相关事项是否已进行适当咨询,由此形成的结论是否得到记录和执行。

(4)是否需要修改已执行审计工作的性质、时间安排和范围。

(5)已执行的审计工作是否支持形成的结论,并已得到适当记录。

(6)获取的审计证据是否充分、适当,足以支持审计报告。

(7) 审计程序的目标是否已经实现。

复核人员应当知悉并解决重大的会计和审计问题,考虑其重要程度并适当修改总体审计计划和具体审计计划。此外,项目组成员与客户的专业判断分歧应当得到解决,必要时,应考虑寻求恰当的咨询。

复核工作应当由至少具备同等专业胜任能力的人员完成,复核时应考虑是否已按照具体审计计划执行审计工作,审计工作和结论是否予以充分记录,所有重大事项是否已得到解决或在审计结论中予以反映,审计程序的目标是否已实现,审计结论是否与审计工作的结果一致并支持审计意见。

复核范围因审计规模、审计复杂程度以及工作安排的不同而存在显著差异。有时由高级助理人员复核低层次助理人员执行的工作,有时由项目经理完成,并最终由项目负责人复核。如上所述,对工作底稿实施的复核必须留下证据,一般由复核者在相关审计工作底稿上签名并署明日期。

(二) 项目质量控制复核

《中国注册会计师审计准则第1121号——历史财务信息审计的质量控制》规定,注册会计师在出具审计报告前,会计师事务所应当指定专门的机构或人员对审计项目组执行的审计实施项目质量控制复核。

项目负责人有责任采取以下措施:

(1) 确定会计师事务所已委派项目质量控制复核人员。

(2) 与项目质量控制复核人员讨论在审计过程中遇到的重大事项,包括项目质量控制复核中识别的重大事项。

(3) 在项目质量控制复核完成后,才能出具审计报告。

项目质量控制复核应当包括客观评价下列事项。

(1) 项目组做出的重大判断。

(2) 在准备审计报告时得出的结论。

会计师事务所采用制衡制度,以确保委派独立的、有经验的审计人员作为其所熟悉行业的项目质量控制复核人员。复核范围取决于审计项目的复杂程度以及未能根据具体情况出具审计报告的风险。许多会计师事务所不仅对上市公司审计进行项目质量控制复核,也会联系审计客户的组合,对那些高风险或涉及公众利益的审计项目实施项目控制质量复核。

本章练习

一、单项选择题

1. 注册会计师在对 ABC 有限责任公司 2009 年度财务报表进行审计,为查清某项固定资产的原始价值,查阅并利用了其所在事务所 2004 年审计该项固定资产的工作底稿。本次审计于 2010 年 3 月完成,则注册会计师查阅的该项固定资产的工作底稿应(　　)。

    A. 至少保存至 2014 年
    B. 至少保存至 2019 年
    C. 至少保存至 2020 年
    D. 长期保存

2. A 注册会计师在完成最终审计档案的归整工作后,如果发现有必要修改,如原审计工作底稿中列明的存货余额为 200 万元,现改为 120 万元,其正确的做法是( )。
   A. 在原工作底稿中直接对原记录信息予以涂改
   B. 对原记录信息不予删除,在原工作底稿中增加新的注释的方式予以修改
   C. 在原工作底稿中直接将原记录信息删除,再增加一项新的记录信息
   D. 在原工作底稿中直接将正确信息覆盖错误信息
3. 审计工作底稿的复核中,不能作为复核人的是( )。
   A. 主任会计师、所长或指定代理人
   B. 业务助理人员
   C. 部门经理或签字注册会计师
   D. 项目经理或项目负责人
4. 下列注册会计师在归档期间对审计工作底稿做出的变动中,正确的做法是( )。
   A. 对审计工作底稿进行分类、整理和交叉索引
   B. 删除或废弃被取代的审计工作底稿
   C. 对审计档案归整工作的完成核对表签字认可
   D. 因为在审计报告日获取的、与审计项目组相关成员进行讨论并取得一致意见了,所以予以删除相关的审计证据

二、多项选择题

1. 下列审计工作底稿归档后属于当期档案的有( )。
   A. 审计调整分录汇总表
   B. 公司章程
   C. 企业营业执照
   D. 审计计划
2. 审计工作底稿是指注册会计师对( )做出的记录。
   A. 制定的审计计划
   B. 获取的审计证据
   C. 得出的审计结论
   D. 实施的审计程序
3. 注册会计师按照审计计划的规定实施了对应收账款的审计程序后,需要形成相应的审计工作底稿。确定审计工作底稿的格式、内容、范围时,应当考虑下列( )因素。
   A. 如果根据已实施的凭证检查程序和获取的相关审计证据不易确定结论,应记录得出的各种可能结论
   B. 如果根据已实施的函证程序和获取的函证回函不能得出结论,应记录不能得出结论的原因
   C. 如果已识别出应收账款项目存在重大错报风险,则工作底稿对相关内容的记录应更加详细
   D. 如果使用计算机辅助审计技术对应收账款的账龄进行重新计算时,通常可以针对总体进行测试
4. 下列有关审计工作底稿格式、要素和范围的表述中,恰当的有( )。
   A. 由于注册会计师实施的审计程序的性质不同,其工作底稿的格式、要素和范围可能也会不同

B. 在审计过程中,由于审计使用的工具不同,会导致审计工作底稿在格式、要素和范围上有所不同
C. 对于询问程序,注册会计师可能会以询问的时间作为识别特征
D. 对于观察程序,注册会计师可能会以观察的对象作为识别特征

三、简答题

1. ABC 会计师事务所承接了 D 公司 2009 年度财务报表审计工作,审计报告日是 2010 年 3 月 15 日,提交审计报告的时间是 2010 年 3 月 17 日。同时约定下一年审计工作依然由 ABC 会计师事务所承接。

ABC 会计师事务所于 2010 年 5 月 24 日完成审计工作底稿归档工作。

根据上述材料,请简要回答下列问题:

(1) 简要回答 ABC 会计师事务所本次审计的审计工作底稿的归档期限是否正确,并说明理由。
(2) 审计工作底稿归档后,出现何种情形可以修改现有审计工作底稿或增加新的审计工作底稿?
(3) 审计工作底稿归档后,如要有必要修改现有审计工作底稿或增加新的审计工作底稿,注册会计师应当记录的事项有哪些?
(4) 简要回答本次审计工作底稿的保存期限。

参考答案

一、单项选择题

1. C 2. B 3. B 4. D

二、多项选择题

1. AD 2. ABCD 3. CD 4. AB

三、简答题

(1) ABC 会计师事务所本次审计工作底稿的归档期限不正确。审计工作底稿的归档期限是审计报告日后 60 天内,即 2010 年 3 月 15 日后的 60 年内完成。被审计单位的归档期限超过了这个规定(因为审计业务并未中止,所以不用考虑"如果注册会计师未能完成审计业务,审计工作底稿的归档期限为审计业务中止后的 60 天内")。

(2) 审计工作底稿归档后,可以修改现有审计工作底稿或增加新的审计工作底稿的情形有以下两种:

① 注册会计师已实施了必要的审计程序,获取了充分、适当的审计证据,并得出了恰当的审计结论,但审计工作底稿的记录不够充分;

② 审计报告日后,发现例外情况要求注册会计师实施新的或追加审计程序,或导致注册会计师得出新的结论。

(3) 审计工作底稿归档后,如要有必要修改现在审计工作底稿或增加新的审计工作底稿,注册会计师应当记录的事项有:

① 修改或增加审计工作底稿的时间和人员,以及复核的时间和人员;
② 修改或增加审计工作底稿的具体理由;
③ 修改或增加审计工作底稿对审计结论产生的影响。

(4) 会计师事务所应当自 2010 年 3 月 15 日起至少保存 10 年。

第十一章 审计、审阅和其他鉴证业务对独立性的要求

本章旨在讨论注册会计师执行审计业务时的独立性要求,以及注册会计师如何运用职业道德概念框架,以达到和保持独立性。本章所称审计、审计项目组、审计业务、审计客户和审计报告,也包括审阅、审阅项目组、审阅业务审阅客户和审阅报告以及其他鉴证业务、项目组、客户和报告。除非特别说明,本章所称会计师事务所包括网络事务所。对客观原则的遵循要求审计项目组成员、会计师事务所、网络事务所与审计客户保持独立。在执行审计业务时,审计项目组成员,会计师事务所、网络事务所应当维护社会公众利益,独立于审计客户。

第一节 基本要求

一、独立性的概念框架

注册会计师在应用独立性概念框架时应当运用职业判断。独立性概念框架要求注册会计师采取下列措施:
(1)识别对独立性的不利影响。
(2)评价以识别不利影响的重要程度。
(3)必要时采取防范措施消除不利影响或将其降至可接受水平。

如果未能采取有效防范措施消除不利影响或将其降至可接受水平,注册会计师应当消除产生不利影响的情形或关系,或者拒绝接受审计业务委托或解除审计业务约定。

在确定是否接受或保持一项业务,或某一特定人员可否作为审计项目组成员时,会计师事务所应当识别和评价各种对独立性的威胁。如果威胁的重要程度超出可接受水平,在决定是否接受一项业务或某一特定人员可否作为审计项目组成员时,会计师事务所应当确定防范措施能否消除这些威胁或将其降至可接受水平;在决定是否保持一项业务时,会计师事务所应当确定现有的防范措施对于消除这些威胁或将其降至可接受水平是否仍然有效,或是否需要采取其他防范措施,或终止该项业务。

在执行业务过程中,如果注意到有关对独立性产生威胁的新信息,会计师事务所应当运用概念框架评价威胁的重要程度。在评价威胁的重要程度时,注册会计师应当同时考虑性质和数量因素。

二、网络与网络事务所

(一)网络与网络事务所的定义

网络,是指由多个实体组成的、同时具有下列特征的组织结构:

(1)以合作为目的。

(2)明确地旨在共享收益、共担成本,或共享同一所有权、控制或管理,或共享同一质量控制政策和程序,或共享同一业务战略,或使用同一品牌,或共享重要的专业资源。

网络事务所是指属于某一网络的会计师事务所或实体。除非本章另有说明,如果某一会计师事务所被视为网络事务所,该事务所应当与网络中其他会计师事务所的审计客户保持独立。有关网络事务所的独立性要求适用于所有符合网络事务所定义的实体。例如,从事咨询业务或专业法律业务的实体。

(二)网络的确定

为增强提供专业服务的能力,会计师事务所往往与其他会计师事务所及实体构成组织结构。这些组织结构是否构成网络取决于具体情况而不取决于事务所或实体是否属于法律上独立的实体。例如,某一组织结构仅仅为了有利于各成员间相互介绍业务,该组织结构本身并不符合网络的必要标准。在实务中,事务所是否构成网络,应当进行如下判断:

(1)如果某一组织结构以合作为目的,并且该组织结构中的各会计师事务所使用同一品牌,共享同一质量控制系统或重要的专业资源,该组织结构应被视为一个网络。

(2)在判断一个组织结构是否构成网络时,注册会计师应当考虑一个理性且掌握充分信息的第三方在权衡所有具体事实和情况后,是否可能认为这些实体构成网络。这种判断应当在整个网络范围内得到一致运用。如果一个组织结构以合作为目的,并且明确旨在与结构中的各实体间分享利润或分担成本,该结构应当被视为网络。

(3)当存在下列情况时,该结构不应被视为网络:

①分担的成本不重要。

②分担的成本仅仅限于与制定审计方法、审计手册或培训课程有关的成本。

③会计师事务所与某一不相关的实体以联合方式提供服务或研发产品。

(4)如果一个组织结构以合作为目的,并且结构中的实体拥有共同的所有权、控制权或管理权,该结构应被视为一个网络。这种网络关系可能是通过合同或其他方式实现的。

(5)如果一个组织结构以合作为目的,并且结构中的实体拥有共同的质量控制政策和程序,应被视为一个网络。基于合作的目的,质量控制政策和程序在整个组织结构中得到统一设计、实施和监控。

(6)如果一个组织结构以合作为目的,并且结构中的实体拥有共同的经营战略,应被视为一个网络。拥有共同的经营战略是指实体之间通过协议达到共同的战略目标。如果某一实体与另一实体仅仅因为需要以联合方式应邀提供专业服务,则不构成网络。

(7)如果一个组织结构以合作为目的,并且结构中的各实体使用一个共同的品牌,应被视为一个网络。共同的品牌包括共同的名称、简称、字号、标识等。当会计师事务所出具审计报告时,如果将共同的品牌作为会计师事务所名称的一部分或与会计师事务所名称联系在一起,则该事务所应被视为使用了共同的品牌。

(8)如果某一会计师事务所不属于某一网络,也不使用共同的品牌作为该事务所名称的一部分,但该事务所在其办公文具或宣传材料上提及本所是某一会计师事务所联盟的成员,可能给人造成其属于某一网络的印象。为避免被误认为属于某一网络,会计师事务所应当慎重考虑如何描述这种成员关系。

（9）如果会计师事务所转让了其某一组成部分，虽然该组成部分不再与会计师事务所有关联，但转让协议可能规定，在一定期间内该组成部分可以继续使用会计师事务所的名称或名称中的某一要素。在这种情况下，尽管两个实体使用同一名称执业，但事实上这两个实体并不属于一个以合作为目的的组织结构，不构成网络。这些实体应当确定如何向外界披露其并非网络事务所这一事实。

（10）如果一个组织结构以合作为目的，并且结构中的实体共享重要的专业资源，该组织结构应被视为一个网络。这些专业资源包括：
①能够使会计师事务所之间交流客户资料、收费和工作时间记录等信息的共同系统；
②合伙人和员工；
③就鉴证业务中技术或行业的具体问题、交易或事项提供咨询的技术部门；
④审计方法或审计手册；
⑤培训课程和培训设施。

注册会计师应当根据相关事实和情况，确定组织结构共享的专业资源是否重要，并判断这些会计师事务所是否为网络事务所。如果共享的资源仅限于共同的审计手册或审计方法，共享培训计划，并不交流人员、客户或市场信息，也没有一个共有的技术部门，则这种共享的资源通常是不重要的。

三、公众利益实体

在评价对独立性威胁的重要程度以及为消除威胁或将其降至可接受水平采取的必要防范措施时，注册会计师应当考虑实体涉及公众利益的程度。本章对注册会计师与属于公众利益实体的鉴证客户之间的独立性做出进一步规定。

公众利益实体包括所有上市公司和下列实体：
（1）法律法规界定的公众利益实体.
（2）根据法律法规的规定，在审计时需要遵守与上市公司审计相同独立性要求的实体。

如果其他实体拥有大量和广泛的利益相关者，注册会计师也应当确定是否将其视为公众利益实体。需要考虑的因素包括：业务性质，如以受托人身份持有大量利益相关者的资产。例如，银行、保险公司和养老基金等金融机构规模、雇员的数量。

四、关联实体

关联实体，是指与客户存在下列任一关系的实体：
（1）能够对客户施加直接或间接控制的实体，且客户对该实体重要。
（2）在客户内拥有直接经济利益的实体，且该实体对客户具有重大影响，在客户内的利益对该实体重要。
（3）受到客户直接或间接控制的实体。
（4）客户（或受到客户直接或间接控制的实体）拥有直接经济利益的实体，且对该实体能够施加重大影响，在实体内的经济利益对客户（或受到客户直接或间接控制的实体）很重要。
（5）与客户同处于共同控制下的实体（称为"姐妹实体"），且该姐妹实体和客户对其控制方都很重要。

除非另有说明,如果审计客户是上市公司,本章提及的审计客户包括该客户的所有关联实体。对于其他审计客户,本章提及的审计客户包括该客户直接或间接控制的关联实体。

如果审计项目组知悉或有理由相信涉及该客户的另一关联实体的情形和关系与评价会计师事务所对该客户的独立性相关,审计项目组在识别、评价独立性威胁和采取适当防范措施时应当将该关联实体一并予以考虑。

五、治理层

治理层,是指对实体的战略方向以及管理层履行经营管理责任负有监督责任的人员或组织。治理层的责任包括对财务报告过程的监督。

会计师事务所应当考虑定期就可能对独立性产生影响的关系和其他事项与客户治理层进行沟通。通过沟通,使治理层能够:

(1)考虑会计师事务所在识别和评价独立性威胁时的判断。
(2)考虑会计师事务所为消除威胁或将威胁降至可接受水平所采取的防范措施的适当性。
(3)确定是否有必要采取适当措施。

对于外在压力威胁和密切关系威胁,这种沟通尤其有效。

六、工作记录

尽管记录本身并不是确定会计师事务所是否独立的一个因素,但注册会计师应当按照中国注册会计师审计准则的要求记录有关遵守独立性要求的情况,包括记录形成的结论,以及为形成结论而讨论的主要内容。

如果需要采取防范措施将某种不利影响降低至可接受的水平,注册会计师应当记录该不利影响的性质,以及将其降低至可接受的水平所采取的防范措施。

如果需要对某种不利影响进行大量分析才能确定是否有必要采取防范措施,而注册会计师认为由于不利影响未超出可接受的水平不需要采取防范措施,注册会计师应当记录不利影响的性质以及得出不需采取防范措施结论的理由。

七、业务期间

注册会计师应当在业务期间和财务报表涵盖的期间独立于审计客户。业务期间自审计项目组开始执行审计业务之日起,至出具审计报告之日止。如果审计业务具有连续性,业务期间结束日应以其中一方通知解除业务关系或出具最终审计报告两者时间孰晚为准。

如果一个实体委托会计师事务所对其财务报表发表意见,并且在该财务报表涵盖的期间或之后成为审计客户,会计师事务所应当确定下列因素是否对独立性产生不利影响:

(1)在财务报表涵盖的期间或之后、接受审计业务委托之前,与审计客户之间存在的经济利益或商业关系;
(2)以往向审计客户提供的服务。

如果在财务报表涵盖的期间或之后,在审计项目组开始执行审计业务之前,会计师事务所向审计客户提供了非鉴证服务,并且该非鉴证服务在审计期间不允许提供,会计师事务所应当评价提供的非鉴证服务对独立性产生的不利影响。如果不利影响超出可接受的水平,会计师事务所只有在采取防范措施消除不利影响或将其降低至可接受的水平的情况下,才能接受审计业务。

防范措施主要包括:

(1)不允许提供非鉴证服务的人员担任审计项目组成员。

(2)必要时由其他的注册会计师复核审计和非鉴证工作。

(3)由其他会计师事务所评价非鉴证业务的结果,或由其他会计师事务所重新执行非鉴证业务,并且所执行工作的范围能够使其承担责任。

八、合并与收购

如果由于合并或收购,某一实体成为审计客户的关联实体,会计师事务所应当识别和评价其与该关联实体以往和目前存在的利益或关系,并在考虑可能的防范措施后确定是否影响独立性,以及在合并或收购生效日后能否继续执行审计业务。

会计师事务所应当在合并或收购生效日前采取必要措施终止目前存在的利益或关系。如果在合并或收购生效日前不能终止目前存在的利益或关系,会计师事务所应当评价产生的不利影响。不利影响的严重程度取决于下列因素:

(1)利益或关系的性质和重要程度。

(2)审计客户与该关联实体之间关系的性质和重要程度,例如,关联实体是审计客户的子公司还是母公司。

(3)合理终止该利益或关系需要的时间。

会计师事务所应当与治理层讨论在合并或收购生效日前不能终止利益或关系的原因,以及对由此产生不利影响严重程度的评价结果。

如果治理层要求会计师事务所继续执行审计业务,会计师事务所只有在同时满足下列条件时,才能同意这一要求:

(1)在合并或收购生效日起的六个月内,尽快终止目前存在的利益或关系。

(2)存在利益或关系的人员不得作为审计项目组成员,也不得负责项目质量控制复核。

(3)拟采取适当的过渡性措施,并就此与治理层讨论。

拟采取的适当过渡性措施主要包括:

(1)必要时由审计项目组以外的注册会计师复核审计或非鉴证工作。

(2)由其他会计师事务所再次执行项目质量控制复核。

(3)由其他会计师事务所评价非鉴证业务的结果,或由其他会计师事务所重新执行该非鉴证业务,并且所执行工作的范围能够使其承担责任。

第二节 经济利益

一、经济利益的种类

经济利益,是指从某一实体的股票、债券及其他证券,贷款及其他债务工具中获取的利益,包括取得这种利益及与其直接相关的衍生工具的权利和义务。经济利益包括直接经济利益和间接经济利益。

(一) 直接经济利益

直接经济利益,是指下列经济利益:

(1) 个人或实体直接拥有并控制的经济利益(包括授权他人管理的经济利益)。

(2) 个人或实体通过集合投资工具、房地产、信托或其他中间工具而拥有的经济利益,且能够对这些工具施加控制或有能力影响投资决策。

(二) 间接经济利益

间接经济利益,是指个人或实体通过集合投资工具、房地产、信托或其他中间工具拥有的经济利益,但不能对这些工具施加控制,或没有能力影响投资决策。

如果注册会计师在审计客户中拥有经济利益,可能产生自身利益威胁。威胁存在与否及其重要程度取决于下列事项:拥有经济利益人员的角色;经济利益是直接还是间接的;经济利益的重要性。

二、威胁独立性的情形和防范措施

(一) 会计师事务所、审计项目组成员或其其他近亲属在审计客户中拥有直接经济利益或重大间接经济利益

如果会计师事务所、审计项目组成员或其其他近亲属在审计客户中拥有直接经济利益或重大间接经济利益,将产生重大的自身利益威胁,没有任何防范措施可以将这种威胁降至可接受水平。因此,会计师事务所、审计项目组成员或其其他近亲属均不应在客户中拥有直接经济利益或重大间接经济利益。

(二) 审计项目组某一成员的近亲属在审计客户中拥有直接经济利益或重大间接经济利益

如果审计项目组某一成员的近亲属在审计客户中拥有直接经济利益或重大间接经济利益,将产生自身利益威胁。在评价威胁的重要程度时,应当考虑审计项目组成员与其近亲属之间关系的性质以及经济利益对于该近亲属的重要性。必要时,注册会计师应当采取防范措施以消除威胁或将其降至可接受水平。防范措施主要包括:

(1) 由近亲属尽快处置全部经济利益,或处置足够数量的经济利益,以使剩余经济利益不再重大。

(2) 由项目组之外的其他注册会计师复核审计项目组成员所执行的工作。

(3) 将该人员调离审计项目组。

(三) 会计师事务所、审计项目组成员或其其他近亲属在可以对审计客户施加控制的实体中拥有直接经济利益或重大间接经济利益

如果会计师事务所、审计项目组成员或其其他近亲属在可以对审计客户施加控制的实体中拥有直接经济利益或重大间接经济利益,并且审计客户对于该实体重要,将产生重大的自身利益威胁,没有任何防范措施可以消除这种威胁或将其降至可接受水平。会计师事务所、审计项目组成员或其其他近亲属均不应拥有此类经济利益。

(四) 通过会计师事务所的退休金计划在审计客户中拥有直接经济利益或重大间接经济利益

通过会计师事务所的退休金计划在审计客户中拥有直接经济利益或重大间接经济利

益,将产生自身利益威胁。注册会计师应当评价威胁的重要程度,并在必要时采取防范措施消除威胁或将其降至可接受水平。

(五)项目合伙人所在分部的其他合伙人或其其他近亲属在该审计客户中拥有直接经济利益或重大间接经济利益

如果项目合伙人所在分部的其他合伙人或其其他近亲属在该审计客户中拥有直接经济利益或重大间接经济利益,将产生重大的自身利益威胁,没有任何防范措施可以消除这种威胁或将其降至可接受水平。其他合伙人及其其他近亲属均不应在该审计客户中拥有此类经济利益。

(六)项目合伙人和项目组其他成员分属于不同的分部

项目合伙人执行审计业务时所处的分部并不一定是该负责人所属的分部。当项目合伙人和项目组其他成员分属于不同的分部时,会计师事务所应当运用职业判断以确定项目合伙人执行该业务时所属的分部。

(七)为审计客户提供非审计服务的其他合伙人、管理人员或其其他近亲属在审计客户中拥有直接经济利益或重大间接经济利益

如果为审计客户提供非审计服务的其他合伙人、管理人员或其其他近亲属在审计客户中拥有直接经济利益或重大间接经济利益,除非该合伙人或管理人员的参与程度极低,否则将产生重大的自身利益威胁,没有任何防范措施可以消除这种威胁或将其降至可接受水平。其他合伙人、管理人员或其其他近亲属均不应在该审计客户中拥有此类经济利益。

(八)所在分部的其他合伙人,或向审计客户提供非审计服务的合伙人或管理人员的其他近亲属在审计客户中拥有经济利益

如果执行审计业务的项目合伙人所在分部的其他合伙人,或向审计客户提供非审计服务的合伙人或管理人员的其他近亲属在审计客户中拥有经济利益,只要取得该经济利益是该其他近亲属作为审计客户的雇员所享受的权利(例如通过退休金或股票期权计划),并且在必要时可以采取防范措施消除威胁或将其降至可接受水平,就不应视为损害了独立性。然而,如果该其他近亲属拥有或取得了处置该经济利益的权利,或者在股票期权中,有权行使期权,则应当尽快处置或放弃该经济利益。

(九)会计师事务所、审计项目组成员或其其他近亲属和审计客户同时在某一实体拥有经济利益

如果会计师事务所、审计项目组成员或其其他近亲属在某一实体拥有经济利益,同时审计客户也在该实体拥有经济利益,则可能产生自身利益威胁。但如果该利益并不重大,并且审计客户不能对该实体产生重大影响,则可认为独立性未受到损害。如果该利益对任何一方是重大的,并且审计客户可以对该实体产生重大影响,则没有任何防范措施可以将威胁降至可接受水平,会计师事务所应当处置该利益,或者解除审计业务约定或拒绝接受审计业务委托。拥有这种重大利益的成员,在成为审计项目组成员之前,应当处置全部经济利益,或处置足够数量的利益,使剩余利益不再重大。

(十)会计师事务所、审计项目组成员或其其他近亲属和审计客户的利益相关者同时在某一实体拥有经济利益

如果会计师事务所、审计项目组成员或其其他近亲属在某一实体拥有经济利益,并且知悉审计客户的董事、高级管理人员或具有控制权的所有者也在该实体拥有经济利益,则

应当确定是否会产生自身利益、亲密关系或外在压力威胁。是否产生自身利益威胁主要取决于下列因素:
(1)该成员在审计项目组中的角色。
(2)该实体的所有权是由少数人持有还是广泛持有。
(3)该利益是否使得投资者能够控制该实体或对其施加重大影响。
(4)经济利益的重要性。

注册会计师应当评价威胁的重要程度,并在必要时采取防范措施消除威胁或将其降至可接受水平。防范措施主要包括:
(1)将拥有经济利益的审计项目组成员调离审计项目组。
(2)由项目组之外的其他注册会计师复核该审计项目组成员执行的工作。

(十一)作为信托业务的受托人在审计客户中拥有直接经济利益或重大间接经济利益

如果会计师事务所、审计项目组成员或其他近亲属作为信托业务的受托人在审计客户中拥有直接经济利益或重大间接经济利益,将产生自身利益威胁。

如果与执行审计业务的项目合伙人处于同一分部的其他合伙人、向审计客户提供非审计服务的其他合伙人或管理人员(除非参与程度极低)以及上述人员的其他近亲属,作为信托业务的受托人在审计客户中拥有直接经济利益或重大间接经济利益,这种经济利益将产生自身利益威胁。

只有在符合下列条件时,才允许拥有上述利益:
(1)受托人及其其他近亲属或会计师事务所均不是信托业务的受益人。
(2)通过信托而在审计客户中拥有的经济利益对该信托并不重大。
(3)该项信托业务不对审计客户产生重大影响。
(4)受托人及其其他近亲属或会计师事务所对与审计客户经济利益有关的投资决策没有重大影响。

(十二)其他相关人员在审计客户中拥有任何已知的经济利益

审计项目组成员应当确定下列人员在审计客户中拥有任何已知的经济利益是否会产生自身利益威胁:
(1)除前述涉及人员以外的会计师事务所其他合伙人和专业人员或其其他近亲属。
(2)与审计项目组成员关系密切的人员。

这些利益是否产生自身利益威胁取决于下列因素:
(1)会计师事务所组织结构、营运结构和上下级关系。
(2)相关人员与审计项目组成员之间关系的性质。

注册会计师应当评价所有威胁的重要程度,并在必要时采取防范措施消除威胁或将其降至可接受水平。防范措施主要包括:
(1)将存在这种个人关系的审计项目组成员调离项目组。
(2)不允许该项目组成员参与任何有关该审计业务的重大决策。
(3)由项目组之外的其他注册会计师复核该审计项目组成员执行的工作。

(十三)从审计客户处获得直接经济利益或重大间接经济利益

如果会计师事务所、合伙人及其其他近亲属、员工及其其他近亲属从审计客户处获得

直接经济利益或重大间接经济利益(例如,通过继承、馈赠或合并产生的),而根据规定不允许拥有这些利益,则应当采取下列措施:

(1)如果会计师事务所获得经济利益,应当立即处置全部直接经济利益,并处置足够数量的间接经济利益以使剩余经济利益不再重大,或解除业务约定。

(2)如果审计项目组成员或其其他近亲属获得经济利益,该人员应当立即处置全部直接经济利益,并处置足够数量的间接经济利益以使剩余经济利益不再重大,或者将该项目成员调离项目组。

(3)如果非审计项目组成员或其其他近亲属获得经济利益,应当尽快处置全部直接经济利益,并处置足够数量的间接经济利益以使剩余经济利益不再重大,在完成处置该经济利益前,会计师事务所应当确定是否需要采取防范措施。

第三节 贷款和担保以及商业关系、家庭和个人关系

一、贷款和担保

(一)从银行或类似机构等审计客户取得贷款或由其作为担保人

如果会计师事务所、审计项目组成员或其其他近亲属从银行或类似机构等审计客户取得贷款,或由这些客户作为贷款担保人,可能产生独立性威胁。如果不按照正常的程序、条款和条件提供贷款或担保,将产生重大的自身利益威胁,没有任何防范措施可以消除这种威胁或将其降至可接受水平。会计师事务所、审计项目组成员或其其他近亲属不应接受该项贷款或担保。

如果会计师事务所按照正常的贷款程序、条款和条件,从银行或类似机构等审计客户取得贷款,并且该贷款对审计客户或接受贷款的会计师事务所是重大的,采取防范措施有可能将所产生的自身利益威胁降至可接受水平。防范措施包括由网络中未参与审计业务且未接受该贷款的注册会计师复核所执行的工作等。

审计项目组成员或其其他近亲属从银行或类似机构等审计客户取得贷款,或由这些客户作为贷款担保人,只要按照正常的程序、条款和条件取得贷款或担保,就不会对独立性产生威胁。这类贷款包括房屋抵押贷款、银行透支、汽车贷款和信用卡透支等。

(二)从非银行或类似机构等审计客户取得贷款或为其提供担保

如果会计师事务所、审计项目组成员或其其他近亲属从银行或类似机构等审计客户取得贷款,或为其提供担保,除非该项贷款或担保对会计师事务所、审计项目组成员及其其他近亲属以及客户均不重大,否则将产生重大的自身利益威胁,没有任何防范措施可以消除这种威胁或将其降至可接受水平。

(三)向审计客户提供贷款或为其提供担保

如果会计师事务所、审计项目组成员或其其他近亲属向审计客户提供贷款或为其提供担保,除非该贷款或担保对会计师事务所、审计项目组成员或其其他近亲属以及客户均不重大,否则将产生重的自身利益威胁,没有任何防范措施可以消除这种威胁或将其降至可接受水平。

(四)在审计客户开立存款或交易账户

会计师事务所、审计项目组成员或其其他近亲属在银行、经纪人或类似金融机构等审计客户开立存款或交易账户,只要账户是按照正常的商业条件开立的,就不会对独立性产生威胁。

二、商业关系

(一)商业关系的种类及防范措施

会计师事务所、审计项目组成员或其其他近亲属与审计客户或其管理层之间存在密切的商业关系,可能产生自身利益威胁和外在压力威胁。这些关系通常包括:

(1)在与客户或其控股股东、董事、管理层或其他为该客户执行高级管理活动的人员合营的企业中拥有经济利益。

(2)将会计师事务所的一种或多种产品或服务与客户的一种或多种产品或服务捆绑销售,并以双方名义进行。

(3)按照协议,会计师事务所销售或配送客户的产品或服务,或客户销售或配送会计师事务所的产品或服务。

对会计师事务所而言,除非经济利益不重大且商业关系不重要,否则会计师事务所应当将商业关系降至不重要的程度或终止该商业关系,或者拒绝接受或终止审计业务。对于审计项目组成员而言,除非此类经济利益不重大且商业关系不重要,否则应当将该人员调离审计项目组。

如果审计项目组成员的其他近亲属与审计客户或其管理层之间存在密切的商业关系,注册会计师应当评价威胁的重要程度,并在必要时采取防范措施以消除威胁或将其降至可接受水平。

(二)与审计客户或利益相关者一同在某股东人数有限的实体中拥有利益

如果会计师事务所、审计项目组成员或其其他近亲属在某股东人数有限的实体中拥有利益,而审计客户或其董事、管理层也在该实体中拥有利益,在符合下列条件的情况下,这种商业关系不会对独立性产生威胁:

(1)这种商业关系对于会计师事务所、审计项目组成员或其其他近亲属以及客户均不重要。

(2)拥有的经济利益对投资者并不重大。

(3)该经济利益没有使得投资者能够控制该实体。

(三)从审计客户购买商品或服务

会计师事务所、审计项目组成员或其其他近亲属从审计客户购买商品或服务,如果交易过程正常、公平,通常不会对独立性产生威胁。某些性质特殊或金额较大的交易,可能产生自身利益威胁。会计师事务所应当评价威胁的重要程度,并在必要时采取防范措施以消除威胁或将其降至可接受水平。防范措施主要包括:

(1)放弃交易或减少交易的金额。

(2)将该成员调离审计项目组。

三、家庭和个人关系

如果审计项目组成员与审计客户的董事、管理层或某些特定员工之间存在家庭和个人关系,可能产生自身利益威胁、密切关系威胁或外在压力威胁。威胁存在与否及其重要程度如何取决于多种因素,包括该成员在审计项目组内的职责、其家庭成员或相关人员在客户中的角色以及关系的密切程度等,注册会计师应当根据具体情况评估威胁的重要程度。

（一）审计项目组成员的其他近亲属处在重要职位

如果审计项目组成员的其他近亲属是审计客户的董事或高级管理人员,或是所处职位可以对客户会计记录或财务报表的编制施加重大影响的员工,或其曾在业务期间或财务报表所涵盖期间内处于上述职位,只有通过将该人员调离审计项目组才能将对独立性的威胁降至可接受水平。对于这种密切关系,没有其他防范措施可以将对独立性的威胁降至可接受水平。如果不采取上述防范措施,会计师事务所应当解除审计业务约定。

（二）审计项目组成员的其他近亲属可以对财务报表施加重大影响

如果审计项目组成员的其他近亲属在客户中所处职位可以对客户的财务状况、经营成果和现金流量施加重大影响,则会对独立性产生威胁。威胁的重要程度主要取决于下列因素：

（1）其他近亲属在客户中的职位。
（2）该成员在审计项目组中的角色。

会计师事务所应当评价威胁的重要程度,并在必要时采取防范措施消除威胁或将其降至可接受水平。防范措施主要包括：

（1）将该成员调离审计项目组。
（2）合理安排审计项目组成员的职责,使该成员不处理其其他近亲属职责范围内的事项。

（三）审计项目组成员的近亲属处在重要职位或可以对财务报表施加重大影响

如果审计项目组成员的近亲属是审计客户的董事或高级管理人员,或是所处职位可以对客户会计记录或财务报表的编制施加重大影响的员工,则会对独立性产生威胁。威胁的重要程度主要取决于下列因素：

（1）审计项目组成员与其近亲属关系的性质。
（2）该近亲属的职位。
（3）该成员在审计项目组中的角色。

会计师事务所应当评价威胁的重要程度,并在必要时采取防范措施消除威胁或将其降至可接受水平。防范措施主要包括：

（1）将该成员调离审计项目组。
（2）合理安排审计项目组成员的职责,使该成员不处理其近亲属职责范围内的事项。

（四）审计项目组的成员与审计客户重要职位的人员具有亲密关系

如果审计项目组的某个成员与某人具有亲密关系,虽然该人员并非其他近亲属或近亲属,但该人员是审计客户的董事、管理层或是所处职位可以对客户会计记录或财务报表的编制施加重大影响的员工,也会产生独立性威胁。威胁的重要程度主要取决于下列因素：

(1)该人员与审计项目组成员关系的性质。
(2)该人员在客户中的职位。
(3)该成员在审计项目组中的角色。

会计师事务所应当评价威胁的重要程度,并在必要时采取防范措施消除威胁或将其降至可接受水平。防范措施主要包括:
(1)将该成员调离审计项目组。
(2)合理安排审计项目组成员的职责,使该成员不处理与其有密切关系的人员职责范围内的事项。

(五)非审计项目组成员的合伙人或员工与审计客户重要职位的人员存在家庭或个人关系

如果会计师事务所中非审计项目组成员的合伙人或员工,与审计客户的董事、管理层或所处职位可以对客户会计记录或财务报表的编制施加重大影响的员工之间存在个人或家庭关系,也可能产生自身利益威胁、密切关系威胁或外在压力威胁。知悉此种关系的会计师事务所合伙人和员工,有责任按照会计师事务所的政策和程序进行咨询。威胁存在与否及其重要程度如何取决于下列因素:
(1)该合伙人或员工与客户董事、管理层或其他员工之间关系的性质。
(2)该合伙人或员工与审计项目组之间的相互影响。
(3)该合伙人或员工在会计师事务所的职位。
(4)该人员在客户中的职位。

会计师事务所应当评价威胁的重要程度,并在必要时采取防范措施消除威胁或将其降至可接受水平。防范措施主要包括:
(1)合理安排该合伙人或员工的职责,以减少对审计项目组可能造成的任何影响。
(2)由项目组之外的其他注册会计师复核已执行的相关审计工作。

第四节 与审计客户发生雇佣关系

一、一般规定

如果审计客户的董事、管理层或是所处职位可以对客户会计记录或财务报表的编制施加重大影响的员工,曾经是审计项目组的成员或会计师事务所的合伙人,可能产生密切关系威胁或外在压力威胁。

(一)前任成员担任审计客户的重要职位且与事务所保持重要联系

如果审计项目组的前任成员或会计师事务所的前任合伙人加入了审计客户,担任董事或高级管理人员,或是所处职位可以对客户会计记录或财务报表的编制施加重大影响的员工,且与会计师事务所仍然保持着重要联系,将产生重大威胁,没有任何防范措施可以消除这种威胁或将其降至可接受水平。

如果审计项目组的前任成员或会计师事务所的前任合伙人加入了审计客户,担任董事或高级管理人员,或是所处职位可以对客户会计记录或财务报表的编制施加重大影响的员

工,除非满足下列条件,否则独立性将被视为受到损害:

(1)未赋予前任成员或合伙人从会计师事务所获取报酬或福利的权利。除非按照预先确定的固定金额支付报酬或福利,且未付金额对会计师事务所不重要。

(2)前任成员或合伙人未继续参与且在他人看来未继续参与会计师事务所的经营或专业活动。

(二)前任成员担任审计客户的重要职位但未与事务所保持重要联系

如果审计项目组的前任成员或会计师事务所的前任合伙人加入了审计客户,担任董事或高级管理人员,或是所处职位可以对客户会计记录或财务报表的编制施加重大影响的员工,但该人员与其以前的会计师事务所已经没有重要联系,所产生的密切关系威胁或外在压力威胁存在与否及其重要程度如何主要取决于下列因素:

(1)该人员在客户中所处的职位。

(2)该人员与审计项目组的关联程度。

(3)该人员离开会计师事务所的时间长短。

(4)该人员以前在审计项目组或会计师事务所中的职位。例如,该人员是否负责与客户管理层或治理层保持定期联系。

会计师事务所应当评价威胁的重要程度,并在必要时采取防范措施消除威胁或将其降至可接受水平。防范措施主要包括:

(1)修改审计计划。

(2)向审计项目组委派经验更丰富的人员。

(3)由项目组之外的其他注册会计师复核前任审计项目组成员已执行的工作。

(三)前任成员加入的某一实体成为审计客户

如果会计师事务所前任合伙人加入了某一实体,而该实体后来成为会计师事务所的审计客户,则会计师事务所应当评价对独立性威胁的重要程度,并在必要时采取防范措施消除威胁或将其降至可接受水平。

(四)审计项目组成员拟加入审计客户

如果审计项目组成员拟加入审计客户,且仍在参与审计业务,将产生自身利益威胁。会计师事务所的政策和程序应当要求审计项目组成员在与客户进行雇用洽商时向会计师事务所进行通报。在接到该通报时,会计师事务所应当评价威胁的重要程度,并在必要时采取防范措施消除威胁或将其降至可接受水平。防范措施主要包括:

(1)将该人员调离审计项目组。

(2)复核该人员在审计项目组时所做的重大判断。

二、属于公众利益实体的审计客户

(一)关键审计合伙人加入审计客户担任重要职位

如果某一关键审计合伙人加入了属于公众利益实体的审计客户,担任董事或高级管理人员,或是所处职位可以对客户会计记录或财务报表的编制施加重大影响的员工,将产生自身利益威胁、密切关系威胁或外在压力威胁。除非该合伙人停止作为关键审计合伙人之后,该公众利益实体发布的已审计财务报表涵盖期间不少于十二个月,并且在财务报表审计时该合伙人已不再是审计项目组成员,否则没有防范措施可以将威胁降至可接受水平。

(二)主任会计师加入审计客户担任重要职位

如果会计师事务所的主任会计师(所长、管理合伙人、首席执行官或同等职位的人员)加入了属于公众利益实体的审计客户,担任董事或高级管理人员,或所处职位可以对客户会计记录或财务报表的编制施加重大影响的员工,将产生外在压力威胁。除非该主任会计师(所长、管理合伙人、首席执行官或同等职位的人员)离职已超过十二个月,否则没有防范措施可以将威胁降至可接受水平。

(三)企业合并原因导致前任成员加入审计客户担任重要职位

如果由于企业合并的原因,使会计师事务所的前任主任会计师(所长、管理合伙人、首席执行官或同等职位的人员)、关键审计合伙人担任属于公众利益实体的审计客户的董事或高级管理人员,或是所处职位可以对客户会计记录或财务报表的编制施加重大影响的员工,在符合下列条件的情况下,可认为独立性未受到损害:

(1)当接受该职务时,并未预料到会发生企业合并。

(2)该前任合伙人在会计师事务所中应得的福利或报酬都已得到全额支付,或福利或报酬是按照预先确定的固定金额支付且尚未支付的金额对会计师事务所并不重要。

(3)该前任合伙人未继续参与且在他人看来未继续参与会计师事务所的经营或专业活动。

(4)就该前任合伙人在审计客户中所处的职位与治理层进行讨论。

三、临时借调员工

如果审计客户向会计师事务所借调员工,可能产生自我评价威胁。会计师事务所可以提供这样的帮助,但只能提供短期借调并且借调员工不应为审计客户提供不允许提供的非鉴证服务或承担审计客户的管理层职责。审计客户有责任对借调员工的活动进行指导和监督。

会计师事务所应当评价威胁的重要程度,并在必要时采取防范措施消除威胁或将其降至可接受水平。防范措施主要包括:

(1)对借调员工的工作进行额外复核。

(2)合理安排审计项目组成员的职责,使借调员工不对其在借调期间所执行的工作进行审计。

(3)不安排借调员工成为审计项目组成员。

四、最近曾任审计客户的董事、高级管理人员或员工

如果审计项目组成员最近曾任审计客户的董事、高级管理人员或员工,可能产生自身利益威胁、自我评价威胁或密切关系威胁。如果审计项目组成员在客户工作期间曾经编制会计记录,现又对据此形成的财务报表要素进行评价,则可能产生这种威胁。

(一)在审计报告涵盖的期间内

如果在审计报告涵盖的期间内,审计项目组成员曾经是审计客户的董事或高级管理人

员,或是所处职位可以对客户会计记录或财务报表的编制施加重大影响的员工,将产生重大威胁,没有任何防范措施可以消除这种威胁或将其降至可接受水平。因此,会计师事务所不应安排该人员作为审计项目组成员。

(二)在审计报告涵盖期间以前

如果在审计报告涵盖期间以前,审计项目组成员曾经是审计客户的董事或高级管理人员,或所处职位可以对客户会计记录或财务报表的编制施加重大影响的员工,则会产生自身利益威胁、自我评价威胁或密切关系威胁。例如,如果在当期需要评价该人员以前受雇于客户时所做的决策或工作,将产生这种威胁。威胁存在与否及其重要程度如何取决于下列因素:该人员在客户中曾担任的职务;该人员离开客户的时间长短;该人员在审计项目组中的角色。

会计师事务所应当评价威胁的重要程度,并在必要时采取预防措施将威胁降至可接受水平。防范措施主要包括对该人员担任审计项目组成员时所执行的工作进行复核。

五、兼任审计客户的董事或高级管理人员

如果会计师事务所的合伙人或员工兼任审计客户的董事或高级管理人员,将产生重大的自我评价和自身利益威胁,没有任何防范措施可以消除这种威胁或将其降至可接受水平。如果合伙人或员工接受此类职位,会计师事务所应当拒绝接受审计业务委托或解除审计业务约定。

公司秘书的职责范围可能包括人事管理、保存公司记录和登记簿等行政职责,以及确保公司遵守法规、就公司治理问题提出建议等。通常,在外界看来,担任公司秘书意味着与实体存在密切联系。

如果会计师事务所的合伙人或员工担任审计客户的公司秘书,将产生自我评价威胁和过度推介威胁,通常没有防范措施可以消除威胁或将其降至可接受水平。如果仅承担日常性和行政事务性的责任和行动,如编制会议记录和保存法定申报表,且与此相关的所有决策由管理层做出,会计师事务所应当评价威胁的重要程度,并在必要时采取防范措施消除威胁或将其降至可接受水平。

会计师事务所提供日常性和行政事务性的服务以支持公司秘书职能,或提供与公司秘书行政事项有关的建议,只要所有相关决策均由客户管理层做出,通常不会损害独立性。

第五节 高级职员与审计客户的长期关联

一、一般规定

会计师事务所多年委派同一名高级职员(项目合伙人和高级经理)执行某一客户的审计业务可能产生密切关系威胁和自身利益威胁。威胁的重要程度主要取决于下列因素:该职员成为审计项目组成员的时间长短;该职员在审计项目组中的角色;会计师事务所的结构;审计业务的性质;客户的管理团队是否发生变动;客户的会计和报告事项的性质或复杂程度是否发生变化。

会计师事务所应当评价威胁的重要程度,并在必要时采取防范措施消除威胁或将其降至可接受水平。防范措施主要包括:

(1)将该高级职员轮换出审计项目组。
(2)由项目组之外的其他注册会计师复核该高级职员所执行的工作。
(3)定期对该业务进行内部或外部独立的质量复核。

二、属于公众利益实体的审计客户

(一)关键审计合伙人任职时间

执行公众利益实体审计业务的关键审计合伙人,其任职时间不应超过五年。在这段时间结束后的两年内,该人员不应再次成为项目组成员或担任该客户的关键审计合伙人。该人员不应参与对该实体的审计,不应为该项审计业务实施质量控制,也不应向项目组或客户提供技术或行业具体问题、交易或事项的咨询,或者以其他方式直接影响业务结果。

在某些特殊情况下,由于会计师事务所无法预见和控制的情形导致不能按时轮换审计合伙人,如果关键审计合伙人的连续性对审计质量特别重要,并且对独立性产生的威胁能够通过采取防范措施予以消除或降至可接受水平,在法律法规允许的情况下;该合伙人可以在审计项目组中再延长一年时间。例如,如果由于计划接任的项目合伙人患有疾病等未预见的原因无法按照要求进行轮换,则关键审计合伙人在审计项目组的时限可以延长一年。

(二)其他合伙人任职时间

其他合伙人与属于公众利益实体的审计客户之间的长期关联可能产生密切关系威胁或自身利益威胁。威胁的重要程度主要取决于下列因素:

(1)该合伙人与审计客户发生关联的时间长短。
(2)该合伙人在审计项目组担任的角色。
(3)该合伙人与客户管理层或治理层交往的性质、频率和范围。

会计师事务所应当评价威胁的重要程度,并在必要时采取防范措施消除威胁或将其降至可接受水平。防范措施主要包括:

(1)将该合伙人轮换出审计项目组或终止其与审计客户的关联。
(2)定期对该业务进行内部或外部的独立质量复核。

(三)关键审计合伙人在审计客户成为公众利益实体后的任职时间

如果审计客户成为公众利益实体,在确定何时应轮换某一关键审计合伙人时,会计师事务所应当考虑该合伙人在该客户成为公众利益实体之前作为关键审计合伙人已为审计客户提供服务的时间。

如果该合伙人在审计客户成为公众利益实体之前作为关键审计合伙人已为该客户服务的时间不超过三年,则该合伙人在被轮换出该业务之前还可以为该客户继续提供服务的年限为五年减去已经服务的年限。如果该合伙人已经作为关键审计合伙人为该客户服务了四年或更长的时间,在该客户成为公众利益实体之后,该合伙人还可以继续服务两年直到轮换出该业务。

第六节 收 费

一、收费结构

(一)收费总额对独立性的影响及防范措施

如果会计师事务所从某一审计客户收取的全部费用占其收费总额的比重很大,则对该客户的依赖及对可能失去该客户的担心将产生自身利益威胁。威胁的重要程度主要取决于下列因素:会计师事务所的经营结构;会计师事务所所处的发展阶段;从定性和定量角度考虑,该客户对于会计师事务所的重要程度。

会计师事务所应当评价威胁的重要程度,并在必要时采取防范措施消除威胁或将其降至可接受水平。防范措施可能包括:降低对该客户的依赖性;实施外部质量控制复核;就关键的审计判断向第三方咨询。例如,向注册会计师协会或其他会计师事务所咨询。

(二)从某一审计客户收取的全部费用比重很大

如果从某一审计客户收取的全部费用占某合伙人从所有客户收取的费用的总额比重很大,或占会计师事务所某一分部收取的费用总额的比重很大,将产生自身利益威胁。威胁的重要程度取决于下列因素:该客户对于该合伙或分部的重要程度;该合伙人的报酬,或该分部内所有合伙人的报酬对于该客户收费的依赖程度。

会计师事务所应当评价威胁的重要程度,并在必要时采取防范措施消除威胁或将其降至可接受水平。防范措施可能包括:降低对该审计客户的依赖程度;由项目组之外其他的注册会计师复核所执行的工作或在必要时提出建议;经常实施独立的内部或外部质量控制复核。

(三)连续两年从属于公众利益实体的某一审计客户收取全部费用比重较大

如果会计师事务所连续两年从属于公众利益实体的某一审计客户及其关联实体所收取的全部费用占其从所有客户收取全部费用的比重超过15%,除非该会计师事务所向审计客户治理层披露这一事实,并与之讨论采取下列任一防范措施以将威胁降至可接受水平,否则,所产生的自身利益威胁将非常重大:

(1)在第二年度财务报表审计意见发表后,且在第三年度的财务报表审计意见发表前,由其他会计师事务所的注册会计师或行业监管机构执行相当于项目质量控制复核的复核(即意见后复核)。

(2)在第二年度财务报表审计意见发表前,由其他会计师事务所的注册会计师或行业监管机构执行相当于项目质量控制复核的复核(即意见前复核)。

在上述收费比例显著超过15%的情况下,如果采用意见后复核无法将威胁降至可接受水平,会计师事务所应当进行意见前复核。

如果两年后收费比例仍然超过15%,则会计师事务所应当每年向治理层说明并与之讨论这一事实,并采取上述防范措施。在收费比例显著超过15%的情况下,如果采用意见后复核无法将威胁降至可接受水平,会计师事务所应当进行意见前复核。

二、逾期收费

如果审计客户长期未支付应付的审计费用,尤其是大部分费用在下一年度出具审计报告之前仍未支付,可能产生自身利益威胁。

会计师事务所应当要求审计客户在审计报告出具前付清上年的审计费用。如果在审计报告出具后审计客户仍未支付该费用,会计师事务所应当评价威胁存在与否及其重要程度,在必要时采取防范措施以消除威胁或将其降至可接受水平。防范措施可能包括由未参与审计业务的注册会计师提供建议,或复核已执行的工作。会计师事务所还应当考虑逾期收费是否可能被视同于向客户贷款,并且基于逾期收费的重要程度考虑是否继续接受委托。

三、或有收费

或有收费是一种按照预先确定的计费基础收取费用的方式。在这种方式下,收费与否或多少取决于交易的结果或所执行工作的结果。如果一项收费由法院或政府公共管理机构规定,则该项收费不属于或有收费。

会计师事务所对审计业务以直接或间接形式的或有收费方式收取费用,将产生重大的自身利益威胁和过度推介威胁,没有防范措施可以消除威胁或将其降至可接受水平。会计师事务所不应做出这种收费安排。会计师事务所为审计客户提供非鉴证服务,如果以直接或间接形式的或有收费方式收取费用,可能产生自身利益威胁。

如果出现下列情况,产生的自身利益威胁是重大的,没有防范措施可以消除威胁或将其降至可接受水平,会计师事务所不应做出这种收费安排:

(1)或有收费是由对财务报表发表意见的会计师事务所收取,并且该项收费对该会计师事务所是重大的或预期是重大的。

(2)或有收费是由参与审计工作重要组成部分的某一网络事务所收取,并且对该网络事务所是重大的或预期是重大的。

(3)非鉴证服务的结果及其对该服务的收费金额取决于现在或未来的职业判断,该判断与财务报表项目重大金额的审计相关。

针对为审计客户提供非鉴证服务采取其他形式的或有收费安排,威胁存在与否及其重要程度如何主要取决于下列因素:

(1)可能的收费金额区间。

(2)是否由适当的权威方确定与或有收费计算基础相关的事项及结果。

(3)专业服务的性质。

(4)事项或交易对财务报表的影响。

会计师事务所应当评价威胁的重要程度,并在必要时采取防范措施消除威胁或将其降至可接受水平。防范措施可能包括:

(1)由项目组之外其他的注册会计师和专业人员复核相关审计工作,或在必要时提供建议。

(2)由审计项目组成员以外的专业人士执行非鉴证服务。

第十一章 审计、审阅和其他鉴证业务对独立性的要求

本章练习

一、单项选择题

1. 注册会计师在应用独立性概念框架时,应当运用职业判断。以下关于注册会计师运用独立性概念框架的工作思路表达不恰当的是(　　)。
   A. 注册会计师在承接业务或续约时首先要识别对独立性的威胁
   B. 评价已识别威胁的重要程度
   C. 消除威胁对独立性的所有威胁
   D. 必要时采取防范措施消除威胁或将其降至可接受水平

2. K会计师事务所承接了G公司2008年度财务报表的审计业务。在制定审计计划时,根据了解到的G公司存货类型与特点,决定从社会上聘请专家参与对G公司存货品质的鉴定,以确定G公司是否适当计提了存货减值准备。假如你是K会计师事务所的负责人,假如下列四位专家候选人的专业水平基本相当,从维护注册会计师职业道德的角度出发,你最可能选择的专家是(　　)。
   A. 张专家:G公司2008年度原材料供应商甲公司的生产部门负责人
   B. 王专家:G公司2007年度原材料供应商乙公司的销售部门负责人
   C. 李专家:G公司所在城市的质量技术监督检验检疫局的退休职员
   D. 赵专家:G公司所在城市某大学下属ABC研究所的在职总工程师

3. 会计师事务所往往与其他会计师事务所及实体构成组织结构,这些组织结构是否构成网络取决于下列哪种因素(　　)。
   A. 取决于合作的目的和共享的收益资源等情况
   B. 取决于会计师事务所之间是否独立
   C. 取决于事务所是否属于法律上独立的实体
   D. 取决于会计师事务所是否独立于审计客户

4. 如果其他实体拥有大量和广泛的利益相关者,注册会计师也应当确定是否将其视为公众利益实体。需要考虑的因素不包括(　　)。
   A. 业务性质
   B. 规模
   C. 雇员的数量
   D. 该实体办公面积的大小

5. ABC会计师事务所从2004年12月1日开始接受委托,已经连续3年对X股份有限公司财务报表进行了审计,双方约定2009年3月8日对2008年度的财务报表出具审计报告并且决定在2009年9月15日后双方终止一切业务。ABC会计师事务所在审计X公司的业务期间是(　　)。
   A. 2004年12月1日至2009年3月8日
   B. 2004年1月1日至2009年3月8日
   C. 2004年12月1日至2009年9月15日
   D. 2004年1月1日至2009年9月15日

6. 如果审计项目组成员在审计客户中拥有直接经济利益,下列的处理正确的是(　　)。

A. 将审计项目组成员的利益马上处理

B. 将审计项目组成员调离项目组

C. 请独立的有经验的注册会计师复核其工作结果

D. 没有任何防范措施可以将这种威胁降至可接受水平

7. 如果审计项目组成员的直系亲属在客户中所处职位可以对客户的财务状况、经营成果和现金流量施加重大影响,则会对独立性产生威胁。评价威胁的重要程度的下列因素恰当的是(　　)。

A. 评价直系亲属在客户中的职位

B. 评价该成员在审计项目组中的工资水平

C. 评价直系亲属在客户工作的时间

D. 评价该成员在审计项目组中的工作的时间

8. U 会计师事务所于 2008 年 3 月承接了为 P 公司修改、完善现有 IT 系统的专业服务。具体业务由 U 事务所聘请的 IT 系统专家李先生实施。2009 年 1 月,双方商定由 U 事务所为 P 公司提供 2008 年度财务报表的审计服务,同时对改良后的 IT 系统进行测试。为遵守职业道德规范,你认为 U 会计师事务所应当采取的措施是(　　)。

A. 解除业务约定

B. 请其他 IT 专家对李先生的工作进行鉴证后,由李先生以专家身份参与审计小组

C. 将李先生排除在审计小组以外,请其他 IT 专家参加审计小组

D. 获得 P 公司对 IT 系统改良结果承担责任的承诺后允许李先生参与审计工作

9. 会计师事务所或审计项目组成员与审计客户或其管理层之间不存在密切的商业关系。下列符合规定的是(　　)。

A. 会计师事务所在承接审计客户审计业务前曾经租用过审计客户的门面作为该事务所的办公楼

B. 在与审计客户财务总监合资的企业中拥有 50% 股份

C. 将会计师事务所设计的税收筹划方案推荐给母公司和其他全资子公司

D. 为其审计的房地产公司推销现有商品房,按正常比例收取佣金

10. K 公司属于公众利益实体,是 X 会计师事务所的常年审计客户。X 会计师事务所已连续四年指派合伙人 Y 注册会计师负责 K 公司的财务报表审计业务。2009 年 5 月,X 会计师事务所与 K 公司续签了下一个五年审计业务约定书。在决定 2009 年度财务报表审计项目负责人时,正在考虑能否继续指派 Y 注册会计师担任项目经理。以下说法中,符合职业道德规范的是(　　)。

A. 不能再指派 Y 担任 K 公司财务报表审计的项目经理

B. Y 还可以继续担任 K 公司财务报表审计的项目经理 3 年

C. 从 2010 年起 Y 必须停止参与 K 公司财务报表审计的审计小组 1 年

D. 特殊情况下,Y 可以续任 K 公司财务报表审计业务的项目经理 2 年

二、多项选择题

1. 独立性概念框架要求注册会计师争取下列措施(　　)来确保独立性的遵循。

A. 识别对独立性的威胁

B. 必要的防范措施

C. 拒绝客户业务或终止业务
D. 评价已识别威胁

2. 网络是指由多个实体组成的同时具有共同特征的组织结构。下列对网络的特征的描述恰当的有（　　）。
   A. 以合作为目的且使用同一品牌
   B. 以合作为目的且共享收益、共担成本
   C. 以合作为目的且共享同一业务战略
   D. 以合作为目的且共享同一所有权、控制或管理

3. 如果多个会计师事务所以合作为目的，并且至少具备下列（　　）特征之一的，应被视为属于同一个网络会计师事务所。
   A. 共享收益、共担成本
   B. 共享同一所有权、控制或管理
   C. 共享同一质量控制政策与程序
   D. 共享同一业务战略

4. 会计师事务所应当考虑定期就可能对独立性产生影响的关系和其他事项与客户治理层进行沟通。通过沟通，使治理层能够（　　）。
   A. 考虑会计师事务所在识别和评价独立性威胁时的判断
   B. 考虑会计师事务所为消除威胁或将威胁降至可接受水平所采取的防范措施的适当性
   C. 采取适当措施
   D. 了解威胁独立性的情形

5. 注册会计师应当按照中国注册会计师审计准则的要求记录（　　）。
   A. 有关遵循独立性要求的结论及支持这些结论的相关讨论
   B. 威胁的性质
   C. 消除威胁的防范措施
   D. 将对独立性的威胁降至可接受水平所采取的措施

6. 直接经济利益，是指下列经济利益（　　）。
   A. 个人或实体直接拥有并控制的经济利益（包括授权他人管理的经济利益）
   B. 个人或实体通过集合投资工具、房地产、信托或其他中间工具而拥有的经济利益，且能够对这些工具施加控制或有能力影响投资决策
   C. 个人或实体通过集合投资工具、房地产、信托或其他中间工具而拥有的经济利益，但不能对这些工具施加控制
   D. 个人或实体通过集合投资工具、房地产、信托或其他中间工具而拥有的经济利益，但没有能力影响投资决策

7. 如果审计项目组某一成员的近亲属在审计客户中拥有直接经济利益，下列的处理正确的有（　　）。
   A. 由近亲属尽快处置全部经济利益
   B. 将该人员调离审计项目组
   C. 没有任何防范措施可以将这种威胁降至可接受水平
   D. 请独立的有经验的注册会计师复核其工作结果

8. E会计师事务所正考虑承接下列客户的审计业务。为此正在考虑本事务所的独立性。在以下所列的各个客户中,E会计师事务所如果承接其2008年度财务报表审计业务就会丧失审计独立性的是(   )。

   A. 由于E事务所2008年度从某家银行取得了3 000万元资金用于建造办公大楼,A公司是此笔借款的担保人

   B. E事务所在与B公司商定审计收费时,B公司提出其2008年度财务报表的审计费用为本公司2008年度业务收入的0.5%,具体金额到2009年初确定

   C. C公司为中介公司,其业务包括为E事务所介绍审计客户。虽然C公司2008年为E事务所介绍的客户不多,但双方仍续签了2009年度的合作协议

   D. D公司与E事务所已于2008年末达成口头协议,双方同意E事务所的现任主任会计师于2009年7月份借调到D公司财务部门任职,借调费用为每月3万元

9. 乙会计师事务所审计B公司2008年度财务报表,审计小组成员丁冬以前在B公司任职,必须调离或必须对其工作范围加以限制的有(   )。

   A. 丁冬于2008年7月底离开B公司,此前担任B公司的技术人员,在审计小组中分工负责采购与付款循环相关业务的审计工作

   B. 丁冬在2007年底之前是B公司总经理的专职秘书,2008年初取得注册会计师执业资格后调入乙会计师事务所,现担任B公司审计项目负责人

   C. 丁冬2006年之前担任B公司采购部门负责人,2007~2008年辞职参加注册会计师考试,2009年1月取得全科合格证书后开始在乙会计师事务所实习

   D. 丁冬于2002年以前在B公司担任现金出纳,2008年起成为乙事务所的合伙人,由于人员短缺,主动要求成为B公司审计小组一般成员

10. 如果审计客户向会计师事务所借调员工,可能产生自我评价威胁。会计师事务所应当评价威胁的重要程度,并在必要时采取防范措施消除威胁或将其降至可接受水平。防范措施主要包括(   )。

    A. 对借调员工的工作进行额外复核

    B. 合理安排审计项目组成员的职责,使借调员工不对其在借调期间所执行的工作进行审计

    C. 不安排借调员工成为审计项目组成员

    D. 定期对该业务进行内部或外部独立的质量复核

11. 如果会计师事务所长期委派某位高级职员承担某一客户的审计业务,则应当采取以下防范措施维护独立性(   )。

    A. 轮换审计项目组的高级职员

    B. 请审计项目组成员以外的其他注册会计师复核该高级职员所做的工作

    C. 进行独立的内部质量复核

    D. 立即撤出该项审计业务

12. U公司是H会计师事务所的常年客户。2004年1月末以来,H会计师事务所根据双方签订的一系列为期5年的协议,向U公司提供下列服务,但一直没有承接U公司的年度财务报表审计业务。2008年10月,U公司经批准向社会公开发行股票后,与H会计师事务所签订了为期6年的年度财务报表审计业务约定。为维护审计的独立性,H会计

师事务所可以将原先与U公司签订的下列有关协议中影响审计独立性的（　　）协议执行到期后,但不能续签。

A. 向U公司提供内部控制咨询：在上市后可以继续执行

B. 为U公司代开销售发票：在上市后的合理期间内停止

C. 为U公司代编年度财务报表：在上市后应立即停止

D. 复核U公司所确认的营业收入：在上市后的一个合理期限内停止

三、简答题

ABC会计师事务所承接了戊公司20×8年度财务报表审计业务。项目负责人是C注册会计师，其妻子是戊公司财务负责人。在制定审计计划时,C注册会计师认为对戊公司非常熟悉,无须再了解戊公司及其环境,应将审计资源放在对认定层次实施实质性程序上。审计行程中,项目组成员D发现有迹象表明戊公司存在重大舞弊风险。项目组成员E提出应当针对该舞弊风险实施追加程序,并建议实施项目质量控制复核。C注册会计师认为戊公司管理层非常诚信,不会出现舞弊情况,戊公司并非上市公司,无须考虑实施项目质量控制复核。C注册会计师坚持自己的主张,对戊公司20×8年财务报表出具了审计报告。

要求：

根据中国注册师执业准则的要求,请指出ABC会计师事务所在该项业务的承接、业务执行和业务质量控制中存在的问题,并简要说明理由。

参考答案

一、单项选择题

1. C 2. D 3. A 4. D 5. C 6. D 7. A 8. C 9. A 10. D

二、多项选择题

1. ABD 2. ABCD 3. ABCD 4. ABC 5. ABCD 6. AB 7. ABD 8. ABCD 9. BC 10. ABC 11. ABC 12. BD

三、简答题

(1) 项目组缺乏独立性。根据注册会计师职业道德守则和会计师事务所业务质量控制准则的要求,对于审计业务,项目组成员应当独立于被审计单位。

(2) 没有实施风险评估程序。根据审计准则的要求,任何审计业务都必须实施风险评估程序。

(3) 没有对管理层舞弊保持谨慎。在戊公司存在重大舞弊风险时,注册会计师应当保持职业谨慎,追加实施审计程序。

(4) 项目组内部意见分歧未经解决出具报告。只有意见分歧问题得到解决,项目负责人才能出具报告。

(5) 没有实施项目质量控制复核。戊公司存在重大舞弊风险,应当实施项目质量控制复核。

参考文献

[1] [英]伊恩·格雷. 审计流程:原理、实践与案例[M]. 北京:中信出版社,2003.

[2] [美]小威廉·梅西尔. 审计保证服务——一种系统的方法[M]. 刘明辉,译. 北京:经济科学出版社,2006.

[3] 财政部会计司. 企业会计准则讲解[M]. 北京:人民出版社,2009.

[4] 中国注册会计师协会. 审计[M]. 北京:中国财政经济出版社. 2014.

[5] 中国注册会计师协会. 审计[M]. 北京:中国财政经济出版社. 2017.

[6] 中国注册会计师协会. 中国注册会计师执业准则[M]. 北京:经济科学出版社,2006.

[7] 中国注册会计师协会. 中国注册会计师执业准则[M]. 北京:中国财政经济出版社,2006.

[8] 刘明辉,史德刚. 审计[M]. 大连:东北财经大学出版社,2017.

[9] 陈汉文. 审计[M]. 厦门:厦门大学出版社. 2006.

[10] 刘明辉. 高级审计理论与实务[M]. 大连:东北财经大学出版社,2018.